目　录

PART1　2H310000　机电工程施工技术

PART2　2H320000　机电工程项目施工管理

PART3 2H330000 机电工程项目施工相关法规与标准

PART4 案例专题模块

PART5 全真模拟试卷

参考答案与解析

环球网校
移动学习 职达未来 hqwx.com

严格按照全新考试大纲编写

全国二级建造师执业资格考试 同步章节习题集

机电工程管理与实务

环球网校建造师考试研究院 组编

中国石化出版社
HTTP://WWW.SINOPEC-PRESS.COM
教·育·出·版·中·心

图书在版编目（CIP）数据

机电工程管理与实务 / 环球网校建造师考试研究院组编．—北京：中国石化出版社，2021.3（2022.1 重印）
（全国二级建造师执业资格考试同步章节习题集）
ISBN 978-7-5114-6201-5

Ⅰ．①机…Ⅱ．①环…Ⅲ．①机电工程—管理—资格考试—习题集Ⅳ．①TH-44

中国版本图书馆 CIP 数据核字（2021）第 050544 号

中国石化出版社出版发行
地址：北京市东城区安定门外大街 58 号
邮编：100011　电话：（010）57512500
发行部电话：（010）57512575
http：//www. sinopec-press. com
E-mail：press@sinopec. com
三河市中晟雅豪印务有限公司印刷
全国各地新华书店经销
*
787×1092 毫米 16 开本 12 印张 295 千字
2021 年 3 月第 1 版　2022 年 1 月第 2 次印刷
定价：39.00 元

环球君带你学机电

二级建造师执业资格考试实行全国统一大纲，各省、自治区、直辖市命题并组织的考试制度，分为综合科目和专业科目。综合考试涉及的主要内容是二级建造师在建设工程各专业施工管理实践中的通用知识，它在各个专业工程施工管理实践中具有一定普遍性，包括《建设工程施工管理》《建设工程法规及相关知识》2个科目，这2个科目为各专业考生统考科目。专业考试涉及的主要内容是二级建造师在专业工程施工管理实际工程中应该掌握和了解的专业知识，有较强的专业性，包括建筑工程、市政公用工程、机电工程、公路工程、水利水电工程等专业。

二级建造师《机电工程管理与实务》考试时间为180分钟，满分120分。试卷共有三道大题：单项选择题、多项选择题、实务操作和案例分析题。其中，单项选择题共20题，每题1分，每题的备选项中，只有1个最符合题意。多项选择题共10题，每题2分，每题的备选项中，有2个或2个以上符合题意，至少有1个错项。错选，本题不得分；少选，所选的每个选项得0.5分。实务操作和案例分析题共4题，每题20分。

做题对于高效复习、顺利通过考试极为重要。为帮助考生巩固知识、理顺思路，提高应试能力，环球网校建造师考试研究院依据二级建造师执业资格考试最新考试大纲，精心选择并剖析常考知识点，深入研究历年真题，倾心打造了这本同步章节习题集。环球网校建造师考试研究院建议您按照如下方法使用本书。

◇学练结合，夯实基础

环球网校建造师考试研究院依据最新考试大纲，按照知识点精心选编同步章节习题，并对习题进行了分类——标注“必会”的知识点及题目，需要考生重点掌握；标注“重要”的知识点及题目，需要考生会做并能运用；标注“了解”的知识点及题目，考生了解即可，不作为考试重点。此外，每章还配有章节导学课，由环球网校建造师考试研究院的一线名师为大家讲解如何学习。建议考生制订适合自己的学习计划，学练结合，扎实备考。

◇学思结合，融会贯通

本书中的每道题目均是环球网校建造师考试研究院根据考试频率和知识点的考查方向精挑细选出来的。在复习备考过程中，建议考生勤于思考、善于总结，灵活运用所学知识，提升抽丝剥茧、融会贯通的能力。此外，建议考生对错题进行整理和分析，从每一道具体的错题入手，分析错误的知识原因、能力原因、解题习惯原因等，从而完善知识体系，达到高效备考的目的。

◇系统学习，高效备考

在学习过程中，一方面要抓住关键知识点，提高做题正确率；另一方面要关注知识体系的构建。在掌握全书知识脉络后，一定要做套试卷进行模拟考试。本书在章节习题集后精心选编了两套全真模拟试卷，旨在让考生进行系统的模拟练习，检测自己的复习情况，进而胸有成竹地参加考试。考生还可以扫描封面二维码，进入二级建造师课程+题库App，随时随地移动学习海量课程和习题，全方位提升应试水平。

在此，特别感谢环球网校建造师考试研究院的王丽雪、蔡恒、张君、李莹、安国庆、吴然、潘晓宇、刘秋颖、池亚红、刘亚静、张灿、张亚东、王维雪、赵金凤、刘敬、商莉莉、卢颖等老师的倾力付出。本套辅导用书在编写过程中，虽几经斟酌和校阅，仍难免有不足之处，恳请广大读者和考生予以批评指正。

相信本书可以帮助广大考生在短时间内熟悉出题“套路”、学会解题“思路”、找到破题“出路”。在二级建造师执业资格考试之路上，环球网校与您相伴，助您一次通关！

请大胆写出你的得分目标__________

环球网校建造师考试研究院

PART 1

2H310000

机电工程施工技术

学习计划：

2H311000 机电工程常用材料及工程设备

扫码即听
本章导学

2H311010 机电工程常用材料

知识脉络

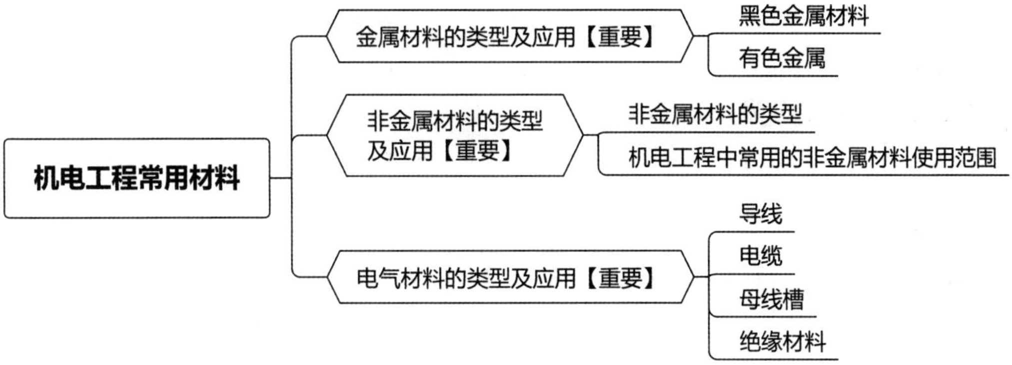

考点 1 金属材料的类型及应用【重要】

1. **【单选】**黑色金属不包括（　　）。

A. 纯铁　B. 钢　C. 铸铁　D. 纯铝

2. **【多选】**钢铁按化学成分分类，可分为（　　）。

A. 非合金钢　B. 优质非合金钢

C. 特殊质量非合金钢　D. 低合金钢

E. 合金钢

3. **【单选】**Q245—“Q”为（　　）。

A. 抗压强度　B. 屈服强度

C. 抗拉强度　D. 抗弯强度

4. **【多选】**下列属于有色金属的有（　　）。

A. 铝　B. 铁　C. 锰　D. 镁

E. 铬

5. **【单选】**对坯料采用穿孔针穿孔挤压，或将坯料镗孔后采用固定针穿孔挤压的管材是（　　）。

A. 有缝管材　B. 无缝圆管　C. 焊接管材　D. 轧制钢管

6. **【单选】**下列不属于贵重金属的是（　　）。

A. 金　B. 银　C. 铂　D. 镁

考点 2 非金属材料的类型及应用【重要】

1. **【单选】**在建筑领域里用途广泛的通用塑料是（　　）。

A. 聚乙烯　B. 聚丙烯　C. 聚氯乙烯　D. 聚苯乙烯

2. **【单选】**适用于低、中、高压洁净空调系统及潮湿环境的是（　　）。

A. 玻璃纤维复合风管　B. 酚醛复合风管

C. 聚氨酯复合风管　D. 硬聚氯乙烯风管

3. **【单选】**下列属于特种橡胶的是（　　）。

A. 丁苯橡胶　　B. 丁腈橡胶

C. 顺丁橡胶　　D. 氯丁橡胶

4. **【单选】**主要用于地板辐射供暖系统的盘管的是（　　）。

A. 交联聚乙烯管　　B. 塑复铜管

C. 氯化聚氯乙烯管　　D. 丁烯管

考点 3　电气材料的类型及应用【重要】

1. **【单选】**（　　）用于各种电压等级的长距离输电线路，抗拉强度大。

A. 铝绞线　　B. 铜绞线

C. 圆单线　　D. 钢芯铝绞线

2. **【多选】**电缆按用途分为（　　）。

A. 电力电缆　　B. 通信电缆

C. 控制电缆　　D. 信号电缆

E. 阻燃电缆

3. **【单选】**高层建筑的垂直输配电应选用（　　），可防止烟囱效应。

A. 空气型母线槽　　B. 高强度母线槽

C. 紧密型母线槽　　D. 耐火型母线槽

4. **【单选】**（　　）用于敷设在电缆沟、直埋地等能承受较大机械外力的场所。

A. KVVRP　　B. KVVR　　C. KVVP　　D. KVV_{22}

5. **【多选】**下列属于无机绝缘材料的有（　　）。

A. 云母　　B. 石棉

C. 橡胶　　D. 树脂

E. 硫黄

2H311020　机电工程常用工程设备

知识脉络

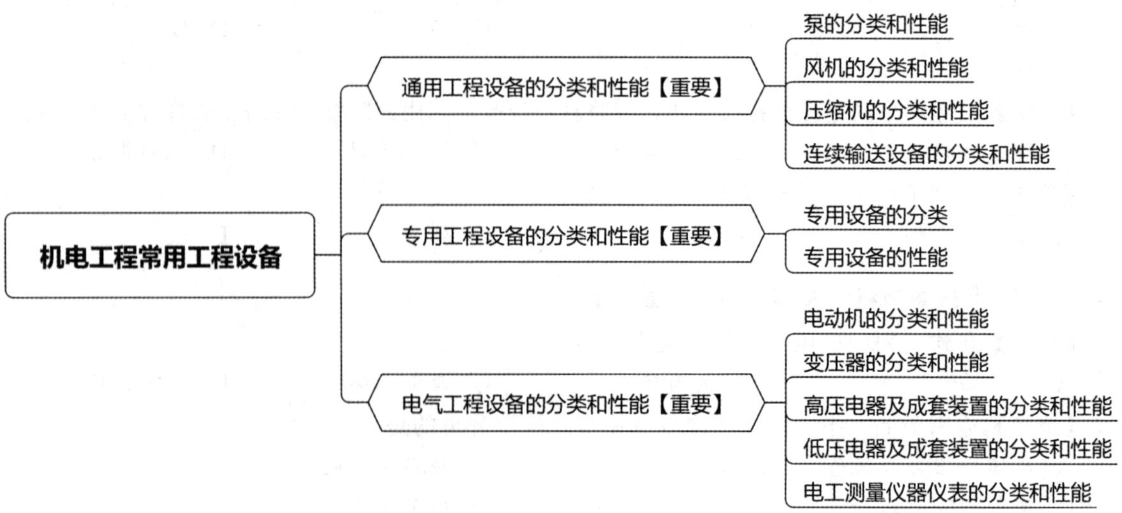

考点 1 通用工程设备的分类和性能【重要】

1. 【单选】一幢 30 层（98m 高）的高层建筑，其消防水泵的扬程应在（　　）以上。

A. 100m　　B. 110m

C. 120m　　D. 130m

2. 【多选】压缩机的性能参数主要包括（　　）。

A. 容积　　B. 噪声

C. 静压　　D. 流量

E. 动压

3. 【多选】具有挠性牵引件的输送设备的有（　　）。

A. 带式输送机　　B. 架空索道

C. 振动输送机　　D. 螺旋输送机

E. 刮板式输送机

考点 2 专用工程设备的分类和性能【重要】

1. 【单选】下列石化设备中，属于分离设备的是（　　）。

A. 反应釜　　B. 分解锅

C. 蒸发器　　D. 缓冲器

2. 【单选】常规岛设备属于（　　）。

A. 核电设备　　B. 火力发电设备

C. 风力发电设备　　D. 光伏发电设备

考点 3 电气工程设备的分类和性能【重要】

1. 【单选】启动转矩大，制动性能好，并可平滑调速的电动机是（　　）。

A. 直流电动机　　B. 永磁同步电动机

C. 三项异频电动机　　D. 单相异步电动机

2. 【多选】异步电动机突出的优点有（　　）。

A. 启动性能好　　B. 制造容易

C. 价格低廉　　D. 功率因数高

E. 维护方便

3. 【多选】变压器按其冷却介质分类可分为（　　）。

A. 升压变压器　　B. 降压变压器

C. 充气式变压器　　D. 干式变压器

E. 油浸式变压器

4. 【多选】变压器的主要技术参数有（　　）。

A. 额定电压　　B. 短路阻抗

C. 空载电流　　D. 短路损耗

E. 额定电阻

5. 【单选】低压电器及成套装置的性能不包括（　　）。

A. 通断　　B. 保护

C. 控制　　D. 变压

2H312000　机电工程专业技术

扫码即听
本章导学

2H312010　机电工程测量技术

知识脉络

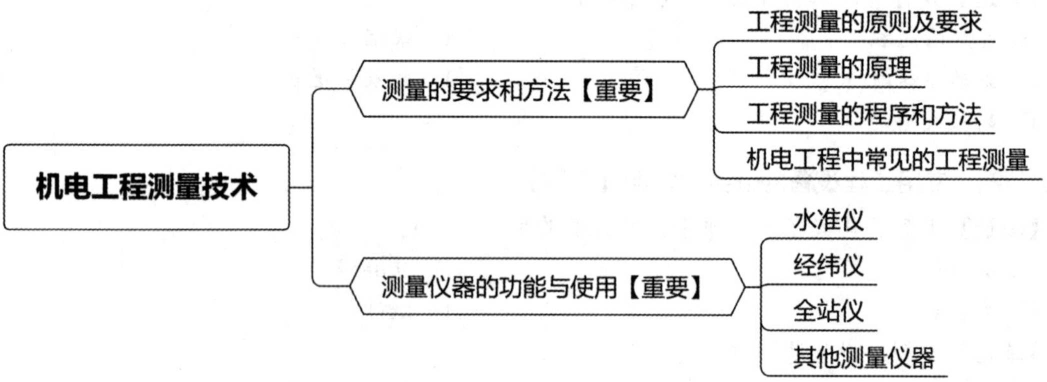

考点 1　测量的要求和方法【重要】

1. **【单选】** 有关基准线测量原理说法，不正确的是（　　）。
   A. 平面安装基准线不少于纵、横两条
   B. 只要定出两个基准中心点，就构成一条基准线
   C. 相邻安装基准点高差应在 5mm 以内
   D. 沉降观测采用二等水准测量方法

2. **【单选】** 在工程测量的基本程序中，设置纵横中心线的紧后工序为（　　）。
   A. 设置标高基准点　　B. 设置沉降观测点
   C. 安装过程测量控制　　D. 实测记录

3. **【多选】** 有关高程控制测量说法，正确的有（　　）。
   A. 测区的高程系统，宜采用国家高程基准
   B. 高程测量常用解析法
   C. 一个测区及其周围至少应有三个水准点
   D. 高程控制测量等级划分为五个级别
   E. 设备安装过程中最好使用一个水准点作为高程起算点

4. **【单选】** 关于连续生产设备安装的测量，下列说法不正确的是（　　）。
   A. 中心标板可在浇灌基础时，配合土建埋设
   B. 设备安装平面线不少于三条
   C. 独立设备安装的基准点采用简单的标高基准点
   D. 连续生产设备只能共用一条纵向基准线和一个预埋标高基准点

5. **【多选】** 大跨越档距测量，一般采用（　　）进行测量。
   A. 十字线法　　B. 平行基线法

C. 电磁波测距法　　D. 激光仪测量法
E. 解析法

考点 2　测量仪器的功能与使用【重要】

1. **【单选】**（　　）是测量两点间高差的仪器，广泛用于控制、地形和施工放样等测量工作。
   A. 经纬仪　　B. 全站仪
   C. 水准仪　　D. 激光平面仪
2. 在机电安装工程中，用于测量纵向、横向中心线，建立安装测量控制网并在安装全过程进行测量控制的是（　　）。
   A. 经纬仪　　B. 全站仪　　C. 水准仪　　D. 激光平面仪
3. **【多选】**BIM 放样机器人适用于（　　）的环境下施工。
   A. 矿井检测勘探　　B. 管线错综复杂
   C. 水下作业　　D. 机电系统众多
   E. 空间结构繁复多变
4. **【单选】**适用于现代化网形屋架的水平控制的测量仪器是（　　）。
   A. 激光准直仪　　B. 激光水准仪
   C. 激光平面仪　　D. 激光指向仪
5. **【多选】**用于沟渠、隧道或管道施工的测量仪器有（　　）。
   A. 光学经纬仪　　B. 激光准直仪
   C. 激光水准仪　　D. 激光指向仪
   E. 激光平面仪

2H312020　机电工程起重技术

知识脉络

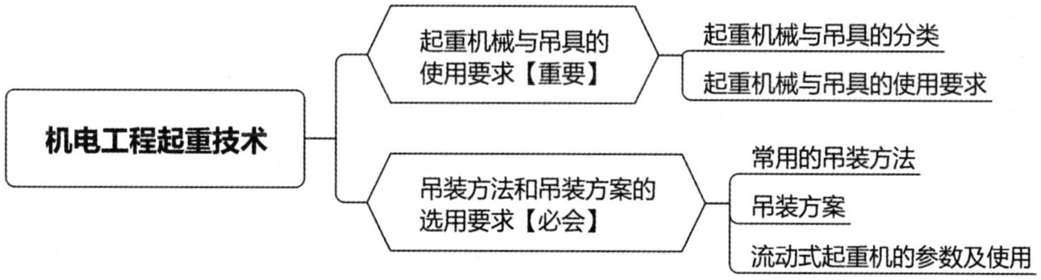

考点 1　起重机械与吊具的使用要求【重要】

1. **【单选】**下列起重机中，属于轻小型起重设备的是（　　）。
   A. 起重行车　　B. 起重葫芦
   C. 门式起重机　　D. 塔式起重机
2. **【多选】**机电安装工程中，常用的桥架型起重机包括（　　）。
   A. 门式起重机　　B. 梁式起重机
   C. 桥式起重机　　D. 塔式起重机
   E. 履带式起重机

3. 【单选】缆风绳是桅杆式起重机的稳定系统，缆风绳与地面的夹角应在（　　）之间。

A. 20°～30°　　B. 30°～45°

C. 20°～40°　　D. 25°～35°

4. 【多选】桅杆式起重机由（　　）组成。

A. 桅杆本体　　B. 动力-起升系统

C. 稳定系统　　D. 传动系统

E. 控制系统

5. 【多选】千斤顶的使用要求包括（　　）。

A. 千斤顶应定期维护保养，使用前应进行检查

B. 螺旋千斤顶及齿条千斤顶的螺杆、螺母的螺纹及齿条磨损超过30%时，不得继续使用

C. 使用千斤顶时，应随着工件的升降随时调整保险垫块的高度

D. 使用千斤顶作业时应使作用力通过其承压中心

E. 用多台千斤顶同时工作时，应采用规格型号一致的千斤顶，动作协调升降平稳，每台千斤顶的荷载不应超过其额定荷载的80%

6. 【多选】关于卷扬机的使用要求，正确的有（　　）。

A. 在重大的吊装作业中，在牵引绳上应装设测力计

B. 可用地锚、建筑物基础和重物施压等为锚固点

C. 卷扬机固定后，应按其使用负荷进行预拉

D. 由卷筒到第一个导向滑车的水平直线距离应大于卷筒长度的15倍

E. 余留在卷筒上的钢丝绳不应少于4圈

7. 【单选】关于流动式起重机的使用要求不正确的是（　　）。

A. 吊臂与设备外部附件的安全距离不应小于500mm

B. 起重机、设备与周围设施的安全距离不应小于500mm

C. 两台起重机作主吊吊装时，吊重应分配合理，单台起重机的载荷不宜超过其额定载荷的80%

D. 起重机提升的最小高度应使设备底部与基础或地脚螺栓顶部至少保持100mm的安全距离

8. 【单选】地锚拖拉绳与地面的夹角要小，一般最大不超过（　　）。

A. 30°　　B. 40°　　C. 50°　　D. 60°

9. 【单选】（　　）可以承受较大的拉力，多在大型吊装中使用。

A. 全埋式地锚　　B. 半埋式地锚

C. 活动式地锚　　D. 固定式地锚

10. 【单选】在流动式起重机吊装重物前必须对其工作位置的地基进行处理，处理后按规定对地面进行（　　）。

A. 加固处理　　B. 钻孔试验

C. 耐压力测试　　D. 设计强度校核

考点2　吊装方法和吊装方案的选用要求【必会】

1. 【单选】目前我国石油化工厂中的塔类设备，普遍采用的吊装方法是（　　）。

A. 滑移法　　B. 旋转法

C. 吊车抬送法　　D. 无锚点推吊法

2. 【多选】计算机控制集群液压千斤顶整体吊装大型设备与构件的吊装方法适用于（　　）。

A. 大型龙门起重机吊装

B. 体育场馆网架结构吊装

C. 机场候机楼网架结构吊装

D. 桥梁施工

E. 塔类设备吊装

3. 【多选】人字桅杆扳立旋转法吊装的应用实例有（　　）。

A. 桅杆　　B. 石化厂大型塔器

C. 大型火炬塔架　　D. 氮肥厂的排气筒

E. 机场航站楼

4. 【多选】流动式起重机的基本参数包括（　　）。

A. 最大额定起重量　　B. 最大工作半径

C. 额定速度　　D. 最大起升高度

E. 容绳量

5. 【多选】起重吊装工程中属于超过一定规模的危险性较大的分部分项工程有（　　）。

A. 搭设总高度 200m 及以上的起重机械安装工程

B. 采用非常规起重设备、方法且单件起吊重量在 100kN 及以上的起重吊装工程

C. 采用起重机械进行且起重量在 400kN 及以上的设备吊装工程

D. 起重机械安装和拆卸工程

E. 起重量 300kN 及以上的起重机械拆卸工程

6. 【多选】危大工程实行分包并由分包单位编制专项施工方案的，专项施工方案实施前应经（　　）签字确认。

A. 总包单位项目技术负责人

B. 分包单位技术负责人

C. 总承包单位技术负责人

D. 建设单位项目技术负责人

E. 设计单位项目负责人

7. 【单选】吊装工程专项方案专家论证会应由（　　）组织召开。

A. 建设单位　　B. 设计单位

C. 监理单位　　D. 施工总承包单位

8. 【多选】反映流动式起重机的起重能力、最大起升高度随（　　）变化而变化的规律的曲线称为起重机的特性曲线。

A. 臂长　　B. 额定起重量

C. 回转速度　　D. 工作半径

E. 吊车站位

9. 【多选】流动式起重机的选用步骤中，需要根据（　　）收集吊车的性能资料。

A. 吊车的站位　　B. 被吊设备或构件的重量

C. 吊装幅度　　D. 吊装现场环境

E. 吊装高度

10. 【单选】流动式起重机选择步骤中，在选定的工况下，需要验算（　　）。

A. 工况参数　　B. 吊车臂长

C. 额定起重量　　D. 安全距离

2H312030　机电工程焊接技术

知识脉络

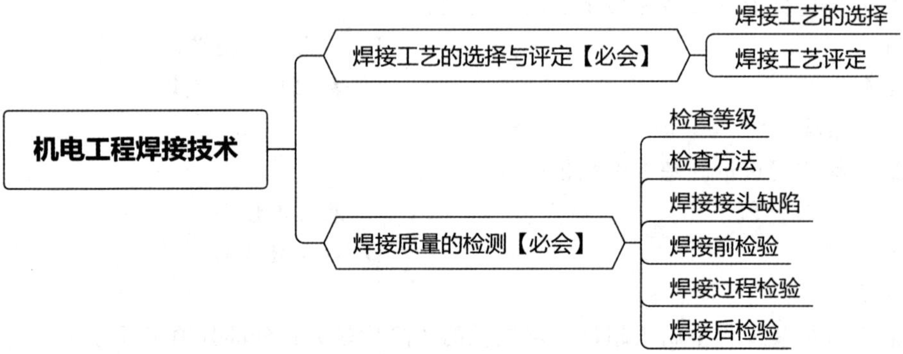

考点 1　焊接工艺的选择与评定【必会】

1. **【多选】** 焊接时，为保证焊接质量而选定的各项参数包括（　　）。

A. 焊条牌号　　B. 焊接电流
C. 焊接速度　　D. 焊件的坡口形式
E. 焊接线能量

2. **【多选】** 下列参数中，影响焊条电弧焊焊接线能量大小的有（　　）。

A. 焊机功率　　B. 焊接电流
C. 电弧电压　　D. 焊接速度
E. 焊条直径

3. **【单选】** 钢制储罐底板的幅板之间、幅板与边缘板之间常用焊接接头形式为（　　）。

A. 对接接头　　B. T 形接头
C. 搭接接头　　D. 角接接头

4. **【单选】** 焊接位置种类不包括（　　）。

A. 平焊　　B. 侧焊
C. 立焊　　D. 横焊

5. **【单选】**（　　）的作用是防止根部烧穿。

A. 钝边　　B. 坡口角度
C. 根部间隙　　D. 坡口面角度

6. **【单选】** 当增加焊接工艺评定的补加因素时，按增加的补加因素增焊（　　）试件进行试验。

A. 拉伸　　B. 冲击
C. 弯曲　　D. 剪切

7. **【多选】** 对接焊缝形状尺寸包括（　　）。

A. 焊缝长度　　B. 焊脚尺寸
C. 焊缝宽度　　D. 焊缝余高
E. 焊缝凹度

8. 【单选】钢结构工程焊接难度程度的影响因素不包括（　　）。
A. 焊缝形式　　B. 钢材分类
C. 受力状态　　D. 钢材碳当量

9. 【单选】关于焊接工艺评定规则的说法，不正确的是（　　）。
A. 重要因素改变，需重新评定
B. 补加因素改变，增焊冲击韧性试件进行试验
C. 次要因素改变，增焊冲击韧性试件进行试验
D. 次要因素改变，需重新编制预焊接工艺规程

考点2 焊接质量的检测【必会】

1. 【多选】GC类工业管道安装检查方法包括（　　）。
A. 光谱分析　　B. 耐压试验
C. 泄漏试验　　D. 硬度检验
E. 金相检验

2. 【多选】下列焊接缺陷中，属于平面型缺陷的有（　　）。
A. 裂纹　　B. 未熔合
C. 气孔　　D. 夹渣
E. 角度偏差

3. 【单选】焊接缺陷中，（　　）是一种类似于裂纹的极其危险的缺陷，在交变载荷工作状态下，应力集中，极易开裂。
A. 气孔　　B. 夹渣
C. 未焊透　　D. 未熔合

4. 【单选】下列选项中属于焊接过程检验的是（　　）。
A. 射线检测
B. 焊接原材料检查
C. 焊接环境检查
D. 焊缝与母材之间的过渡成型应良好

5. 【单选】钢结构焊缝检验方案需经（　　）批准。
A. 项目负责人　　B. 项目技术负责人
C. 监理工程师　　D. 单位技术负责人

6. 【单选】焊缝检验方案的内容不包括（　　）。
A. 检验批的划分　　B. 检验方法
C. 检验人员　　D. 检验项目

7. 【多选】内部无损检测方法包括（　　）。
A. 磁粉检测　　B. 渗透检测
C. 射线检测　　D. 超声波检测
E. 涡流检测

8. 【单选】下列选项中，属于焊接前检验的是（　　）。
A. 无损探伤　　B. 焊接环境检查
C. 外观检查　　D. 焊接缺陷检查

9. 【单选】局部加热热处理的焊缝应进行（　　）。
A. 金相分析　　B. 残余应力测试

C. 硬度检验　　　　D. 超声波检测

10. **【多选】**焊接施工检查记录不包括（　　）。

A. 焊工资格认可记录

B. 设计变更记录

C. 技术交底记录

D. 焊接检查记录

E. 焊缝返修检查记录

11. **【多选】**焊后检验的方法主要有（　　）。

A. 目视检测　　　　B. 强度试验

C. 声波试验　　　　D. 热处理

E. 无损检测

2H313000 工业机电工程安装技术

2H313010 机械设备安装工程施工技术

扫码即听
本章导学

知识脉络

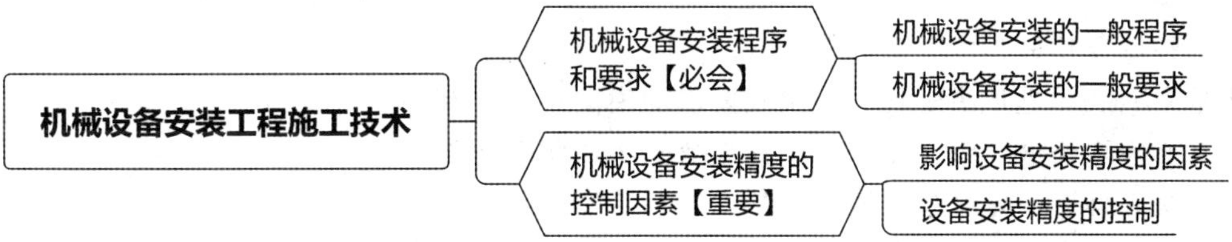

考点1 机械设备安装程序和要求【必会】

1. **【单选】** 机械设备固定与灌浆的紧前工序是（　　）。

A. 设备清洗　　B. 设备灌浆

C. 设备安装调整　　D. 垫铁安装

2. **【单选】** 设备灌浆可使用的灌浆料很多，下列材料中，不可作为设备灌浆使用的是（　　）。

A. 中石混凝土　　B. 无收缩混凝土

C. 微膨胀混凝土　　D. 细石混凝土

3. **【单选】** 机械设备灌浆分为一次灌浆和二次灌浆，大型机械设备一次灌浆应在（　　）进行。

A. 机座就位后　　B. 设备粗找正后

C. 设备精找正后　　D. 地脚螺栓紧固合格后

4. **【多选】** 机械设备开箱检查时，应进行检查和记录的项目有（　　）。

A. 箱号、箱数以及包装情况

B. 随机技术文件

C. 到货日期记录和运输日志

D. 有无缺损件，表面有无损坏和锈蚀

E. 报价清单

5. **【多选】** 机械设备安装设定基准线和基准点应遵循的原则不包括（　　）。

A. 安装检测使用方便

B. 有利于保持而不被摧毁

C. 不宜设在同一基础上

D. 关联设备不应相互采用

E. 刻划清晰且容易识别

6. **【多选】** 下列设备或机组，需设置沉降观测点的是（　　）。

A. 汽轮发电机组　　B. 透平压缩机组

C. 大型储罐　　D. 高压配电柜

E. 变压器

7. 【多选】设备安装前，按规范允许偏差要求对设备基础的（　　）进行复检。

A. 位置　　B. 混凝土强度

C. 标高　　D. 几何尺寸

E. 平整度

8. 【多选】对设备基础的位置、标高、几何尺寸检查的主要项目有（　　）。

A. 基础的坐标位置

B. 混凝土强度

C. 不同平面的标高

D. 基础立面的铅垂度

E. 地脚螺栓预留孔内有无漏筋

9. 【多选】有关预埋地脚螺栓检查验收要求的说法正确的有（　　）。

A. 直地脚螺栓中心距、标高及露出基础长度符合设计或规范要求

B. 直埋地脚螺栓的螺母和垫圈配套

C. 活动地脚螺栓锚板的中心位置、标高应符合设计或规范要求

D. 安装胀锚地脚螺栓的基础混凝土强度不得大于10MPa

E. 有裂缝的部位使用胀锚地脚螺栓要有足够的强度

10. 【多选】设备基础常见质量通病有（　　）。

A. 预埋地脚螺栓的位置、标高超差

B. 预留地脚螺栓孔深度超差

C. 预埋地脚螺栓的中心距超差

D. 基础上平面标高超差

E. 基础位置、几何尺寸超差

11. 【多选】关于垫铁的设置，正确的有（　　）。

A. 垫铁与设备基础之间的接触应良好

B. 每个地脚螺栓旁边至少应有一组垫铁，并放在靠近地脚螺栓边缘

C. 每组垫铁的块数不宜超过5块

D. 放置平垫铁时，厚的宜放在中间，薄的宜放在下面

E. 设备调整完毕后各铸铁垫铁相互间应用定位焊焊牢

12. 【多选】设备就位前，应检查确认的工作有（　　）。

A. 设备运至安装现场经开箱检查验收合格

B. 除去设备底面的泥土、油污

C. 设备基础沉降预压试验合格

D. 二次灌浆强度足够

E. 垫铁间已点焊固定

13. 【单选】机械设备安装找平过程中，将设备调整到设计或规范规定的水平状态的方法是（　　）。

A. 千斤顶顶升　　B. 调整调节螺钉

C. 调整垫铁高度　　D. 楔入专用斜铁器

14. 【多选】设备找正即中心线对基准线的（　　）。

A. 平行度　　B. 倾斜度

C. 对称度　　D. 垂直度

E. 同轴度

15.【多选】在设备安装过程中，常见的零部件装配有（　　）。

A. 齿轮装配
B. 键、销、胀套装配
C. 联轴器装配
D. 轴承装配
E. 地脚螺栓装配

16.【多选】有预紧力要求的螺纹连接常用紧固方法包括（　　）。

A. 双螺母锁紧法
B. 测量伸长法
C. 液压拉伸法
D. 加热伸长法
E. 防松销固定法

17.【单选】在安装现场，过盈配合件的装配方法主要采用（　　）。

A. 压入装配法
B. 低温冷装配法
C. 焊接固定法
D. 加热装配法

18.【单选】对开式滑动轴承装配内容不包括（　　）。

A. 轴瓦的刮研
B. 轴承的安装
C. 螺纹连接件装配
D. 轴承间隙的检测与调整

19.【单选】轴承间隙的检测及调整中，轴颈与轴瓦的侧间隙可用（　　）测量。

A. 压铅法
B. 塞尺
C. 游标卡尺
D. 千分表

考点 2　机械设备安装精度的控制因素【重要】

1.【多选】设备基础对安装精度的影响主要有（　　）。

A. 基础的外形尺寸不合格
B. 平面的平整度不符合要求
C. 基础强度不够
D. 沉降不均匀
E. 没有预压

2.【多选】解体设备的装配精度将直接影响设备的运行质量，包括（　　）。

A. 解体设备制造的加工精度
B. 各运动部件之间的相对运动精度
C. 配合面之间的配合精度
D. 配合面的粗糙度
E. 配合面之间的接触质量

3.【单选】环境因素对机械设备安装精度的影响不容忽视。下列环境因素中，不属于影响机械设备安装精度的主要因素是（　　）。

A. 基础温度变形
B. 设备温度变形
C. 安装工程处于进行生产的场所影响作业人员视线、听力、注意力
D. 安装场所湿度大

4.【单选】地脚螺栓安装的垂直度和（　　）影响安装的精度。

A. 螺栓灌浆强度
B. 螺栓强度
C. 垫铁布置
D. 紧固力

5.【多选】设备安装精度允许有一定的偏差，应合理确定其偏差及方向。当技术文件无规定

时，符合要求的原则包括（　　）。

A. 有利于抵消设备安装的积累误差

B. 有利于抵消设备附属件安装后重量的影响

C. 有利于抵消设备运转时产生的作用力的影响

D. 有利于抵消零部件磨损的影响

E. 有利于抵消摩擦面间油膜的影响

6. **【单选】**在室温条件下，工作温度较高的干燥机与传动电机联轴器找正时，两端面间隙在允许偏差内应选择（　　）。

A. 较大值　　B. 中间值

C. 较小值　　D. 最小值

2H313020　电气安装工程施工技术

知识脉络

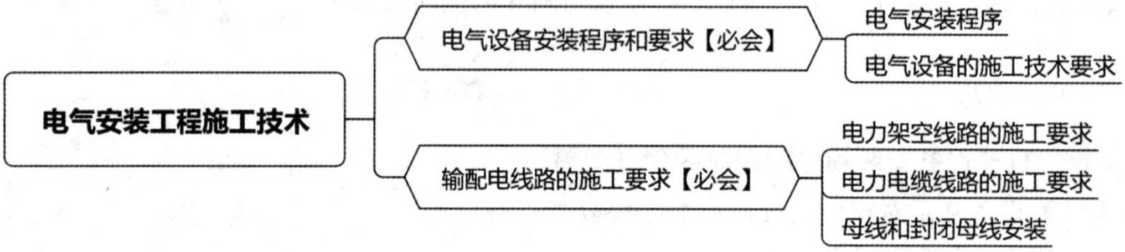

考点 1　电气设备安装程序和要求【必会】

1. **【单选】**电气安装工程施工的一般程序中，回路接通后应进行（　　）。

A. 通电试运行　　B. 检查、试验、调试

C. 交付使用　　D. 绝缘测试

2. **【单选】**下列关于油浸式电力变压器的施工程序，正确的是（　　）。

A. 吊芯检查→设备就位→附件安装→滤油、注油

B. 吊芯检查→设备就位→滤油、注油→附件安装

C. 设备就位→吊芯检查→附件安装→滤油、注油

D. 设备就位→吊芯检查→滤油、注油→附件安装

3. **【单选】**油浸式电力变压器是否需要吊芯检查，应根据变压器大小、制造厂规定、存放时间、运输过程中有无异常和（　　）要求而确定。

A. 安装单位　　B. 设计单位

C. 建设单位　　D. 施工单位

4. **【单选】**10kV 高压设备试验时，未设置防护栏的操作人员与其最小安全距离为（　　）。

A. 0.4m　　B. 0.5m

C. 0.6m　　D. 0.7m

5. **【多选】**电气装置在接通二次回路电源之前，应再次测定二次回路的（　　），确保无接地或短路存在。

A. 绝缘电阻　　B. 耐压试验

C. 直流电阻　　D. 绝缘油试验

E. 泄漏电流

6. 【多选】进行二次回路动作检查时，不应使其相应的一次回路，如（　　）带有运行电压。

A. 母线　　B. 继电器

C. 断路器　　D. 隔离开关

E. 监视仪表

7. 【多选】关于电气工程的受电步骤说法正确的有（　　）。

A. 受电系统一次回路试验合格

B. 保护定值按实际要求整定完毕

C. 受电系统的设备和电缆等绝缘良好

D. 安全警示标志和消防设施已布置到位

E. 动力回路核对相序无误

8. 【多选】成套配电设备的安装要求包括（　　）。

A. 基础型钢的两端与接地干线应焊接牢固

B. 柜体间及柜体与基础型钢间应焊接固定

C. 成列安装柜体时，柜体安装允许偏差应符合要求

D. 手车推进时接地触头比主触头后接触

E. 同一功能单元、同一种型式的高压电器组件能互换使用

9. 【多选】电气的交接试验注意事项包括（　　）。

A. 在高压试验设备和高电压引线周围，应装设遮拦并悬挂警示牌

B. 不设防护栅时，最小安全距离为 0.5m

C. 高压试验结束后，应对直流试验设备多次放电

D. 成套设备应连接一起进行耐压试验

E. 断路器的交流耐压试验在合闸状态下进行即可

10. 【多选】电气装置通电检查及调整试验的具体内容包括（　　）。

A. 先进行一次回路通电检查，后进行二次回路检查

B. 继电器和仪表等均经校验合格

C. 电流互感器二次侧无短路现象

D. 电压互感器二次侧无短路现象

E. 一次回路经过绝缘电阻测定和耐压试验，绝缘电阻值均符合规定

考点 2　输配电线路的施工要求【必会】

1. 【单选】架空电力线路安装程序中，立杆的紧后工序是（　　）。

A. 横担安装　　B. 绝缘子安装

C. 拉线制作与安装　　D. 导线架设

2. 【多选】耐张杆的作用包括（　　）。

A. 承受断线张力

B. 控制事故范围

C. 正常情况下承受导线转角合力

D. 事故断线情况下承受断线张力

E. 承受线路一侧张力

3. 【单选】低压架空线的导线一般采用（　　）。

A. 钢芯铝绞线　　B. 铝包钢芯铝绞线

C. 钢绞线
D. 塑料铜芯线

4. 【多选】架空线路中，常用的金具有（　　）。
A. 卡盘
B. U字形抱箍
C. 挂板
D. 心形环
E. 碟式绝缘子

5. 【单选】水泥电杆的立杆方法不包括（　　）。
A. 汽车起重机立杆
B. 桅杆立杆
C. 三脚架立杆
D. 人字抱杆立杆

6. 【多选】横担安装位置要求包括（　　）。
A. 10kV 及以下直线杆的单横担应安装在负荷侧
B. 分支杆采用双横担
C. 终端杆采用单横担，应安装在负荷侧
D. 边相的瓷横担不宜垂直安装
E. 中相瓷横担应垂直地面

7. 【多选】架空线路试验内容包括（　　）。
A. 测线路的绝缘电阻
B. 交流耐压试验
C. 冲击合闸试验
D. 测量杆塔的接地电阻值
E. 泄漏电流试验

8. 【单选】施工现场临时用电架空线路中耐张杆、转角杆采用（　　）。
A. 针式绝缘子
B. 蝶式绝缘子
C. 悬式绝缘子
D. 棒式绝缘子

9. 【多选】电缆保护管的设置要求包括（　　）。
A. 电缆与各种管道、沟道交叉处需设保护管
B. 电缆保护管内径大于电缆外径的 1.5 倍
C. 电缆引入和引出建筑物，设防火套管
D. 硬塑料管与热力管交叉时应穿钢套管
E. 电缆保护管宜敷设于热力管的上方

10. 【单选】直埋电缆的电缆沟与热力管道平行敷设时，最小净距为（　　）。
A. 1.0m
B. 1.5m
C. 2.0m
D. 3.0m

11. 【多选】直埋电缆在（　　）应设置明显的方位标志或标桩。
A. 电缆接头处
B. 直线段每隔 5m 处
C. 电缆转弯处
D. 电缆进入建筑物处
E. 电缆交叉处

12. 【单选】用机械牵引敷设电缆时，允许牵引强度最大的是（　　）。
A. 铜芯牵引头
B. 铝芯牵引头
C. 铅芯钢丝网套
D. 塑料护套

13. 【多选】电缆敷设的注意事项有（　　）。

A. 电缆应在切断后 24h 内封头

B. 油浸纸质绝缘电力电缆必须铅封

C. 并列敷设电缆不得有中间接头

D. 架空敷设的电缆中间接头用托板托置固定

E. 三相四线制的系统中应采用四芯电力电缆

14. 【单选】有关母线的连接固定，正确的是（　　）。

A. 母线应在找正及固定前，进行导体的焊接

B. 母线与设备连接完毕后，应进行母线绝缘电阻的测试

C. 金属母线与设备连接部位，应设置热胀冷缩或基础沉降的补偿装置

D. 通过焊接将母线固定在支柱绝缘子上

15. 【单选】ABC 三相交流母线的相色分别为（　　）。

A. 红绿黄　　B. 红黄绿

C. 黄绿红　　D. 黄红绿

2H313030　管道工程施工技术

知识脉络

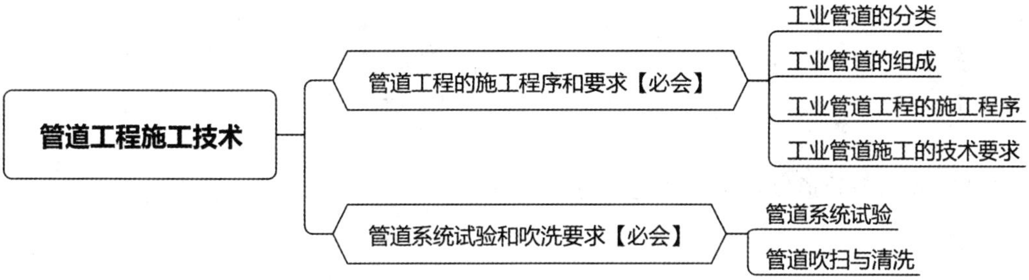

考点 1　管道工程的施工程序和要求【必会】

1. 【单选】设计压力为 10MPa 的管道属于（　　）管道。

A. 低压　　B. 中压

C. 高压　　D. 超高压

2. 【多选】工业管道按设计压力分类可分为（　　）。

A. 真空管道　　B. 低压管道

C. 常压管道　　D. 中压管道

E. 高压管道

3. 【单选】（　　）的管道属于高压管道。

A. 设计压力为 1.6MPa

B. 设计压力为 10MPa

C. 设计压力为 0MPa

D. 设计压力为 100MPa

4. 【多选】（　　）的管道属于低压管道。

A. 设计压力为 0MPa

B. 设计压力为 1.6MPa
C. 设计压力为 1.2MPa
D. 设计压力为 10MPa
E. 设计压力为 100MPa

5. 【多选】管道支承件包括（　　）。
A. 平衡锤　B. 托座
C. 鞍座　D. 膨胀节
E. 支撑杆

6. 【多选】管道组成件包括（　　）。
A. 法兰　B. 阀门
C. 锚固件　D. 过滤器
E. 滑动支架

7. 【单选】工业管道工程施工程序中，管道安装的紧后工序是（　　）。
A. 管道系统绝热　B. 管道系统检验
C. 管道系统试验　D. 管道系统清洗

8. 【单选】工业管道工程施工程序中，管道、支架预制的紧后工序是（　　）。
A. 管段预制　B. 附件、法兰加工、检验
C. 管道系统检验　D. 配合土建预留、预埋、测量

9. 【多选】弹簧支、吊架中弹簧的临时固定件，如定位销等，应待系统（　　）完毕后方可拆除。
A. 安装　B. 检查
C. 试压　D. 冲洗
E. 绝热

10. 【单选】阀门与管道以焊接方式连接时，阀门应（　　），焊缝底层宜采用氩弧焊。
A. 开启　B. 隔离
C. 关闭　D. 拆除阀芯

11. 【多选】管道与承受附加荷载的动设备连接前，应在自由状态下检验法兰的（　　），偏差应符合规定要求。
A. 同心度　B. 同轴度
C. 平行度　D. 垂直度
E. 倾斜度

12. 【单选】关于工业管道中阀门的检验，下列说法中正确的是（　　）。
A. 不锈钢阀门试验时，水中的氯离子含量不得超过 50ppm
B. 阀门试验的介质温度低于 20℃时，应采取升温措施
C. 安全阀密封试验在整定压力调整合格前进行
D. 阀门的壳体试验压力可以是阀门在 20℃时最大允许工作压力的 1.5 倍

13. 【多选】工业阀门安装前检验内容及要求包括（　　）。
A. 阀门的试验温度为 5～40℃
B. 阀门的密封试验压力应为阀门在 20℃时最大允许工作压力的 1.1 倍
C. 阀门的壳体试验压力为公称压力的 1.5 倍
D. 试验持续时间不得少于 5min

E. 当试验温度低于 5℃时要采取升温措施

14. 【单选】伴热管应与主管（　　）安装，并应能自行排液。

A. 水平　　B. 平行

C. 交叉　　D. 垂直

15. 【多选】安装时，滑动面应洁净平整，不得有歪斜和卡涩现象的管道支架有（　　）。

A. 导向支架　　B. 固定支架

C. 支吊架　　D. 滑动支架

E. 弹簧支架

16. 【单选】安全阀的出口管道应接向安全地点，安全阀应（　　）安装。

A. 垂直　　B. 倾角 60°

C. 倾角 30°　　D. 水平

17. 【单选】防腐蚀衬里管道组成件，如橡胶、塑料、玻璃钢、涂料等衬里的管道组成件，应存放在温度为（　　）的室内，并应避免阳光和热源辐射。

A. －10～－5℃　　B. －5～0℃

C. 0～5℃　　D. 5～40℃

考点 2　管道系统试验和吹洗要求

1. 【多选】工业管道系统安装后，根据系统不同的使用要求，应进行的试验类型主要分为（　　）。

A. 强度试验　　B. 压力试验

C. 真空度试验　　D. 泄漏性试验

E. 灌水试验

2. 【单选】管道系统气压试验的试验温度严禁接近金属的（　　）转变温度。

A. 脆性　　B. 塑性

C. 延展性　　D. 韧性

3. 【多选】下列关于工业管道系统压力试验的规定，正确的有（　　）。

A. 压力试验是以液体或气体为介质

B. 管道安装完毕，热处理和无损检测合格后，进行压力试验

C. 当管道的设计压力小于或等于 0.4MPa 时，可采用气体为试验介质，但应采取有效的安全措施

D. 进行压力试验时，划定禁区，无关人员不得进入

E. 试验过程发现泄漏时，不得带压处理

4. 【多选】下列关于工业管道系统液压试验实施要点的说法，正确的有（　　）。

A. 液压试验应使用洁净水，对不锈钢管道，水中氯离子含量不得超过 25ppm

B. 试验前，注入液体时应排尽气体

C. 试验时环境温度不宜低于 0℃

D. 承受内压的地上钢管道试验压力为设计压力的 1.5 倍

E. 在试验压力下稳压 30min，再将试验压力降至设计压力，稳压 10min

5. 【多选】下列关于工业管道系统压力试验实施要点的说法，正确的有（　　）。

A. 试验前，注入液体时应排尽空气

B. 试验时环境温度不宜低于 5℃，当环境温度低于 5℃时应采取防冻措施

C. 承受内压的地上钢管道及有色金属管道试验压力应为设计压力的 1.1 倍

D. 液压试验应使用洁净水

E. 埋地钢管道的试验压力应为设计压力的1.5倍，并不得低于0.6MPa

6. 【多选】下列关于工业管道系统真空度试验的实施要点的说法，错误的有（ ）。

A. 真空系统在压力试验合格后进行

B. 所有管道均做真空度试验

C. 按设计文件规定进行24h的真空度试验

D. 达到设计规定的真空度后，关闭系统，24h后系统增压率不应大于5%

E. 真空度试验在泄漏试验合格后进行

7. 【多选】下列关于工业管道系统泄漏性试验的说法，错误的有（ ）。

A. 泄漏性试验的试验介质宜采用空气

B. 试验压力为设计压力的1.15倍

C. 泄漏性试验应在压力试验前进行

D. 泄漏性试验可结合试车一并进行

E. 输送极度和高度危害介质的管道必须进行泄漏性试验

8. 【多选】管道系统压力试验前应具备的条件有（ ）。

A. 管道安装工程均已按设计图纸全部完成

B. 试验用的压力表在周检期内并已经校验，其精度符合规定要求

C. 管道已按试验要求进行了加固

D. 待试管道与无关系统已采用盲板或其他隔离措施隔开

E. 试验方案已制定

9. 【单选】管道系统正确的吹洗顺序是（ ）。

A. 支管→疏排管→主管

B. 疏排管→支管→主管

C. 主管→支管→疏排管

D. 主管→疏排管→支管

10. 【单选】公称直径小于600mm的液体管道宜采用（ ）。

A. 水冲洗

B. 蒸汽吹扫

C. 空气吹扫

D. 燃气吹扫

11. 【单选】500mm的液体管道在吹扫时，吹扫介质的流速不宜小于（ ）。

A. 20m/s

B. 1.5m/s

C. 30m/s

D. 15m/s

12. 【单选】蒸汽管道系统应用蒸汽吹扫，吹扫前先行（ ）。

A. 用水冲洗

B. 用空气吹扫

C. 暖管

D. 排尽气体

13. 【多选】管道的吹扫与清洗应根据（ ）确定。

A. 对管道的使用要求

B. 工作时间

C. 系统回路

D. 现场条件

E. 管道内表面的脏污程度

14. 【多选】下列工业管道水冲洗实施要点，错误的有（ ）。

A. 冲水流速不得低于20m/s

B. 排水时不得形成负压

C. 排水口的水色和透明度与入口水目测一致
D. 使用洁净水连续进行冲洗
E. 水中氯离子含量不得超过30ppm

2H313040　动力和发电设备安装技术

知识脉络

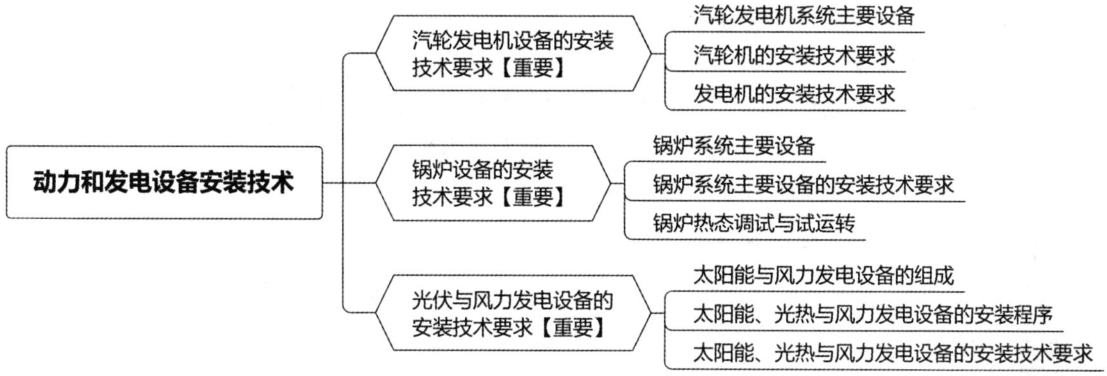

考点 1　汽轮发电机设备的安装技术要求【重要】

1. 【多选】汽轮机按照工作原理划分，分为（　　）。
   A. 凝汽式汽轮机　　B. 冲动式汽轮机
   C. 反动式汽轮机　　D. 轴流式汽轮机
   E. 抽气式汽轮机
2. 【单选】汽轮发电机是由（　　）和转子组成的。
   A. 绕组　　B. 定子
   C. 护环　　D. 风扇
3. 【多选】下列属于汽轮机本体的静止部分的有（　　）。
   A. 汽缸　　B. 喷嘴
   C. 危急保安器　　D. 轴承
   E. 止推盘
4. 【单选】转子测量不包括（　　）。
   A. 轴颈椭圆度和不柱度的测量
   B. 转子跳动测量
   C. 转子弯曲度测量
   D. 转子不平度测量
5. 【多选】轴系对轮中心找正时，应做到（　　）。
   A. 以低压转子为基准
   B. 汽轮机的高、中、低压缸都已就位
   C. 对轮找中心都以全实缸、凝汽器灌水至模拟运行状态进行调整
   D. 各对轮找中心时的开口和高低差要有预留值

E. 在各不同阶段要进行多次对轮中心的复查和找正

6. 【多选】汽轮机低压外下缸组合时，气缸找中心的基准可以采用（　　）。

A. 激光法　　B. 拉钢丝法

C. 假轴法　　D. 转子法

E. 两台跑车方法

7. 【单选】发电机转子穿装，不同的机组有不同的穿转子方法，可采用（　　）方法。

A. 滑道式　　B. 液压提升

C. 液压顶升平移　　D. 专用吊装架

8. 【多选】发电机转子穿装工艺要求有（　　）。

A. 转子穿装前进行单独气密性试验

B. 应经漏气量试验

C. 转子穿装应在完成机务工作后、电气和热工仪表的安装前进行

D. 转子穿装应在完成机务、电气与热工仪表的各项工作后进行

E. 转子穿装可以采用滑道式方法

考点 2　锅炉设备的安装技术要求【重要】

1. 【多选】电站锅炉中的炉是由燃烧器以及（　　）组成。

A. 炉前煤斗　　B. 过热器

C. 省煤器　　D. 燃烧器

E. 空气预热器

2. 【单选】高温高压锅炉一般采用的主要蒸发受热面是（　　）。

A. 光管式水冷壁　　B. 膜式水冷壁

C. 对流管束　　D. 过热器

3. 【多选】水冷壁的主要作用有（　　）。

A. 吸收炉膛内的高温辐射热量以加热工质

B. 使烟气得到冷却

C. 可以保护炉墙

D. 保证蒸汽品质

E. 比采用对流管束节省钢材

4. 【单选】锅炉本体受热面组合安装的一般程序中，联箱找正划线的紧前工序是（　　）。

A. 压力试验　　B. 通球试验

C. 灌水试验　　D. 光谱检查

5. 【单选】锅炉组件找正时，用（　　）检查中心位置。

A. 拉钢卷尺　　B. 拉对角线

C. 水准仪　　D. 水平仪

6. 【单选】锅炉受热面施工中横卧式组合方式的缺点是（　　）。

A. 钢材耗用量大　　B. 可能造成设备变形

C. 不便于组件的吊装　　D. 安全状况较差

7. 【单选】锅炉安装完毕后要进行烘炉，烘炉的目的是（　　）。

A. 清除锅内的铁锈、油脂和污垢

B. 避免受热面结垢而影响传热

C. 使锅炉砖墙缓慢干燥，在使用时不致损裂

D. 防止受热面烧坏

8. 【单选】下列设施中，不在蒸汽管路冲洗与吹洗范围的是（　　）。

A. 汽包　　B. 锅炉过热器、再热器

C. 减温水管系统　　D. 过热蒸汽管道

9. 【单选】下列有关锅炉试运行的说法中，不正确的是（　　）。

A. 锅炉试运行在煮炉前进行

B. 锅炉试运行启动时升压应缓慢，尽量减小壁温差

C. 检查人孔、焊口、法兰等部件，发现有泄漏时及时处理

D. 观察各联箱、锅筒、钢架、支架等的热膨胀及其位移是否正常

考点 3　光伏与风力发电设备的安装技术要求【重要】

1. 【单选】光伏发电设备安装中，不使用的支架是（　　）。

A. 固定支架

B. 滑动支架

C. 跟踪式支架

D. 手动可调支架

2. 【多选】风力发电设备主要包括（　　）。

A. 塔筒　　B. 机舱

C. 汇流箱　　D. 轮毂

E. 逆变器

3. 【多选】下列关于光伏与风力发电设备组成的说法，正确的有（　　）。

A. 风力发电设备按照安装的区域可分为陆地风力发电设备和海上风力发电设备

B. 风力发电厂一般由多台风机组成，每台风机构成一个独立的发电单元

C. 陆地风力发电设备多安装在山地、草原等风力集中的地区，最大单机容量为 6MW

D. 光伏支架包括跟踪式支架、固定支架和手动可调支架

E. 海上风力发电设备多安装在滩头和浅海等地区，最大单机容量为 5MW，施工环境和施工条件普遍比较差

4. 【单选】下列关于光伏发电设备的安装程序，顺序正确的是（　　）。

A. 设备检查→光伏支架安装→汇流箱安装→光伏组件安装→逆变器安装→电气设备安装

B. 设备检查→光伏支架安装→光伏组件安装→汇流箱安装→逆变器安装→电气设备安装

C. 设备检查→光伏支架安装→光伏组件安装→汇流箱安装→电气设备安装→逆变器安装

D. 设备检查→光伏组件安装→光伏支架安装→汇流箱安装→逆变器安装→电气设备安装

5. 【单选】风力发电设备的安装程序中发电机安装的紧后工作是（　　）。

A. 塔筒安装　　B. 叶片与轮毂组合

C. 验收　　D. 叶轮安装

6. 【多选】光伏组件之间的接线在组串后应进行光伏组件串的（　　）测试，施工时严禁接触组串的金属带电部位。

A. 开路电压　　B. 开路电流

C. 短路电流　　D. 短路电压

E. 绝缘电阻

7. 【单选】塔筒分多段供货，按照（　　）的吊装顺序进行塔筒的安装。

A. 由上至下　　B. 由下至上

C. 由左至右　　　　　　　　　　　　D. 由右至左

8.【多选】下列属于塔式光热发电的集热设备组成的有（　　）。

A. 定日镜　　　　　　　　　　　　B. 吸热器钢架

C. 吸热器设备　　　　　　　　　　D. 驱动轴

E. 反射镜

9.【单选】槽式光热发电设备安装程序中，电气设备安装的紧前工作是（　　）。

A. 换热器及管道系统安装　　　　　B. 汽轮发电机设备安装

C. 集热器及附件安装　　　　　　　D. 设备检查

2H313050　静置设备及金属结构的制作与安装技术

知识脉络

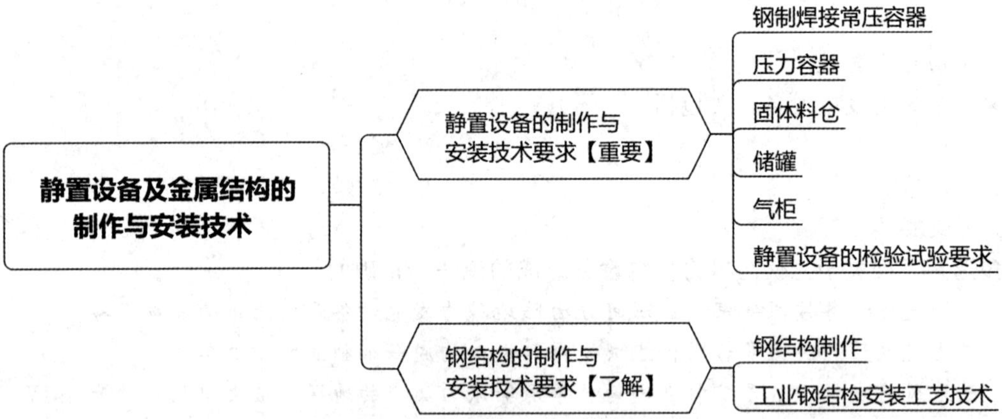

考点1　静置设备的制作与安装技术要求【重要】

1.【单选】钢制焊接常压容器的焊接工艺评定报告、焊接工艺规程、施焊记录及焊工的识别标记，应保存（　　）年。

A. 1　　　　B. 2　　　　C. 3　　　　D. 4

2.【单选】下列不属于塔器设备的到货状态的是（　　）。

A. 整体到货　　B. 分段到货　　C. 分片到货　　D. 分带到货

3.【单选】基础混凝土强度不得低于设计强度的（　　），有沉降观测要求的，应设有沉降观测点。

A. 60%　　　　B. 70%　　　　C. 75%　　　　D. 80%

4.【多选】下列关于钢制球形储罐的说法，正确的有（　　）。

A. 多层多道焊时，每层焊道引弧点宜依次错开25～50mm

B. 分带法可用于公称容积不大于1000m³的球罐组装

C. 散装法是目前国内应用广泛、技术成熟的方法

D. 球罐的焊接原则有：先焊纵缝，后焊环缝；先焊短缝，后焊长缝

E. 球形罐焊后整体热处理应在压力试验后进行

5.【单选】构成料仓壳体的受力元件不包括（　　）。

A. 仓壳顶　　　　　　　　　　　　B. 罐壁

C. 仓壳圆筒　　D. 仓壳锥体

6. 【多选】LNG储罐可分为（　　）。

A. 单容罐　　B. 双容罐

C. 全容罐　　D. 浮顶罐

E. 薄膜罐

7. 【单选】（　　）安装基本是在地面上进行，避免了高空作业，保证了安全，有利于提高质量和工效，目前在储罐施工中被广泛采用。

A. 拱顶法　　B. 水浮法

C. 倒装法　　D. 正装法

8. 【单选】下列关于压力容器产品焊接试件要求，说法错误的是（　　）。

A. 产品焊接试件由参与本台压力容器产品的焊工焊接，焊接后打上焊工和检验员代号钢印

B. 圆筒形压力容器的产品焊接试件，应当在筒节纵向焊缝的延长部分，采用与施焊压力容器相同的条件和焊接工艺同时焊接

C. 为检验产品焊接接头的力学性能和弯曲性能，应制作产品焊接试件，制取试样，进行拉力、弯曲和规定的抗压试验

D. 产品焊接试件经外观检查和射线（或超声）检测，如不合格，允许返修，如不返修，可避开缺陷部位截取试样

9. 【多选】下列关于储罐充水试验规定的说法，正确的有（　　）。

A. 充水试验采用洁净水

B. 试验水温不低于5℃

C. 充水试验的同时进行基础沉降观测

D. 放水过程中应关闭透光孔

E. 对不锈钢罐，试验用水中氯离子含量不得超过25ppm

10. 【多选】钢制储罐建造完毕进行充水试验，检查的项目有（　　）。

A. 浮顶升降试验及严密性

B. 浮顶排水管的严密性

C. 罐底的严密性

D. 罐壁高度偏差

E. 罐底的局部凹凸变形

11. 【单选】下列项目中，不属于钢制储罐罐体几何尺寸检查内容的是（　　）。

A. 罐壁垂直度偏差

B. 底圈壁板内表面半径偏差

C. 两极间及赤道截面内直径检查

D. 罐壁的局部凹凸变形

12. 【多选】下列属于球罐焊后几何尺寸检查内容的有（　　）。

A. 壳板焊后的棱角检查　　B. 两极间内直径检查

C. 赤道截面的最大内直径检查　　D. 支柱垂直度检查

E. 罐壁垂直度偏差

考点2　钢结构的制作与安装技术要求【了解】

1. 【多选】下列作业活动中，不属于工业钢结构安装主要环节的有（　　）。

A. 钢结构安装　　B. 作业地面整平

C. 钢构件制作　　D. 基础验收

E. 防腐涂装

2. 【单选】钢结构一般安装程序为（　　）。

A. 钢柱安装→支撑安装→梁安装→围护结构安装→平台板安装

B. 钢柱安装→支撑安装→梁安装→平台板安装→围护结构安装

C. 钢柱安装→梁安装→支撑安装→平台板安装→围护结构安装

D. 钢柱安装→支撑安装→围护结构安装→梁安装→平台板安装

3. 【单选】钢结构制作和安装单位应按规定分别进行高强度螺栓连接摩擦面的（　　）试验和复验，其结果应符合设计要求。

A. 扭矩系数　　B. 紧固轴力

C. 弯矩系数　　D. 抗滑移系数

4. 【多选】下列关于钢结构安装要求，说法正确的有（　　）。

A. 钢结构制作和安装单位，要进行高强度螺栓连接摩擦面的抗滑移系数试验

B. 采用手工砂轮打磨时，打磨方向应与受力方向水平，且打磨范围不应小于螺栓孔径的4倍

C. 经处理后的摩擦面应采取保护措施，不得在摩擦面上做标记

D. 高强度大六角头螺栓连接副应由一个螺栓、一个螺母和两个垫圈组成

E. 多节柱安装时，每节柱的定位轴线应从地面控制轴线直接引上，不得从下层柱的轴线引上

2H313060　自动化仪表工程安装技术

知识脉络

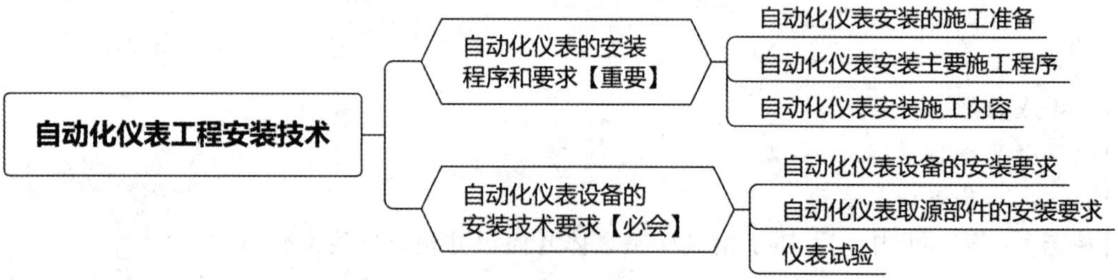

考点1　自动化仪表的安装程序和要求【重要】

1. 【单选】仪表试验的气源应符合要求，气源应清洁、干燥，露点应低于最低环境温度（　　）℃以上，气源压力应稳定。

A. 3　　B. 10　　C. 15　　D. 20

2. 【单选】用于仪表校准和试验的标准仪器、仪表应具备有效的计量检定合格证书，其基本误差的绝对值，不宜超过被校准仪表基本误差绝对值的（　　）。

A. 1/2　　B. 1/3

C. 2/3　　D. 3/4

3. 【单选】自动化仪表调校室的室内温度应维持在（　　）之间，空气相对湿度不大于85%。

A. 5～20℃　　B. 5～25℃

C. 10～30℃　　D. 10～35℃

4. **【单选】**仪表设备由温度低于－5℃的环境移入保温库时，应在库内放置（　　）后再开箱。

A. 12h　　B. 16h　　C. 20h　　D. 24h

5. **【单选】**下列关于仪表调校应遵循的原则正确的是（　　）。

A. 先校验后取证　　B. 先复杂回路后单回路

C. 先单校后联校　　D. 先网络后单点

6. **【多选】**下列管道中，属于仪表管道的有（　　）。

A. 测量管道　　B. 气动信号管道

C. 配线管道　　D. 伴热管道

E. 液压管道

7. **【多选】**下列属于自动化仪表施工的原则有（　　）。

A. 先土建后安装　　B. 先地下后地上

C. 先安装设备再配管布线　　D. 先里后外

E. 先两端后中间

考点 2　自动化仪表设备的安装技术要求【必会】

1. **【单选】**直接安装在管道上的取源部件应随同管道系统进行（　　）。

A. 吹扫清洗　　B. 压力试验

C. 无损检测　　D. 防腐保温

2. **【单选】**自动化仪表的取源部件安装，正确的是（　　）。

A. 在工艺管道防腐、衬里、吹扫后开孔和焊接

B. 同一管段上压力取源部件安装在温度取源部件下游侧

C. 温度取源部件在管道上垂直安装时，应与管道轴线垂直相交

D. 温度取源部件应临近阀门出口侧安装

3. **【多选】**分析取源部件的取样点周围不应有（　　）和物料堵塞或非生产过程的化学反应。

A. 紊流　　B. 空气渗入

C. 层流　　D. 死角

E. 涡流

4. **【单选】**节流装置测量气体流量时，取压口的位置是（　　）。

A. 在管道的下半部与管道水平中心线成0～45°角的范围内

B. 取压口在管道的上半部与管道水平中心线成0～45°角的范围内

C. 上半部

D. 下半部

5. **【多选】**下列关于自动化仪表设备的安装要求，说法正确的有（　　）。

A. 仪表上接线箱（盒）应采取密封措施，引入口不宜朝上

B. 测量气体介质压力时，变送器安装位置宜低于取压点

C. 测量液体或蒸汽压力时，变送器安装位置宜低于取压点

D. 孔板的锐边或喷嘴的曲面侧应背着被测流体的流向

E. 雷达物位计不应安装在进料口的上方，传感器应垂直于物料表面

6. **【单选】**下列关于压力取源部件的安装要求，说法错误的是（　　）。

A. 测量液体压力时，取压点的方位在管道的下半部与管道的水平中心线成0～45°夹角的范围内

B. 当测量气体压力时，取压点的方位在管道的上半部

C. 压力取源部件与温度取源部件在同一管段上时，压力取源部件应安装在温度取源部件的下游侧

D. 测量蒸汽压力时，取压点的方位在管道的上半部，或者下半部与管道水平中心线成0～45°夹角的范围内

7. **【多选】**下列关于自动化仪表的说法，错误的有（　　）。

A. 安装取源部件时，不应在焊缝及其边缘上开孔及焊接

B. 温度取源部件在压力取源部件的上游侧

C. 安装取源部件的开孔与焊接必须在工艺管道或设备的防腐、衬里、吹扫和压力试验前进行

D. 当取源部件设置在管道的下半部与管道水平中心线成0～45°夹角范围内时，其测量的参数可以是蒸汽压力

E. 当取源部件设置在管道的上半部与管道水平中心线成0～45°夹角范围内时，其测量的参数可以是液体流量

8. **【单选】**温度检测仪表的校准试验点不应少于（　　）点。直接显示温度计的示值误差应符合仪表准确度的规定。热电偶和热电阻可在常温下对元件进行检测，可不进行热电性能试验。

A. 1　　B. 2　　C. 3　　D. 4

2H313070　防腐蚀与绝热工程施工技术

知识脉络

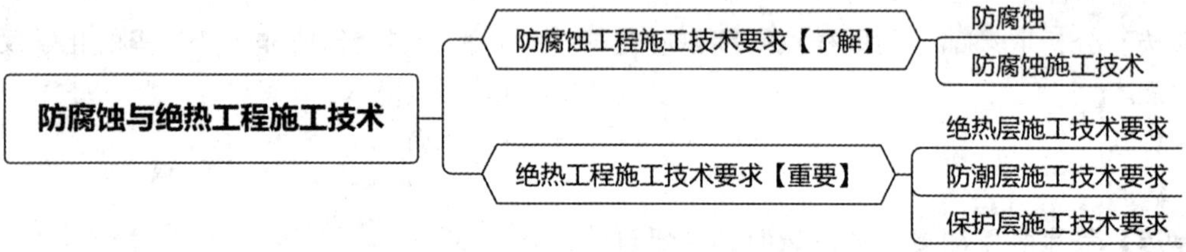

考点1　防腐蚀工程施工技术要求【了解】

1. **【多选】**下列防腐蚀施工表面处理的方法，属于机械处理的有（　　）。

A. 化学脱脂　　B. 浸泡脱脂

C. 喷射　　D. 抛丸

E. 喷淋脱脂

2. **【多选】**下列防腐蚀施工表面处理的方法，属于转化处理的有（　　）。

A. 磷化　　B. 铬酸盐钝化

C. 钝化　　D. 钢丝刷

E. 电动砂轮

3. **【单选】**金属表面处理等级为Sa2.5级的除锈方式是（　　）。

A. 手工除锈　　B. 喷射处理

C. 火焰除锈　　D. 化学处理

4.【多选】喷射处理质量等级分为（　　）。

A. Sa1　　B. Sa2

C. Sa2.5　　D. Sa3

E. Sa4

5.【多选】工具处理等级分为（　　）。

A. St2　　B. St3

C. Sa1　　D. Sa2

E. Sa3

考点 2 绝热工程施工技术要求【重要】

1.【单选】设备硬质保温层的拼缝不应大于（　　）mm。

A. 2　　B. 5　　C. 7　　D. 8

2.【多选】设备保温层施工时，其保温制品的层厚大于100mm时，应分两层或多层施工，其施工要点有（　　）。

A. 逐层施工

B. 同层错缝

C. 上下层压缝

D. 保温层拼缝宽度不应大于5mm

E. 水平管道的纵向接缝位置，应布置在管道垂直中心线45°范围内

3.【多选】关于管道保温层施工的做法，错误的有（　　）。

A. 采用预制块做保温层时，同层要错缝，异层要压缝

B. 硬质绝热制品捆扎间距不应大于400mm

C. 水平管道的纵向接缝位置，要布置在管道垂直中心线45°的范围内

D. 每块绝热制品上的捆扎件不得少于两道

E. 对软质绝热制品宜为300mm

4.【单选】下列关于防潮层施工技术要求，说法错误的是（　　）。

A. 防潮层的绝热层外表面应清理干净、保持干燥

B. 室外施工不宜在雨雪天或阳光暴晒中进行

C. 防潮层外不得设置钢丝、钢带等硬质捆扎件

D. 设备筒体、管道上的防潮层应间断施工

5.【单选】防潮层胶泥涂抹的厚度每层一般为（　　）mm，施工时依据设计文件的要求确定。

A. 0.5　　B. 0.8

C. 1　　D. 2～3

6.【单选】当防潮层采用玻璃纤维布复合胶泥涂抹施工时，立式设备和垂直管道的环向接缝，应为（　　）。

A. 上下搭接　　B. 两侧搭接

C. 缝口朝下　　D. 缝口朝上

7.【多选】下列接缝形式中，用于绝热工程金属保护层施工的有（　　）。

A. 搭接形式　　B. 对接形式

C. 插接形式　　D. 咬接形式

E. 嵌接形式

8. 【多选】下列关于静置设备的金属保护层施工要求的说法，错误的有（　　）。
A. 金属保护层应自上而下敷设
B. 环向接缝宜采用咬接
C. 纵向接缝宜采用插接
D. 搭接或插接尺寸应为 30～50mm
E. 平顶设备顶部绝热层的金属保护层，应按设计规定的斜度进行施工

2H313080　炉窑砌筑工程施工技术

知识脉络

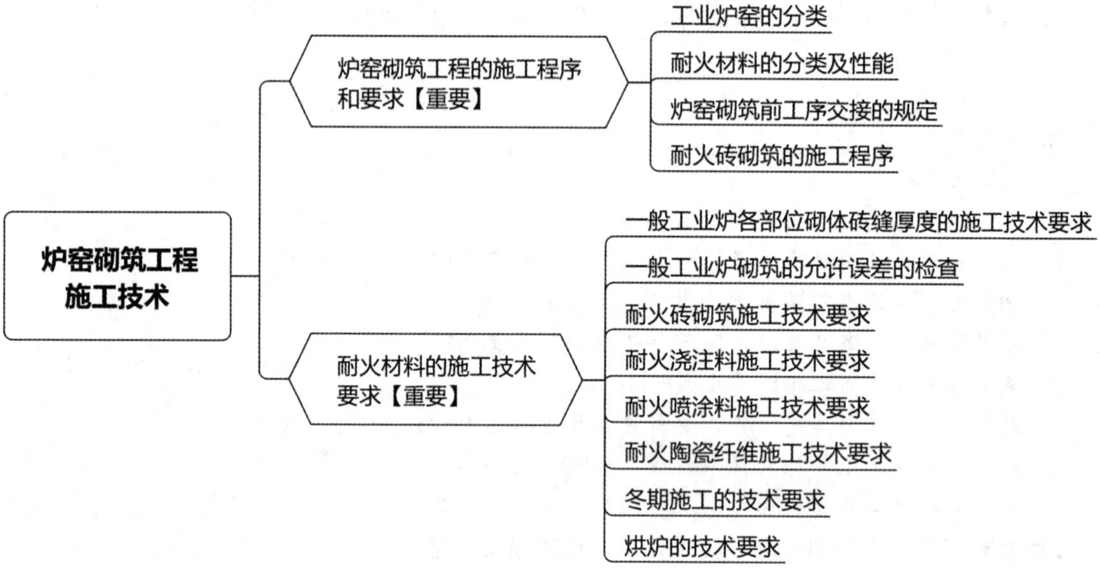

考点 1　炉窑砌筑工程的施工程序和要求【重要】

1. 【单选】下列耐火材料中，属于酸性耐火材料是（　　）。
A. 高铝砖　B. 镁铝砖　C. 硅砖　D. 白云石砖

2. 【单选】下列耐火材料中，属于碱性耐火材料是（　　）。
A. 硅砖　B. 锆英砂砖
C. 刚玉砖　D. 镁铝砖

3. 【多选】下列耐火材料，属于按耐火度分类的有（　　）。
A. 普通耐火材料　B. 高级耐火材料
C. 特级耐火材料　D. 定形耐火材料
E. 不定形耐火材料

4. 【单选】下列耐火材料中，属于中性耐火材料是（　　）。
A. 高铝砖　B. 镁铝砖
C. 硅砖　D. 白云石砖

5. 【单选】下列炉窑砌筑工序中，不属于交接内容的是（　　）。
A. 上道工序成果的保护要求

B. 耐火材料的验收

C. 炉子中心线及控制高程测量记录

D. 炉子可动部分试运转合格证明

6. 【单选】工业炉窑砌筑工程工序交接证明书中，炉体冷却装置、管道和炉壳应有试压记录及（　　）。

A. 超声波探伤记录　　B. X射线探伤记录

C. 压力容器施工许可证明　　D. 焊接严密性试验合格证明

7. 【多选】下列资料中，属于砌筑工序交接证明书必须具备的有（　　）。

A. 炉子中心线和控制标高的记录

B. 隐蔽工程验收合格证明

C. 托砖板焊接质量检查合格证明

D. 锚固件材质合格证明

E. 炉体的几何尺寸的复查记录

8. 【单选】以下不属于静态式炉窑砌筑与动态炉窑的不同之处的是（　　）。

A. 必须进行无负荷试运转

B. 起始点一般选择自下而上的顺序

C. 炉窑静止不能转动，每次环向缝一次可完成

D. 起拱部位应从两侧向中间砌筑，并需采用拱胎压紧固定

考点 2　耐火材料的施工技术要求【重要】

1. 【单选】可用作隔热耐火砖的是（　　）。

A. 镁砖　　B. 镁铝砖

C. 碳砖　　D. 高铝砖

2. 【单选】炉窑砌筑时，吊挂拱顶锁砖应遵循（　　）。

A. 不宜锁得太紧

B. 整体同时锁紧

C. 分环锁紧，锁紧度一致

D. 分段锁紧，每段锁紧度应一致

3. 【单选】圆形炉墙砌筑时，重缝不得超过（　　）层（环）。

A. 2　　B. 3

C. 4　　D. 5

4. 【多选】下列关于耐火喷涂料施工技术要求的说法，错误的有（　　）。

A. 喷涂方向与受喷面成60°～75°夹角

B. 喷涂应分段连续进行

C. 喷涂料应采用半干法喷涂

D. 施工中断时，宜将接槎处做成直槎

E. 喷嘴与喷涂面的距离宜为2m，喷嘴应不断地进行螺旋式移动，使粗细颗粒分布均匀

5. 【单选】工业炉窑烘炉前应完成的工作是（　　）。

A. 对炉体预加热　　B. 烘干烟囱和烟道

C. 烘干物料通道　　D. 烘干送风管道

2H314000 建筑机电工程施工技术

2H314010 建筑管道工程施工技术

扫码即听
本章导学

知识脉络

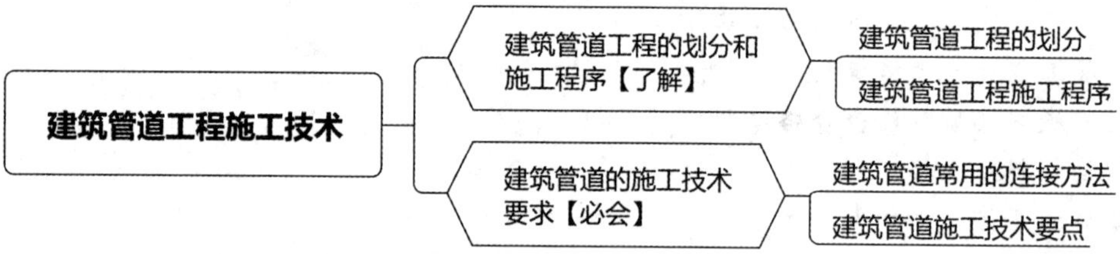

考点 1 建筑管道工程的划分和施工程序【了解】

1. **【单选】** 动设备施工程序中设备安装就位的紧后工作为（　　）。

A. 单机调试　　B. 设备开箱验收

C. 设备找平找正　　D. 二次灌浆

2. **【单选】** 下列关于静设备施工程序正确的是（　　）。

A. 基础验收→设备找平找正→设备安装就位

B. 施工准备→基础验收→设备开箱验收

C. 设备找平找正→二次灌浆→设备系统压力试验

D. 设备安装就位→二次灌浆→设备找平找正

3. **【单选】** 高层建筑室内热水管道施工程序中，管道支架安装的紧后工序是（　　）。

A. 管道测绘放线　　B. 管道及器具安装

C. 管道加工预制　　D. 管道元件安装

4. **【单选】** 室外给水管道施工程序中，管道加工预制前应进行的工作是（　　）。

A. 配合土建预留、预埋　　B. 管道测绘放线

C. 管道沟槽开挖　　D. 管道安装

5. **【单选】** 监测与控制仪表施工程序中，监测与控制仪表鉴定校准后应进行的工作是（　　）。

A. 施工准备　　B. 监测与控制仪表验收

C. 监测与控制仪表安装　　D. 试运行

考点 2 建筑管道的施工技术要求【必会】

1. **【多选】** 高层建筑铜制给水管道的连接方式可采用（　　）。

A. 专用接头　　B. 热熔连接

C. 粘结接口　　D. 焊接连接

E. 法兰连接

2. **【多选】** 高层建筑管道的法兰连接一般在主管管道等处，以及需要经常拆卸、检修的管段上，其中不包括（　　）。

A. 直径较小的管道　　B. 主干道连接阀门

C. 止回阀　　D. 水泵

3. 【多选】高层建筑管道的连接方式有（　　）。

A. 螺纹连接　　B. 法兰连接

C. 胶水连接　　D. 焊接连接

E. 热熔连接

4. 【多选】关于高层建筑管道常用的连接方法，下列说法正确的有（　　）。

A. 钢塑复合管一般采用法兰连接

B. 焊接用于不镀锌钢管，多用于暗装管道和直径较大的管道

C. 镀锌管如用焊接或法兰连接，焊接处应进行二次镀锌或防腐

D. PPR 管通常采用承插连接

E. 沟槽式连接可用于消防水、空调冷热水等系统直径大于或等于 100mm 的不锈钢管

5. 【单选】水平管道的金属保护层环向接缝应采用的连接方式是（　　）。

A. 对口　　B. 下搭上

C. 顺水搭接　　D. 逆水搭接

6. 【单选】建筑供暖管道冲洗完毕后应（　　）加热，进行试运行调试。

A. 充水　　B. 试压

C. 保温　　D. 防腐

7. 【多选】民用建筑的排水通气管安装要求有（　　）。

A. 不得与烟道连接

B. 可与风道连接

C. 应高出屋面 600mm

D. 应高出屋顶门窗 300mm

E. 在有人停留的平屋顶上应高出屋面 2m

8. 【单选】冷热水管道上下平行安装时热水管道应在冷水管道（　　）方，垂直安装时热水管道在冷水管道（　　）侧。

A. 上，右　　B. 上，左

C. 下，右　　D. 下，左

9. 【单选】阀门应按规范要求进行强度和严密性试验，试验应在每批（同牌号、同型号、同规格）数量中抽查（　　），且不少于一个。

A. 5%　　B. 10%　　C. 15%　　D. 20%

10. 【多选】安装在主干管上起切断作用的闭路阀门，应逐个做（　　）。

A. 严密性试验　　B. 强度试验

C. 通水试验　　D. 灌水试验

E. 通球试验

11. 【单选】地下室或地下构筑物外墙有管道穿过的，应采取（　　）。

A. 防潮措施　　B. 保温措施

C. 防水措施　　D. 防爆措施

12. 【单选】下列不属于管道的防腐方法的是（　　）。

A. 涂漆　　B. 衬里

C. 静电保护　　D. 加热保护

2H314020　建筑电气工程施工技术

知识脉络

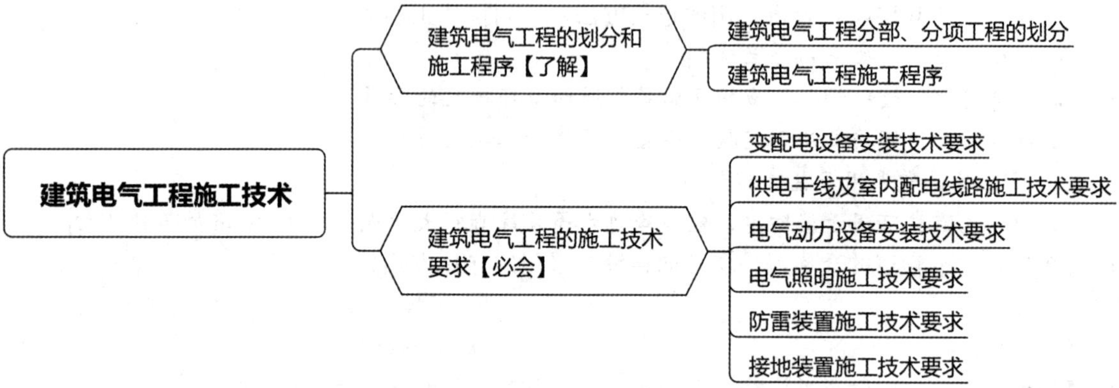

考点 1　建筑电气工程的划分和施工程序【了解】

1. **【单选】** 成套配电柜的安装程序中，配电柜安装固定的紧后工序是（　　）。
   A. 开箱检查　　B. 母线连接
   C. 二次线路连接　　D. 试验调整
2. **【单选】** 下列关于变压器施工顺序正确的是（　　）。
   A. 开箱检查→变压器本体安装→变压器二次搬运
   B. 变压器二次搬运→开箱检查→变压器本体安装
   C. 附件安装→变压器吊芯检查及交接试验→送电前检查
   D. 变压器吊芯检查及交接试验→附件安装→送电前检查
3. **【单选】** 照明灯具的安装程序中，灯具安装接线的紧后工序是（　　）。
   A. 导线并头　　B. 绝缘测试
   C. 送电前检查　　D. 灯管安装
4. **【单选】** 下列关于防雷接地装置施工顺序的说法，正确的是（　　）。
   A. 接地干线施工→引下线敷设→均压环施工
   B. 接地干线施工→均压环施工→引下线敷设
   C. 均压环施工→引下线敷设→接闪带
   D. 引下线敷设→接闪带→均压环施工

考点 2　建筑电气工程的施工技术要求【必会】

1. **【单选】** 变压器箱体、干式变压器的支架、基础型钢及外壳应分别单独与保护导体可靠连接，紧固件及防松零件齐全，坚固件及防松零件抽查（　　）。
   A. 2%　　B. 5%
   C. 10%　　D. 20%
2. **【多选】** 下列关于变配电安装施工技术要求的说法，错误的有（　　）。
   A. 变压器安装应采取抗震措施
   B. 箱式变电所及其落地式配电箱的基础应低于室外地坪
   C. 变压器箱体、干式变压器的支架、基础型钢及外壳应分别单独与保护导体可靠连接，紧固件及防松零件齐全，紧固件及防松零件抽查5%

D. 配电柜安装垂直度允许偏差为1.5%

E. 开关柜、配电柜的金属框架及基础型钢应与保护导体可靠连接

3. 【单选】母线槽安装前，应测量每节母线槽的绝缘电阻值，且不应小于（　　）MΩ。

A. 15　　B. 20

C. 25　　D. 30

4. 【单选】导线敷设后，应用500V兆欧表测试绝缘电阻，线路绝缘电阻应大于（　　）MΩ。

A. 1.5　　B. 1

C. 0.5　　D. 0.8

5. 【单选】以下关于母线槽施工技术要求说法错误的是（　　）。

A. 母线槽水平安装时每节母线槽应不少于1个支架，转弯处应增设支架加强

B. 母线槽垂直过楼板时选用弹簧支架

C. 每节母线槽的绝缘电阻不得小于15MΩ

D. 母线槽全长与保护导体可靠连接不应少于2处

6. 【多选】下列关于母线槽施工说法正确的有（　　）。

A. 母线槽全长与保护导体可靠连接不应少于1处

B. 多根母线槽并列水平或垂直敷设时，各相邻母线槽间应预留维护、检修距离

C. 水平安装时，支架间距不应大于2m，每节母线槽的支架不应少于2个

D. 垂直安装时应设置弹簧支架

E. 母线槽安装完毕后，应对穿越防火墙和楼板的孔洞进行防火封堵

7. 【单选】槽盒内的绝缘导线总截面积（包括外护套）不应超过槽盒内截面积的（　　）。

A. 20%　　B. 30%

C. 40%　　D. 60%

8. 【多选】照明配电箱的安装技术要求有（　　）。

A. 灯具和插座混为一个回路时，其中插座数不宜超过10个

B. 照明配电箱内应分别设置中性线和保护接地汇流排

C. 中性线和保护线应在汇流排上连接，不得绞接

D. 照明配电箱内每一单相分支回路的电流不宜超过25A

E. 大型建筑组合灯具每一单相回路电流不宜超过25A

9. 【单选】接地线安装检查完毕后应该在接地线的表面涂上（　　）色的防锈漆。

A. 黄　　B. 绿

C. 绿黄　　D. 蓝黄

10. 【多选】垂直埋设的金属接地体一般采用（　　）。

A. 镀锌角钢　　B. 镀锌钢管

C. 镀锌圆钢　　D. 镀锌扁钢

E. 镀锌槽钢

11. 【多选】接闪带的搭接长度规定有（　　）。

A. 扁钢之间搭接为扁钢宽度的1倍

B. 扁钢之间搭接为扁钢宽度的2倍

C. 圆钢之间搭接为圆钢直径的4倍

D. 圆钢之间搭接为圆钢直径的6倍

E. 圆钢与扁钢搭接为圆钢直径的3倍

2H314030　通风与空调工程施工技术

知识脉络

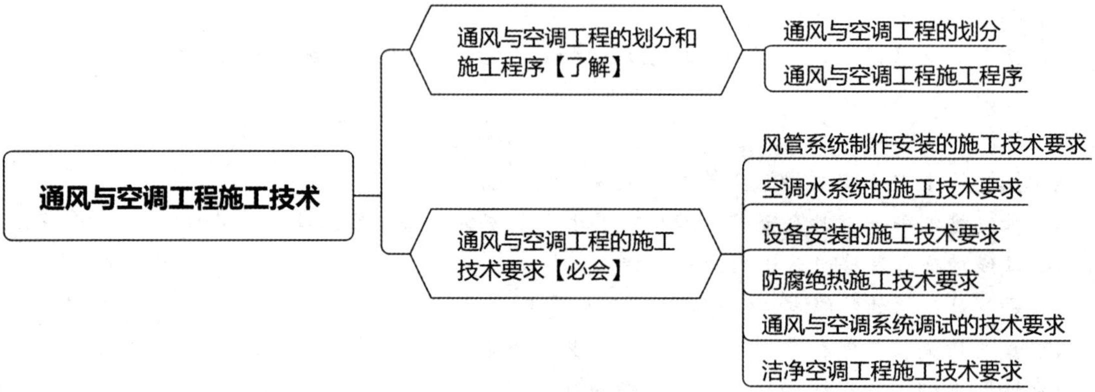

考点1　通风与空调工程的划分和施工程序【了解】

1. 【单选】通风与空调工程按《建筑工程施工质量验收统一标准》划分于分部工程，下列不属于常用的子分部工程的是（　　）。

A. 送风系统　　B. 防排烟系统

C. 净化空调系统　　D. 电气照明

2. 【多选】通风与空调工程子分部工程中，属于防排烟系统的有（　　）。

A. 排烟风阀

B. 正压送风口

C. 防火风管安装

D. 吸风罩设备安装

E. 旋流风口

3. 【单选】空调水系统管道施工程序中，管道支吊架制作与安装的紧后工作是（　　）。

A. 管道预制　　B. 管道与附件安装

C. 水压试验　　D. 质量检查

4. 【单选】制冷机组安装程序中，机组减振装置安装的紧后工作是（　　）。

A. 机组运输吊装　　B. 质量检查

C. 机组就位安装　　D. 机组配管

5. 【单选】下列关于水泵安装程序，正确的是（　　）。

A. 基础验收→减振装置安装→水泵就位→找正找平→配管及附件安装→质量检查

B. 基础验收→减振装置安装→水泵就位→找正找平→质量检查→配管及附件安装

C. 减振装置安装→基础验收→水泵就位→找正找平→配管及附件安装→质量检查

D. 基础验收→减振装置安装→水泵就位→质量检查→找正找平→配管及附件安装

考点2　通风与空调工程的施工技术要求【必会】

1. 【多选】通风与空调工程风管按其工作压力可划分为（　　）。

A. 微压　　B. 低压

C. 中压　　D. 超高压

E. 高压

2. 【多选】风管系统的制作与安装，应按照（　　）进行。

A. 被批准的施工图纸

B. 合同约定

C. 工程洽商记录

D. 相关的施工方案及标准规范的规定

E. 在审核的施工图纸

3. 【单选】下列关于风管制作所需材料，说法错误的是（　　）。

A. 复合材料风管的覆面材料必须为不燃材料

B. 防火风管的本体、框架与固定材料、密封垫料等必须为不燃材料

C. 当设计无规定时，镀锌钢板板材的镀锌层厚度不应低于 $60g/m^2$

D. 内层的绝热材料应采用不燃或难燃且对人体无害的材料

4. 【多选】风管制作时，应针对风管的（　　）采取相应的加固措施。

A. 工作压力等级

B. 风速流量

C. 板材厚度

D. 风管长度

E. 断面尺寸

5. 【多选】通风空调矩形风管制作时，应设导流叶片的管件是（　　）。

A. 风机出口的变径管

B. 内斜线弯头

C. 内弧形弯头

D. 消声器进风口

E. 风机进口的变径管

6. 【多选】下列关于风管系统安装的说法，正确的有（　　）。

A. 风管安装就位的程序通常为先上层后下层、先主干管后支管、先立管后水平管

B. 输送含有易燃、易爆气体的风管系统通过生活区时接口加强密封

C. 支、吊、托架的型钢应采用电气焊切割

D. 风管穿过需要封闭的防火防爆楼板应设钢板厚度不小于 1.6mm 的预埋管

E. 风管内可以有其他管线穿越

7. 【多选】风管制作安装完成后，必须对风管的（　　）进行严密性检验。

A. 板材

B. 咬口缝

C. 铆接孔

D. 法兰翻边

E. 管段之间的连接

8. 【单选】通风机、空气处理机组中的风机，叶轮旋转方向正确、运转平稳、无异常振动与声响，其电机运行功率应符合设备技术文件的规定。在额定转速下连续运转（　　）h 后，滑动轴承与滚动轴承的温升应符合相关规范要求。

A. 2

B. 4

C. 6

D. 8

9. 【多选】系统非设计满负荷条件下的联合试运转及调试内容包括（　　）。

A. 监测与控制系统的检验、调整与联动运行

B. 接地装置调整

C. 系统风量的测定和调整

D. 空调水系统的测定和调整

E. 防排烟系统测定和调整

10. **【多选】**关于通风与空调系统进行试运行与调试的说法，正确的有（　　）。
A. 设备单机试运转前进行书面安全技术交底
B. 通风系统的连续试运行应不少于8h
C. 空调系统带冷（热）源的连续试运行应不少于2h
D. 系统总风量实测值与设计风量的偏差应为－5%～＋10%
E. 空调冷（热）水总流量测试结果与设计流量的偏差不应大于10%

11. **【单选】**洁净空调风管系统中，洁净度等级为N7，且工作压力小于等于1500Pa的，按（　　）系统的风管制作要求。
A. 无压　　B. 低压
C. 中压　　D. 高压

12. **【单选】**下列关于洁净空调说法，错误的是（　　）。
A. 洁净度等级N1级至N5级的按高压系统的风管制作要求
B. 净化空调系统的检测和调整应在系统正常运行8h及以上，达到稳定后进行
C. 工程竣工洁净室（区）洁净度的检测，应在空态或静态下进行
D. 检测时，室内人员不宜多于3人

2H314040　建筑智能化工程施工技术

知识脉络

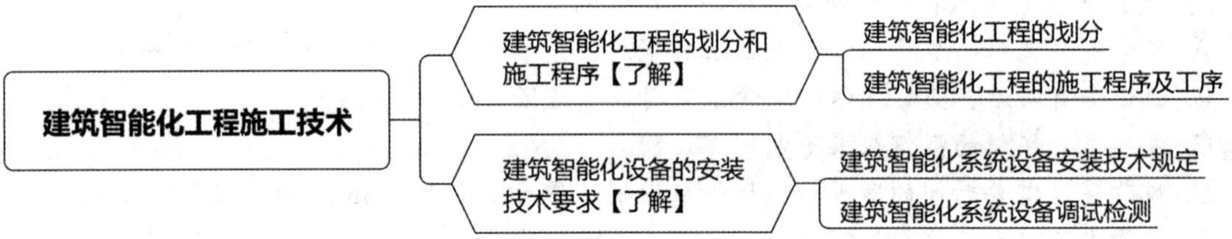

考点1　建筑智能化工程的划分和施工程序【了解】

1. **【多选】**确定建筑智能化工程的实施界面，应贯彻于（　　）的全过程中。
A. 设备采购　　B. 竣工验收
C. 工程施工　　D. 成本核算
E. 系统试运行

2. **【多选】**建筑智能化产品，进口设备应提供（　　）。
A. 原产地证明
B. 商检证明
C. 质量合格证明
D. 检测报告
E. 安装使用及维护说明书的中英文文本

3. **【多选】**下列关于建筑智能化工程系统检测的说法，正确的有（　　）。
A. 施工单位应组织项目检测小组
B. 项目检测小组应指定检测负责人
C. 系统检测程序：分项工程→子分部工程→分部工程

D. 系统检测方案经总监理工程师审批后实施

E. 公共机构的项目检测小组应由有资质的检测单位组成

考点 2 建筑智能化设备的安装技术要求【了解】

1. 【单选】卫星天线基座应根据设计图纸的位置、尺寸，在土建浇筑混凝土层面的同时进行基座施工，基座中的地脚螺栓应与楼房顶面钢筋焊接连接，并与接地体连接，天线底座接地电阻应小于（　　）Ω。

A. 2　　B. 4　　C. 6　　D. 8

2. 【多选】智能化系统的风阀控制器安装前，应检查的内容有（　　）。

A. 输出功率　　B. 线圈和阀体间的电阻

C. 供电电压　　D. 驱动方向

E. 输入信号

3. 【多选】智能化系统的电动调节阀安装前，应检查的内容有（　　）。

A. 线圈与阀体间的电阻　　B. 模拟动作试验

C. 压力试验　　D. 输入信号

E. 供电电压

4. 【单选】摄像机、探测器、出入口识读设备、电子巡查信息识读器等设备抽检的数量不应低于（　　），且不应少于 3 台，数量少于 3 台时应全部检测。

A. 10%　　B. 15%

C. 20%　　D. 25%

2H314050 消防工程施工技术

知识脉络

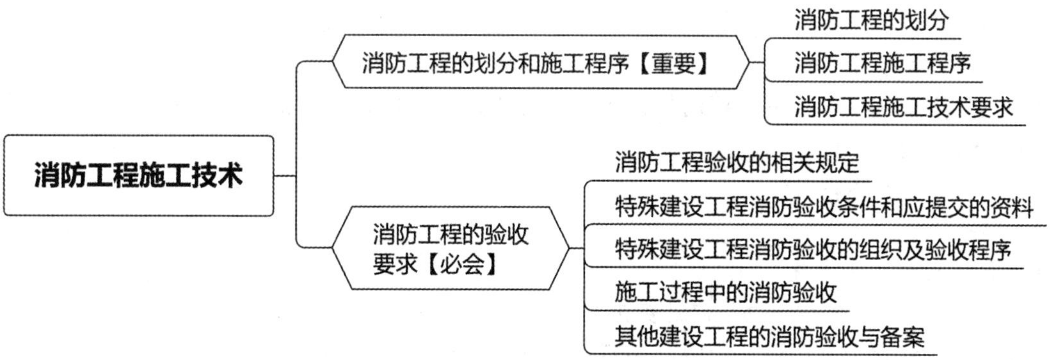

考点 1 消防工程的划分和施工程序【重要】

1. 【单选】消火栓灭火系统施工程序中，箱体稳固的紧后工序是（　　）。

A. 支管安装　　B. 附件安装

C. 管道试压　　D. 系统调试

2. 【单选】防火分区隔墙两侧的防火阀，距墙表面应不大于（　　）。

A. 400mm　　B. 100mm　　C. 200mm　　D. 300mm

3. 【单选】关于工业建设项目的消防系统技术要求，错误的是（　　）。

A. 火电厂单台发电机组容量为 300MW 及以上的，站内应不少于 2 辆消防车

B. 石油储备库的油罐应设置固定式高倍数泡沫灭火系统

C. 储存锌粉、碳化钙、低亚硫酸钠等遇水燃烧物品的仓库不得设置室内外消防给水

D. 燃气轮发电机组宜采用全淹没气体灭火系统

考点 2 消防工程的验收要求【必会】

1. 【单选】建筑总面积为 25000m² 建设工程，建设单位应当向（　　）申请消防设计审查，并在建设工程竣工后向出具消防设计审查验收主管部门申请消防验收。

A. 建设单位

B. 设计单位

C. 监理公司

D. 本行政区域内地方人民政府住房和城乡建设主管部门

2. 【单选】消防验收的结论评定程序要形成（　　）。

A.《消防设施技术测试报告》

B.《建筑工程消防验收意见书》

C.《消防工程整改通知单》

D.《工程移交清单》

3. 【单选】粗装修消防验收属于消防设施的（　　）验收。

A. 完整性　　B. 可用性

C. 功能性　　D. 操作性

4. 【多选】建设单位申请消防验收，应当提供的材料有（　　）。

A. 消防验收申报表　　B. 工程竣工验收报告

C. 涉及消防的建设工程竣工图纸　　D. 设备开箱记录

E. 设计变更记录

5. 【单选】下列总面积在 1000～2000m² 的建筑场所应申请消防验收的是（　　）。

A. 博物馆的展示厅　　B. 大学的食堂

C. 中学的教学楼　　D. 医院的门诊楼

6. 【单选】下列选项中，不需要向本行政区域内地方人民政府住房和城乡建设主管部门申请消防验收的工程是（　　）。

A. 国家机关办公楼

B. 邮政楼

C. 30m 高的公共建筑

D. 建筑总面积大于 1.5 万 m² 的民用机场航站楼

7. 【单选】特殊建设工程消防验收程序不包含（　　）。

A. 验收受理　　B. 出具验收意见

C. 局部验收　　D. 现场评定

8. 【多选】消防工程按施工程序划分的消防验收形式有（　　）。

A. 隐蔽工程消防验收　　B. 粗装修消防验收

C. 局部消防验收　　D. 现场消防验收

E. 精装修消防验收

9. **【单选】**下列场所的消防工程中，应该向本行政区域内地方人民政府住房和城乡建设主管部门申请消防设计审核的是（　　）。

A. 建筑面积为 15000m^2的展览馆

B. 建筑面积为 13000m^2的客运车站

C. 建筑面积为 12000m^2的饭店

D. 建筑面积为 10000m^2的会堂

2H314060　电梯工程施工技术

知识脉络

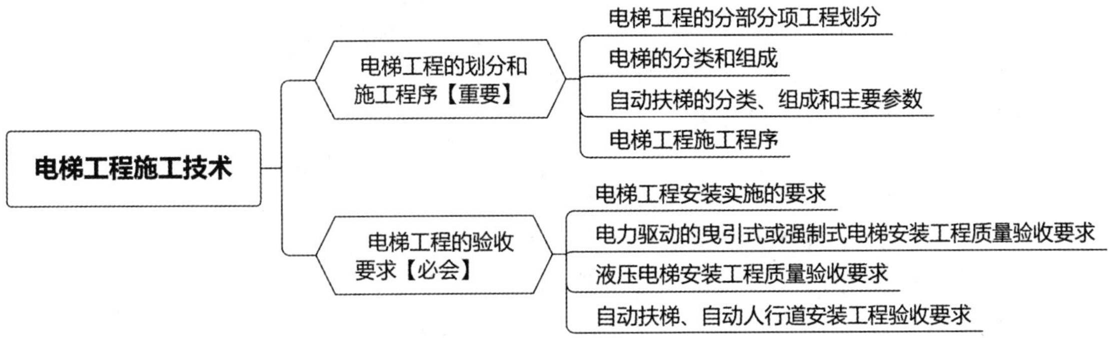

考点 1　电梯工程的划分和施工程序【重要】

1. **【单选】**曳引式电梯从系统功能分，下列属于电梯的构成系统的是（　　）系统。

A. 导向　　B. 井道

C. 机房　　D. 层站

2. **【单选】**电力驱动的曳引式的主要参数包括（　　）。

A. 楼层间距和额定速度　　B. 提升高度和楼层间距

C. 提升高度和额定载重量　　D. 额定载重量和额定速度

考点 2　电梯工程的验收要求【必会】

1. **【单选】**电梯安装之前，所有厅门预留孔必须设有高度不小于（　　）的安全保护围封。

A. 800mm　　B. 1200mm

C. 1100mm　　D. 1000mm

2. **【多选】**施工单位在电梯安装前书面告知中提交的材料有（　　）。

A. 施工单位资格证件

B. 施工人员资格证件

C. 施工组织与技术方案

D. 工程合同

E. 施工记录

3. **【单选】**自动扶梯进行空载制动试验时，（　　）应符合标准规范的要求。

A. 制停距离　　B. 制停速度

C. 制停时间　　D. 制停载荷

4. 【单选】电梯安装试运行合格后，由电梯（　　）负责进行校验和调试。

A. 安装单位　　B. 检测单位

C. 管理单位　　D. 制造单位

5. 【多选】自动扶梯必须通过安全触点或安全电路来完成开关断开的情况有（　　）。

A. 踏板过分伸长　　B. 踏板断裂

C. 踏板上有垃圾　　D. 非操纵逆转

E. 踏板下陷

6. 【单选】当相邻两电梯层门地坎间的距离大于（　　）时，其间必须设置井道安全门。

A. 7m　　B. 8m

C. 11m　　D. 12m

7. 【单选】电梯轿厢缓冲器支座下的底坑地面应能承受（　　）的作用力。

A. 满载轿厢动载 2 倍　　B. 满载轿厢动载 4 倍

C. 满载轿厢静载 2 倍　　D. 满载轿厢静载 4 倍

8. 【单选】下列要求中，不符合安全部件安装验收要求的是（　　）。

A. 限速器动作速度整定封记完好

B. 安全钳有拆动痕迹时应重新调节

C. 轿厢缓冲器撞板与缓冲器顶面间的距离符合要求

D. 对重的缓冲器撞板中心与缓冲器中心的偏差不应大于 20mm

9. 【多选】电梯设备中的（　　）必须与其型式试验证书相符。

A. 缓冲器　　B. 限速器

C. 安全钳　　D. 选层器

E. 门锁装置

10. 【单选】电梯在停电状态时，每层电梯层门必须能够用（　　）开启。

A. 召唤器　　B. 三角钥匙

C. 专用工具　　D. 选层器

11. 【单选】电梯电缆导体对地之间的绝缘电阻必须大于（　　）。

A. 1000Ω/V　　B. 200Ω/V

C. 500Ω/V　　D. 100Ω/V

12. 【单选】关于电梯整机验收要求的说法，错误的是（　　）。

A. 电梯的动力电路必须有过载保护装置

B. 限速器在联动试验中应使电梯主机延时制动

C. 电梯门锁装置必须与其型式试验证书相符

D. 断相保护装置应使电梯不发生危险故障

13. 【单选】自动扶梯的梯级踏板上空，垂直净高度严禁小于（　　）。

A. 2.3m　　B. 2.6m

C. 2.8m　　D. 3.0m

PART 2

2H320000

机电工程项目施工管理

学习计划：

扫码即听
本章导学

2H320010 机电工程施工招标投标管理

知识脉络

- 机电工程施工招标投标管理
  - 施工招标投标范围和要求【必会】
    - 机电工程项目强制招标的范围
    - 机电工程招标方式的分类
    - 机电工程招标投标管理要求
  - 施工投标的条件与程序【了解】
    - 机电工程投标条件
    - 机电工程投标程序
    - 电子招标投标方法

考点 1 施工招标投标范围和要求【必会】

1. **【多选】**下列情况下，必须进行招标的有（　　）。
   A. 全部或部分使用国有资金投资或国家融资的项目
   B. 使用国际组织或者外国政府贷款、援助资金的项目
   C. 大型公众安全项目
   D. 需要采用不可替代的专利或者专有技术
   E. 采购人依法能够自行建设、生产或者提供

2. **【多选】**下列属于可以不招标的机电工程项目的有（　　）。
   A. 涉及国家安全的项目
   B. 全部或者部分使用国有资金投资或国家融资的项目
   C. 涉及国家秘密的项目
   D. 已通过招标方式选定的特许经营项目投资人依法能够自行建设、生产或者提供
   E. 大型基础设施项目

3. **【多选】**机电工程项目招标的方式可分为（　　）。
   A. 选择性招标　　B. 邀请招标
   C. 议标　　D. 公开招标
   E. 以上均可

4. **【单选】**招标人采用邀请招标方式的，应当向（　　）个以上具备承担招标项目的能力、资信良好的特定的法人或者其他组织发出投标邀请书。
   A. 3　　B. 4
   C. 5　　D. 7

5. **【单选】**按照我国《招标投标法》的规定，招标文件进行必要的澄清或修改，自发出招标文件至投标截止时间不应少于（　　）日。
   A. 5　　B. 10
   C. 15　　D. 20

6. **【单选】**招标人在招标文件中要求投标人提交投标保证金的，投标担保一般不得超过投标总价的（　　）。
   A. 2%　　B. 5%　　C. 10%　　D. 20%

7. 【单选】下列关于机电工程招标投标管理要求的说法，正确的是（　　）。
A. 投标文件应当对招标文件提出的实质性要求和条件作出响应
B. 投标人少于 5 个的，招标人应当依法重新招标
C. 招标人要求投标人提交投标保证金的，应当在第一阶段提出
D. 投标截止后投标人撤销投标文件的，招标人必须退还投标保证金

8. 【单选】下列情形，不可以采用邀请招标的是（　　）。
A. 技术复杂的项目，只有少量潜在投标人可供选择
B. 受自然环境限制，只有少量潜在投标人可供选择
C. 采用公开招标方式的费用占项目合同金额的比例过大
D. 有特殊要求的项目，但潜在投标人较多

考点 2 施工投标的条件与程序【了解】

1. 【单选】投标报价的基础和前提是（　　）。
A. 施工组织设计　　B. 施工进度计划
C. 施工质量标准　　D. 施工安全措施

2. 【多选】根据功能的不同，电子招标投标系统可分为（　　）。
A. 交易平台　　B. 公共服务平台
C. 市场监督平台　　D. 行政监督平台
E. 公众监督平台

2H320020　机电工程施工合同管理

知识脉络

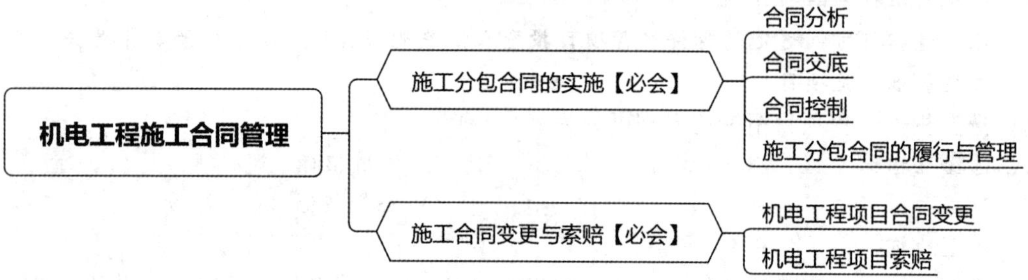

考点 1 施工分包合同的实施【必会】

1. 【多选】施工合同中有关合同价款的分析内容，除价格补偿条件外，还应包括（　　）。
A. 工期要求　　B. 合同变更
C. 索赔程序　　D. 合同价格
E. 计价方法

2. 【多选】分析合同条件和漏洞，对有争议的内容制定对策，合同分析的重点内容包括（　　）。
A. 合同的法律基础，承包人的主要责任，工程范围，发包人的责任
B. 合同价格，计价方法和价格补偿条件
C. 工期要求和顺延及其惩罚条款
D. 合同变更方式

E. 招标方式的分类

3. 【单选】合同管理人员在对合同的主要内容进行分析、解释和说明的基础上，组织（　　）与项目有关人员进行交底。

A. 建设单位　　B. 设计单位　　C. 分包单位　　D. 监理单位

4. 【单选】根据合同实施偏差问题的分析结果，制定并采取调整措施。调整措施不包括（　　）。

A. 技术措施　　B. 经济措施

C. 组织措施　　D. 管理措施

5. 【单选】下列关于总承包方的管理的说法，错误的是（　　）。

A. 总承包方对分包方及分包工程，进行施工准备的管理

B. 总承包方应派代表对分包方进行管理

C. 总承包方按施工合同约定，为分包方的合同履行提供现场平面布置、临时设施、轴线及标高测量等方面的必要服务

D. 总承包方或其主管部门应及时检查、审核分包方提交的文件资料，提出审核意见并批复

6. 【单选】分包方经自行检验合格后，均应事先通知（　　）组织预验收，认可后再由总承包单位报请建设单位组织检查验收。

A. 设计单位　　B. 监理单位

C. 总承包方　　D. 供货单位

7. 【单选】分包方的履行与管理内容不包括（　　）。

A. 分包单位不得再次把工程转包给其他单位

B. 编制分包工程施工方案

C. 及时向总承包方提供分包工程的有关资料

D. 为分包方提供必要的服务

考点 2　施工合同变更与索赔【必会】

1. 【单选】合同变更的范围不包括（　　）。

A. 增加或减少合同中任何工作

B. 追加额外的工作

C. 取消合同中任何工作

D. 改变合同中任何工作的质量标准或其他特性

2. 【多选】下列属于合同变更的原因的有（　　）。

A. 发包方的变更指令、对工程新的要求

B. 由于设计的错误，必须对设计图纸做修改

C. 政府部门对项目有新的要求

D. 由于合同实施出现问题，必须调整合同目标或修改合同条款

E. 设计图纸微调

3. 【多选】下列工程项目索赔发生的原因中，属于不可抗力因素的有（　　）。

A. 合同条文不全　　B. 设计图纸错误

C. 地震　　D. 洪水

E. 战争

4. 【多选】下列索赔方式中，属于按索赔目的分类的有（　　）。

A. 费用索赔　　B. 总包方与业主之间的索赔

C. 总包方与分包方之间的索赔　　D. 总包方与供货商之间的索赔

E. 工期索赔

5.【多选】下列索赔方式中，属于按索赔发生的原因分类的有（　　）。

A. 延期索赔　　B. 施工索赔

C. 商务索赔　　D. 施工加速索赔

E. 工程范围变更索赔

6.【单选】机电工程项目索赔的处理过程，索赔报告的提交紧后工作是（　　）。

A. 资料准备　　B. 意向通知

C. 索赔报告的评审　　D. 索赔谈判

7.【单选】机电工程项目索赔的处理过程，下列排序正确的是（　　）。

A. 意向通知→索赔报告的编写→资料准备→索赔报告的提交→索赔报告的评审→索赔谈判→争端的解决

B. 意向通知→资料准备→索赔报告的编写→索赔报告的提交→索赔报告的评审→索赔谈判→争端的解决

C. 意向通知→资料准备→索赔报告的编写→索赔报告的评审→索赔报告的提交→索赔谈判→争端的解决

D. 意向通知→资料准备→索赔报告的编写→索赔报告的提交→索赔谈判→索赔报告的评审→争端的解决

8.【单选】下列关于索赔成立的前提条件，说法错误的是（　　）。

A. 与合同对照，事件已造成了承包商工程项目成本的额外支出

B. 造成费用增加或工期损失的原因，按合同约定不属于承包商的行为责任或风险责任

C. 承包商按合同规定的程序和时间提交索赔意向通知和索赔报告

D. 与合同对照，事件已造成了承包商工程项目成本的间接工期损失

2H320030　机电工程施工组织设计

知识脉络

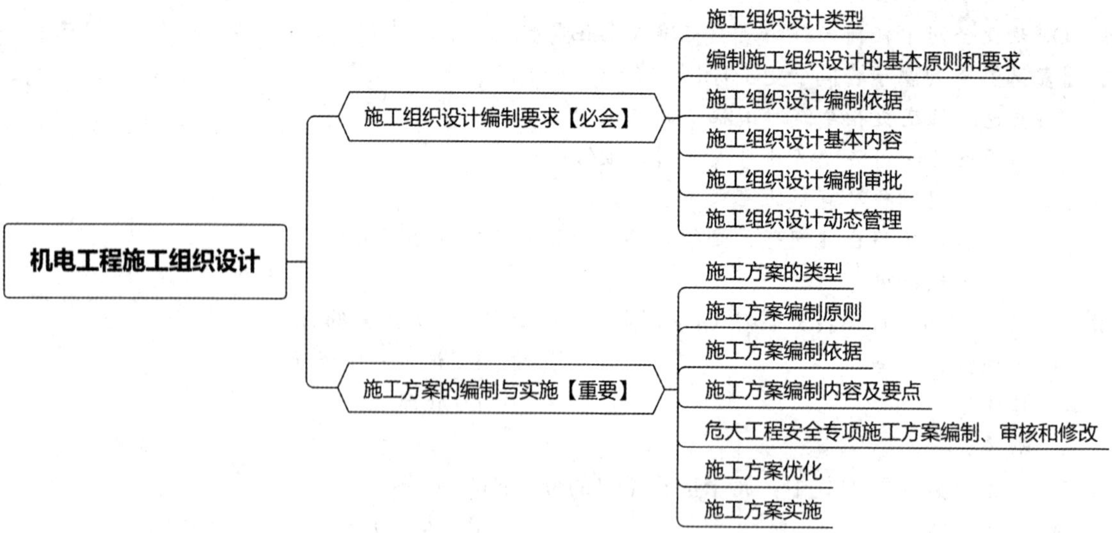

考点 1 施工组织设计编制要求【必会】

1. 【多选】施工组织设计按编制对象，可分为（ ）。
A. 施工组织设计图纸
B. 施工组织总设计
C. 临时用电施工组织设计
D. 单位工程施工组织设计
E. 分部（分项）工程施工组织设计

2. 【单选】施工现场临时用电设备在（ ）台及以上或设备总容量在（ ）kW 及以上者，应编制临时用电施工组织设计，应在临电工程开工前编制完成。
A. 5，50　　B. 8，80
C. 5，80　　D. 8，50

3. 【单选】（ ）是编制单位工程和分部（分项）工程施工组织设计的依据。
A. 施工组织总设计
B. 施工方案
C. 单位工程施工组织设计
D. 专业施工组织设计

4. 【单选】（ ）是以若干单位工程组成的群体工程或特大型项目为主要对象编制，对整个项目的施工过程起统筹规划、重点控制的作用。
A. 单位工程施工组织设计
B. 分部（分项）工程施工组织设计
C. 临时用电施工组织设计
D. 施工组织总设计

5. 【多选】施工组织设计的编制依据包括（ ）。
A. 工程设计文件
B. 与工程有关的资源供应情况
C. 施工企业的生产能力
D. 国家现行有关标准和技术经济指标
E. 监理大纲

6. 【多选】施工组织设计的基本内容包括（ ）。
A. 工程概况
B. 施工部署
C. 施工进度计划
D. 主要施工方案
E. 分部分项工程施工组织设计

7. 【单选】单位工程施工组织设计由（ ）审批。
A. 施工单位技术负责人
B. 建设单位项目负责人
C. 总监理工程师
D. 施工单位负责人

8. 【单选】施工组织设计应由（ ）主持编制，可根据需要分阶段编制和审批。
A. 项目负责人　　B. 施工单位技术负责人
C. 项目技术负责人　　D. 总监理工程师

9. 【多选】下列具体情况中，施工组织设计应及时进行修改或补充的有（　　）。
A. 临建面积增加，施工用地扩大
B. 由于国际钢材市场价格大涨导致进口钢材无法及时供料，严重影响工程施工
C. 由于自然灾害导致工期严重滞后
D. 施工单位发现设计图纸存在严重错误，无法继续施工
E. 设计单位应业主要求对工程设计图纸进行了细微修改

10. 【多选】临时用电施工图纸主要包括的内容有（　　）。
A. 用电工程总平面图
B. 配电装置布置图
C. 配电系统接线图
D. 接地装置设计图
E. 安全技术措施

考点 2　施工方案的编制与实施【重要】

1. 【多选】施工方案的类型按方案所指导的内容可分为（　　）。
A. 专业工程施工方案
B. 施工组织设计
C. 危大工程安全专项施工方案
D. 单位工程施工组织设计
E. 分部工程施工组织设计

2. 【单选】（　　）是指组织专业工程（含多专业配合工程）实施为目的，用于指导专业工程施工全过程各项施工活动需要而编制的工程技术方案。
A. 专业工程施工方案
B. 施工组织设计
C. 危大工程安全专项施工方案
D. 单位工程施工组织设计

3. 【多选】施工方案应遵循（　　）兼顾的原则。
A. 先进性　　B. 可行性
C. 经济性　　D. 复杂性
E. 多发性

4. 【单选】安全专项施工方案应由（　　）组织本单位施工技术、安全、质量等部门的专业技术人员进行审核。
A. 建设单位技术部门
B. 设计单位
C. 监理单位
D. 施工单位技术部门

5. 【多选】施工方案的编制内容包括（　　）。
A. 工程概况
B. 编制依据
C. 施工进度计划
D. 施工总平面布置
E. 主要分部分项工程施工工艺

2H320040　机电工程施工资源管理

知识脉络

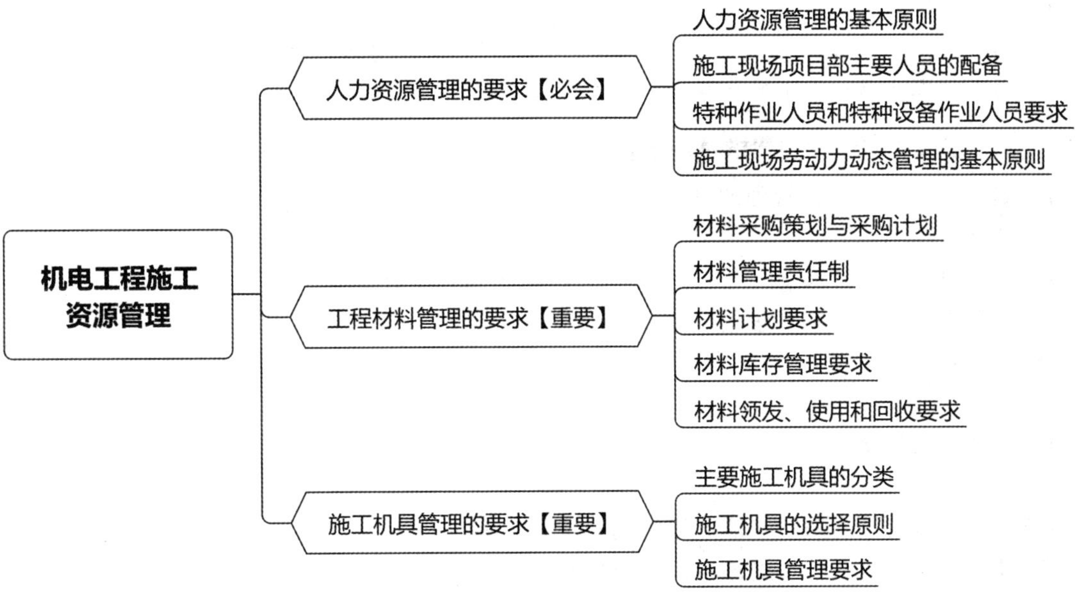

考点 1　人力资源管理的要求【必会】

1. **【多选】**人力资源管理的基本原则包括（　　）。

A. 系统优化原则　　B. 能级对应原则

C. 优胜劣汰原则　　D. 弹性冗余原则

E. 公平竞争原则

2. **【单选】**工程项目部负责人中，（　　）必须具有机电工程建造师资格。

A. 项目经理　　B. 项目副经理

C. 项目总工　　D. 项目部技术负责人

3. **【单选】**特种作业操作证每（　　）年进行一次复审。对离开特种作业岗位（　　）个月以上的特种作业人员，上岗前必须重新进行考核，合格后方可上岗作业。

A. 3，6　　B. 6，3

C. 5，6　　D. 6，5

4. **【多选】**国家安全生产监督机构规定的特种设备工作人员有（　　）。

A. 架子工　　B. 司炉工

C. 电工　　D. 探伤工

E. 起重工

5. **【单选】**（　　）人员可进行无损检测操作，记录检测数据，整理检测资料。

A. Ⅰ级　　B. Ⅱ级

C. Ⅲ级　　D. Ⅳ级

6. **【单选】**（　　）人员可根据标准编制无损检测工艺，审核或签发检测报告，解释检测结果，仲裁对检测结论的技术争议。

A. Ⅰ级　　B. Ⅱ级

C. Ⅲ级　　D. Ⅳ级

7. 【多选】人力资源动态管理的基本原则包括（　　）。

A. 动态管理以进度计划和合同为依据

B. 动态管理应允许人力资源在企业内作充分的合理流动

C. 动态管理应以动态平衡和人力资源计划为手段

D. 动态管理应以达到人力资源优化组合，充分调动积极性为目的

E. 动态管理应以动态平衡和日常调度为手段

考点 2　工程材料管理的要求【重要】

1. 【单选】施工现场材料管理的直接责任人是（　　）。

A. 项目经理　　B. 材料员

C. 项目部主管材料人员　　D. 项目工长

2. 【单选】施工现场材料管理的全面领导责任者是（　　）。

A. 项目经理

B. 材料员

C. 项目部主管材料人员

D. 项目工长

3. 【多选】下列关于材料进场验收要求的说法，正确的有（　　）。

A. 验收工作按质量验收规范和计量检测规定进行

B. 验收内容包括材料品种、规格、型号、质量、数量、证件等

C. 要求复检的材料应有取样送检证明报告

D. 对不符合计划要求或质量不合格的材料可以暂时接收

E. 验收要做好记录、办理验收手续

4. 【多选】在材料进场时必须根据（　　）进行材料的数量和质量验收。

A. 进料计划　　B. 质量验收规范

C. 送料凭证　　D. 质量保证书

E. 产品合格证

考点 3　施工机具管理的要求【重要】

1. 【单选】在工程项目施工中，施工机具的选择要求不包括（　　）。

A. 满足施工方案的需要

B. 适合工程的具体特点

C. 保证施工质量的要求

D. 小型设备超负荷运转

2. 【多选】重要施工机具的使用应贯彻的原则包括（　　）。

A. “人机固定”原则

B. “三定”制度

C. 专机专人负责制

D. 单位责任人负责制

E. 操作人员持证上岗制

3. 【单选】下列关于施工机械设备操作人员的要求，说法错误的是（　　）。

A. 严格按照操作规程作业，搞好设备日常维护，保证机械设备安全运行

B. 特种作业严格执行持证上岗制度并审查证件的有效性和作业范围

C. 逐步达到本级别“三懂四会”的要求

D. 做好机械设备运行记录，填写项目真实、齐全、准确

4.【单选】关于施工机具管理要求的说法，错误的是（　　）。

A.“四懂三会”原则中“三会”指会操作、会保养、会排除故障

B. 属于特种设备的应履行自检程序

C. 施工机具的使用应贯彻人机固定原则

D. 施工机具的使用实行定机、定人、定岗位责任的“三定”制度

2H320050 机电工程施工技术管理

知识脉络

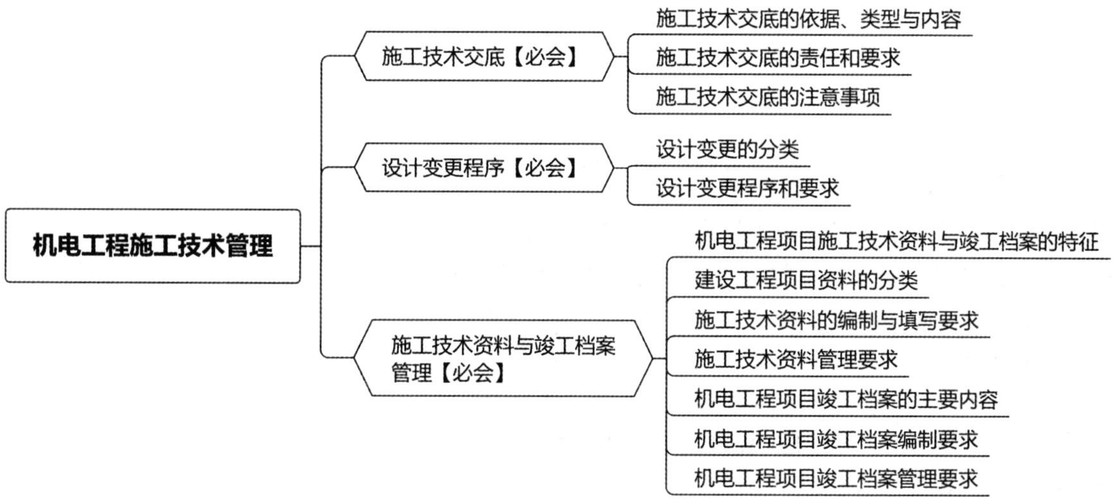

考点1 施工技术交底【必会】

1.【多选】下列作业活动中，需进行安全技术交底的有（　　）。

A. 钢结构焊接　　B. 大件物品的运输

C. 高空作业　　D. 地下作业

E. 离心泵试运行

2.【单选】施工技术交底的类型不包括（　　）。

A. 项目总体交底　　B. 设计交底与图纸会审

C. 分部分项工程交底　　D. 安全技术交底

3.【单选】对于重要的技术交底，其交底内容编制完成后应由（　　）审核或批准。

A. 项目质量负责人

B. 项目安全负责人

C. 项目技术负责人

D. 项目经理

考点 2 设计变更程序【必会】

1. 【多选】下列工程变更中，属于重大设计变更的是（　　）。
   A. 工艺方案变化
   B. 增加单项工程
   C. 扩大设计规模
   D. 满足用户需求
   E. 局部改进、完善
2. 【单选】下列属于一般设计变更的是（　　）。
   A. 增加的费用超出批准的基础设计概算
   B. 更好地满足用户的需求的设计变更
   C. 因扩大设计规模提出的设计变更
   D. 增加原批准概算中没有列入的单项工程
3. 【单选】设计单位发出设计变更，（　　）工程师组织总监理工程师、造价工程师论证变更影响。
   A. 建设单位
   B. 设计单位
   C. 监理单位
   D. 施工单位

考点 3 施工技术资料与竣工档案管理【必会】

1. 【多选】机电工程项目施工技术资料与竣工档案的特征包括（　　）。
   A. 真实性　　B. 有效性
   C. 完整性　　D. 使用性
   E. 阶段性
2. 【单选】属于机电工程项目施工技术资料的是（　　）。
   A. 工程准备阶段文件
   B. 监理文件
   C. 施工文件
   D. 技术交底记录
3. 【单选】施工技术资料文件的保存以（　　）为基本单位进行保存。
   A. 单位工程
   B. 分部工程
   C. 子分部工程
   D. 分项工程
4. 【单选】下列关于机电工程项目竣工档案管理要求的说法，错误的是（　　）。
   A. 一项建设工程由多个单位工程组成时，工程文件应按单项工程组卷
   B. 所有竣工图应由施工单位逐张加盖竣工图章
   C. 机电工程项目竣工档案一般不少于两套
   D. 纸质版与电子版竣工图中每一份图纸的签署者、日期应一致

2H320060　机电工程施工进度管理

知识脉络

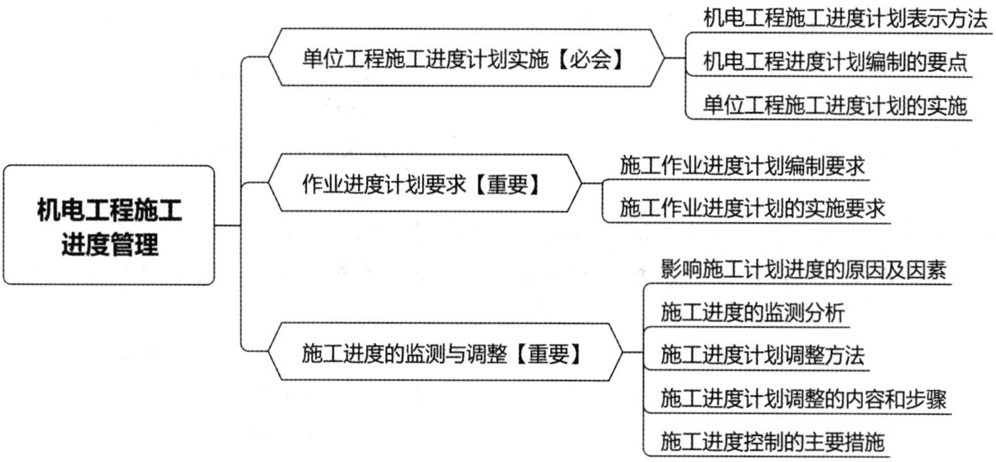

考点1　单位工程施工进度计划实施【必会】

1. 【多选】机电工程采用横道图来表示施工进度计划的优点有（　　）。
   A. 便于实际进度与计划进度比较　　B. 便于看出影响工期的关键工作
   C. 便于计算劳动力的需要量　　D. 便于计算材料和资金的需要量
   E. 便于施工进度的动态控制
2. 【单选】能够明确表达机电工程项目施工进度计划的各项工作之间的逻辑关系的是（　　）。
   A. 横道图　　B. 网络图
   C. 流水作业图　　D. 线形图
3. 【单选】施工作业进度计划编制的根据是（　　）。
   A. 单项工程施工进度计划　　B. 单位工程施工进度计划
   C. 分部工程施工进度计划　　D. 分项工程施工进度计划
4. 【单选】在确定各项工程的开竣工时间和相互搭接协调关系时，应考虑的因素不包括（　　）。
   A. 保证重点、兼顾一般
   B. 满足连续均衡施工要求，提高生产率和经济效益
   C. 计划在执行过程中不得变动
   D. 全面考虑各种不利条件的限制和影响

考点2　作业进度计划要求【重要】

1. 【单选】作业进度计划以（　　）为单元编制。
   A. 单项工程　　B. 单位工程　　C. 分部工程　　D. 分项工程
2. 【多选】作业进度计划应具体体现施工顺字安排的合理性，即满足（　　）基本要求。
   A. 先地下后地上　　B. 先深后浅
   C. 先干线后支线　　D. 先大件后小件
   E. 先浅后深
3. 【多选】施工作业进度计划的交底内容有（　　）。
   A. 计划目标和执行计划的相关条件

B. 施工用人力资源和物资供应保障情况
C. 计划执行中可能遇见的问题与解决办法
D. 各专业队组分工和衔接关系
E. 单位工程质量目标

考点 3 施工进度的监测与调整【重要】

1. 【多选】影响施工计划进度的原因中，下列不属于设计单位的原因的有（　　）。
   A. 施工图纸提供不及时　　B. 图纸修改
   C. 建设资金没有落实　　D. 工程款不能按时交付
   E. 项目管理混乱
2. 【单选】关于机电工程项目施工进度偏差分析的说法，错误的是（　　）。
   A. 若出现进度偏差的工作位于关键线路上，则无论其偏差有多小，都将对后续工作和总工期产生影响
   B. 若工作的进度偏差大于该工作的总时差，此偏差将影响后续工作和总工期
   C. 若工作的进度偏差大于该工作的自由时差，此偏差对后续工作产生影响
   D. 若工作的进度偏差小于或等于该工作的总时差，此偏差对后续工作无影响
3. 【单选】下列进度控制措施中，不属于技术措施的是（　　）。
   A. 施工前应加强图纸审查，严格控制随意变更
   B. 编制施工进度控制工作细则
   C. 审查分包单位提交的进度计划
   D. 建立进度信息沟通网络

2H320070　机电工程施工质量管理

知识脉络

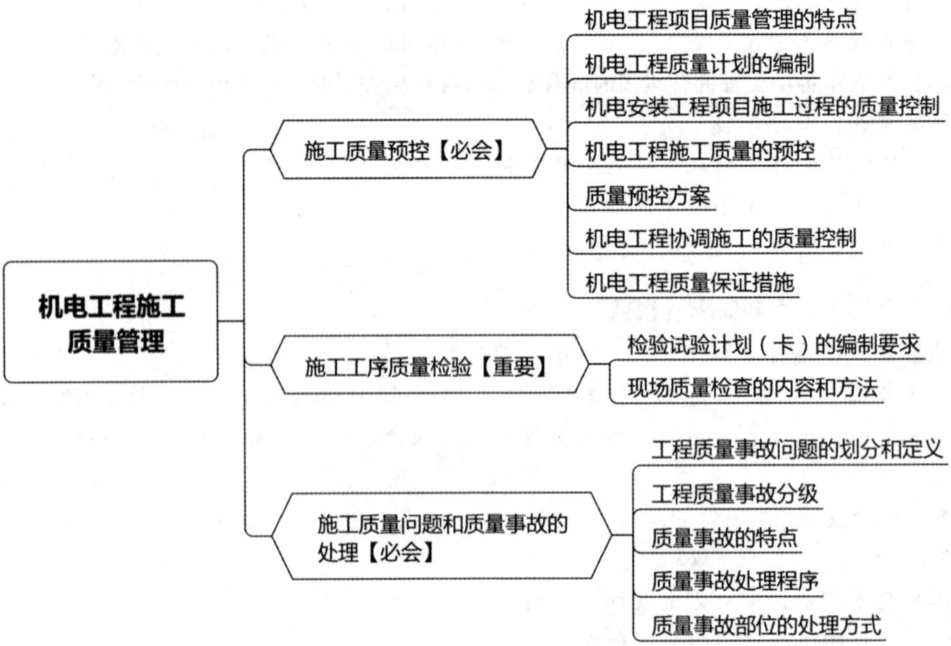

考点 1 施工质量预控【必会】

1.【单选】质量计划的编制原则，以（　　）为依据。

A. 项目控制　B. 项目策划　C. 项目管理　D. 施工管理

2.【单选】下列不属于事后控制内容的是（　　）。

A. 竣工质量检验控制　B. 隐蔽工程质量控制

C. 工程质量文件审核与建档　D. 回访和保修

3.【单选】由施工方和监理方质检人员共同检查并确认的是（　　）。

A. A级控制点　B. B级控制点

C. C级控制点　D. D级控制点

4.【多选】下列属于工序质量控制方法的有（　　）。

A. 工序分析　B. 质量控制点设置

C. 隐蔽工程质量控制　D. 观感质量检验

E. 检测过程控制

5.【多选】工序分析的步骤中，第三步是制定标准进行管理，应用的方法包括（　　）。

A. 因果分析图法　B. 排列图法

C. 系统图法　D. 矩阵图法

E. 优选法

考点 2 施工工序质量检验【重要】

1.【单选】下列不属于现场质量检查方法的是（　　）。

A. 目测法　B. 实测法

C. 量尺法　D. 试验法

2.【单选】下列不属于现场质量检查的是（　　）。

A. 施工中的检查　B. 工序交接检查

C. 隐蔽工程的检查　D. 停工后复工的检查

3.【单选】"三检制"中需要专职质量管理人员检查的是（　　）。

A. 自检　B. 专检

C. 互检　D. 全检

4.【多选】下列属于检验试验计划的编制依据的是（　　）。

A. 设计图纸　B. 施工质量验收规范

C. 质量要求　D. 检验试验项目名称

E. 合同规定内容

5.【多选】现场质量检查的方法中，属于试验法的是（　　）。

A. 理化试验　B. 观感质量检验

C. 试压　D. 试车

E. 无损检测

考点 3 施工质量问题和质量事故的处理【必会】

1.【单选】工程质量不合格，必须进行返修、加固或报废处理，造成直接经济损失不大的，划分为（　　）。

A. 质量缺陷　B. 质量事故

C. 质量问题　D. 质量不合格

2. 【单选】质量事故的特点不包括（　　）。

A. 复杂性　　B. 严重性　　C. 可变性　　D. 偶然性

3. 【单选】事故报告后出现新情况，以及事故发生之日起（　　）日内伤亡人数发生变化的，应当及时补报。

A. 7　　B. 15　　C. 30　　D. 45

4. 【单选】当工程质量缺陷经过修补处理后不能满足规定的质量标准要求，或不具备补救可能性则必须采取（　　）。

A. 返工处理　　B. 返修处理

C. 不作处理　　D. 报废处理

5. 【多选】下列属于质量事故调查报告内容的有（　　）。

A. 事故项目及各参建单位概况　　B. 事故发生的简要经过

C. 事故造成的人员伤亡　　D. 事故发生的原因和事故性质

E. 事故初步估计的间接经济损失

2H320080　机电工程施工安全管理

知识脉络

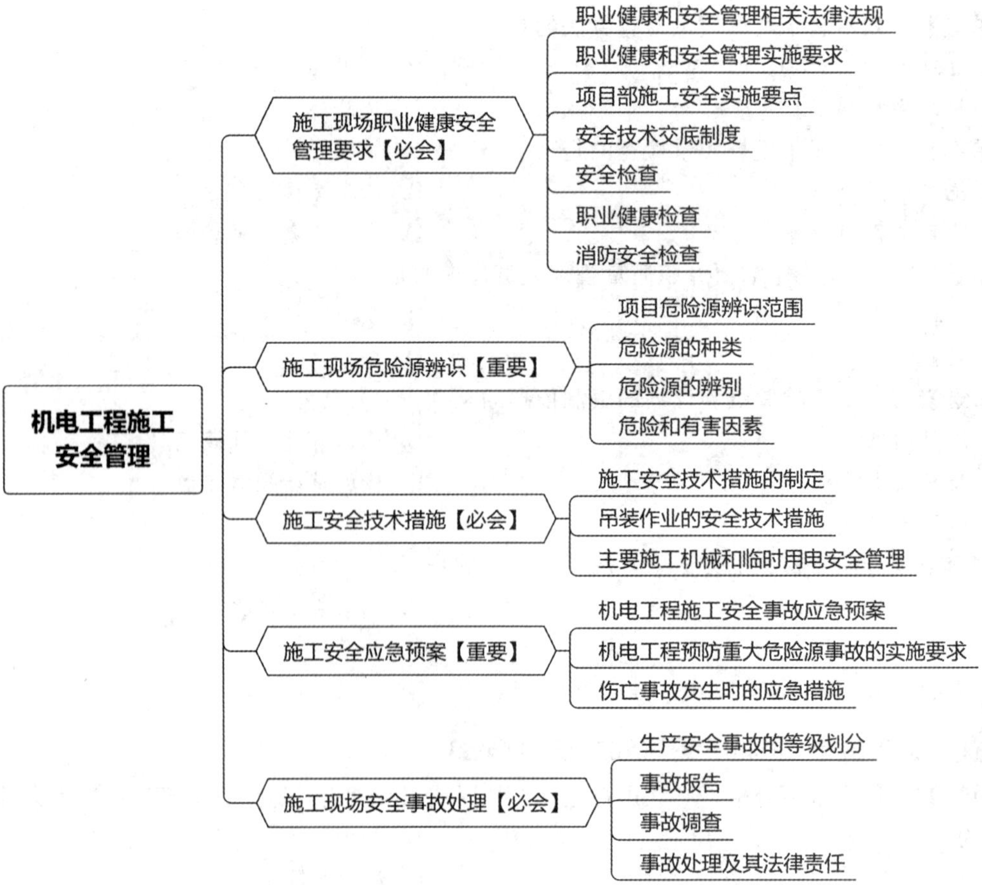

考点 1 施工现场职业健康安全管理要求【必会】

1. **【单选】**（　　）应为工程项目安全生产第一责任人，应负责分解落实安全生产责任。

A. 项目经理

B. 项目技术负责人

C. 项目安全经理

D. 项目总工程师

2. **【多选】**分包人安全生产责任应包括（　　）。

A. 履行分包合同规定的安全生产责任

B. 服从安全生产管理

C. 及时报告伤亡事故并参与调查

D. 在分包合同中明确安全生产责任和义务

E. 提出安全管理要求并认真监督检查

3. **【单选】**下列关于安全技术交底制度的说法，错误的是（　　）。

A. 专项施工方案实施前，工长（施工员）应向施工现场管理人员进行交底

B. 班组长要认真落实安全技术交底，每天要对工人进行施工要求、作业环境的安全交底

C. 采用新技术、新设备、新材料、新工艺施工的，需要进行安全技术交底

D. 安全技术交底记录一式三份，分别由工长、施工班组和安全员留存

考点 2 施工现场危险源辨识【重要】

1. **【单选】**下列关于危险源的说法，不正确的是（　　）。

A. 危险源管理不当是隐患，会导致事故

B. 三级重大危险源可能造成特大事故

C. 生产经营单位要对本单位的重大危险源建立重大危险源管理档案

D. 危险源应由三个要素构成：潜在危险性、存在条件和触发因素

2. **【单选】**生产经营单位要对本单位的重大危险源建立重大危险源管理档案，并在每年（　　）月底前送当地县级以上人民政府安全生产监督管理部门备案。

A. 3　　B. 6

C. 9　　D. 12

3. **【单选】**项目施工危险源辨识常采用（　　）方法。

A. 预危险性分析

B. 故障树分析

C. 安全检查表

D. 事件树分析

考点 3 施工安全技术措施【必会】

1. **【多选】**机电安装工程施工安全技术措施费的管理原则包括（　　）。

A. 企业提取　　B. 政府监管

C. 确保需要　　D. 规范使用

E. 专人负责

2. **【单选】**特种设备在投入使用前或者投入使用后（　　）日内，特种设备使用单位应当向直辖市或者设区的市的特种设备安全监督管理部门登记。

A. 10　　B. 15

C. 30　　D. 45

考点 4　施工安全应急预案【重要】

1. **【多选】**生产经营单位应急预案分为（　　）。

A. 综合应急预案　　B. 专业应急预案

C. 综合处置措施　　D. 专项应急预案

E. 现场处置方案

2. **【单选】**触电事故的有害因素不包括（　　）。

A. 未提供用电防护用品

B. 电线敷设不满足要求

C. 未达到三级配电

D. 消防设施不完备

3. **【多选】**高处坠落事故的有害因素包括（　　）。

A. 无安全技术防护措施

B. 安全网不满足要求

C. 安全技术交底相对滞后

D. 无专人监护

E. 未设置警示标志

4. **【多选】**物体打击事故的预防措施包括（　　）。

A. 正确穿戴合格劳保护品

B. 施工现场的入口处悬挂警示标志

C. 编制危大工程专项施工方案

D. 专人施工现场监督

E. 施工现场设有防护栏

考点 5　施工现场安全事故处理【必会】

1. **【多选】**生产安全事故等级的划分指标有（　　）。

A. 死亡人数　　B. 间接经济损失

C. 直接经济损失　　D. 重伤人数

E. 轻伤人数

2. **【单选】**重大事故由（　　）组织成立事故调查组进行调查。

A. 事故发生地省级人民政府安全生产监督管理部门

B. 事故发生地市级人民政府安全生产监督管理部门

C. 事故发生地县级人民政府安全生产监督管理部门

D. 生产经营单位

3. **【多选】**报告事故的内容包含（　　）。

A. 事故发生的时间

B. 事故发生原因

C. 事故发生单位概况

D. 事故间接经济损失

E. 事故已经采取的措施

2H320090 机电工程施工现场管理

知识脉络

- 机电工程施工现场管理
  - 沟通协调【必会】
    - 内部沟通协调
    - 外部沟通协调
  - 分包管理【重要】
    - 项目部对分包队伍管理的要求
    - 项目部对分包队伍管理的原则和重点
    - 管理制度与监督考核
    - 项目部对分包队伍协调管理的内容
    - 项目部对分包队伍协调管理的形式
  - 现场绿色施工措施【必会】
    - 绿色施工原则
    - 绿色施工职责
    - 绿色施工要点
    - 绿色施工要求
    - 绿色施工评价
    - 发展绿色施工的“四新技术”
  - 现场文明施工管理【重要】
    - 施工现场通道及安全防护措施
    - 施工材料管理措施
    - 施工机具的管理措施
    - 施工现场临时用电管理措施
    - 场容管理措施
    - 现场管理人员及施工作业人员的行为管理

考点 1 沟通协调【必会】

1. **【多选】**下列沟通协调内容中，属于施工资源配备协调的有（　　）。

   A. 设备材料有序供应

   B. 专业管线综合布置

   C. 施工垃圾分类堆放

   D. 施工机具优化配置

   E. 工程资金合理分配

2. **【多选】**下列沟通协调内容中，属于与土建单位的沟通与协调的内容的有（　　）。

   A. 土建工程交付安装时的验收与交接

   B. 设备安装质量、重大设备安装方案的确定

   C. 交叉施工的协商与配合

   D. 现场突发事件的应急处理

   E. 质量让步处理时的协商与沟通

考点 2 分包管理【重要】

1. 【单选】下列关于项目部对分包队伍管理的要求，说法错误的是（　　）。
   A. 总承包单位和分包单位就分包工程对建设单位承担连带责任
   B. 总承包单位应从资质条件、技术装备、技术管理人员资格以及履约能力等方面对分包单位严格考核与管理，确定满足工程要求的分包单位
   C. 总承包单位必须重视并指派专人负责对分包方的管理，保证分包合同和总承包合同的履行
   D. 分包单位可以再次把工程转包给其他单位
2. 【多选】总包单位在项目实施过程中，应对分包单位实施监督与考核，其中可以采取的方式有（　　）。
   A. 分包单位工作汇报
   B. 工程联合监督检查
   C. 工作联系单
   D. 综合考核评定
   E. 内部参观典型案例

考点 3 现场绿色施工措施【必会】

1. 【单选】制定绿色施工管理制度，负责绿色施工的组织实施，是（　　）的绿色施工职责。
   A. 建设单位　　B. 设计单位
   C. 监理单位　　D. 施工单位
2. 【多选】下列属于绿色施工总体框架内容的有（　　）。
   A. 绿色施工管理
   B. 能源开发
   C. 节材与材料资源利用
   D. 节水与水资源利用
   E. 节能与能源利用
3. 【多选】绿色施工的土壤保护措施包括（　　）。
   A. 因施工造成的裸土应及时覆盖
   B. 现场道路、加工区、材料堆放区宜及时进行地面硬化
   C. 采用隔水性能好的边坡支护技术
   D. 污水处理设施等不发生堵塞、渗漏、溢出等现象
   E. 施工后应恢复施工活动破坏的植被
4. 【多选】绿色施工管理的主要内容包括（　　）。
   A. 组织管理　　B. 咨询管理
   C. 规划管理　　D. 设计管理
   E. 评价管理

考点 4 现场文明施工管理【重要】

1. 【多选】下列属于施工现场临时用电管理措施的有（　　）。
   A. 临时用电有方案和管理制度
   B. 临时用电由持证电工专人管理
   C. 配电箱和控制箱选型、配置合理
   D. 配电系统和施工机具采用可靠的接地保护

E. 配电箱和控制箱均设一级漏电保护

2.【多选】下列关于施工现场通道及安全防护措施的说法，正确的有（　　）。

A. 消防通道必须建成环形或足以能满足消防车回车条件，且宽度不小于 3m

B. 场区人行道应标识清楚，并与主路之间采取隔离措施

C. 所有施工场点标识出人行通道并用隔离布带隔离

D. 高 2m 以上平台必须安装护栏

E. 所有吊装区必须设立警戒线，并用隔离布带隔离，标识明显

2H320100　机电工程施工成本管理

知识脉络

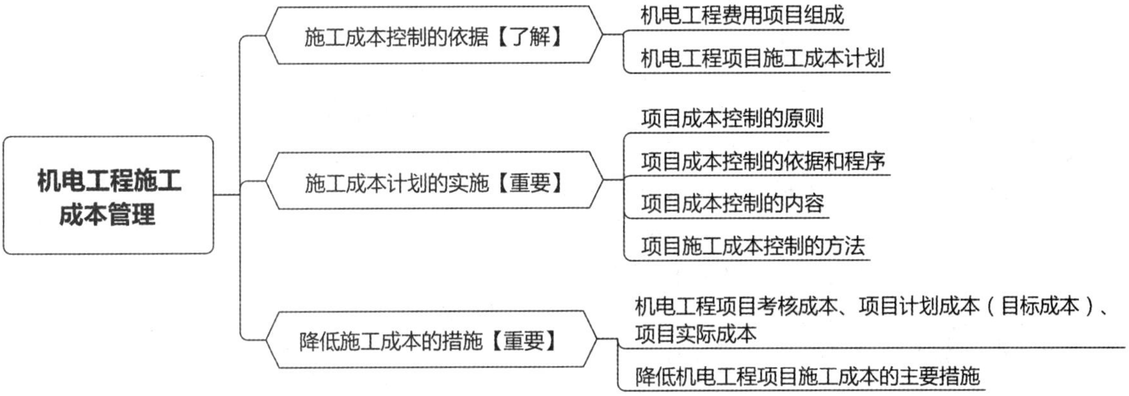

考点 1　施工成本控制的依据【了解】

1.【单选】工具用具使用费属于工程费用中的（　　）。

A. 人工费　　B. 材料费

C. 施工机具使用费　　D. 企业管理费

2.【多选】建筑安装工程费中的其他项目费包括（　　）。

A. 住房公积金　　B. 暂列金额

C. 计日工　　D. 总承包服务费

E. 措施项目费

考点 2　施工成本计划的实施【重要】

1.【多选】施工成本控制应遵循的原则有（　　）。

A. 成本最低化原则

B. 全面成本控制原则

C. 动态控制原则

D. 责权利相结合的原则

E. 静态控制原则

2.【多选】成本控制的依据包括（　　）。

A. 合同文件　　B. 施工组织设计

C. 进度报告　　D. 施工单位的施工经验

E. 质量目标

3. 【单选】下列成本中，不属于工程设备成本控制内容的是（　　）。

A. 设备采购成本　　B. 设备运输成本

C. 设备质量成本　　D. 设备安装成本

考点 3　降低施工成本的措施【重要】

1. 【单选】（　　）可以列入成本支出的费用总和，是项目施工活动中各种消耗的综合反映。

A. 项目考核成本　　B. 项目计划成本

C. 项目实际成本　　D. 项目预算成本

2. 【单选】（　　）是控制项目成本支出的标准，也是成本管理的目标。

A. 项目考核成本　　B. 项目计划成本

C. 项目实际成本　　D. 项目预算成本

3. 【单选】（　　）是根据企业的有关定额经过评估、测算而下达的，也是考核工程项目成本支出的重要尺度。

A. 项目考核成本　　B. 项目计划成本

C. 项目实际成本　　D. 项目预算成本

4. 【单选】下列选项属于降低项目施工成本组织措施的是（　　）。

A. 建立分工明确、责任到人的成本管理责任体系

B. 对不同施工方案进行技术经济比较

C. 认真做好成本的预测和各种成本计划

D. 选用适当的合同结构模式

5. 【多选】下列属于降低项目成本的技术措施的有（　　）。

A. 制定先进合理的施工方案和施工工艺　　B. 加强机械设备使用与管理

C. 积极推广应用新技术　　D. 加强技术、质量检验

E. 组建强有力的工程项目部

2H320110　机电工程项目试运行管理

知识脉络

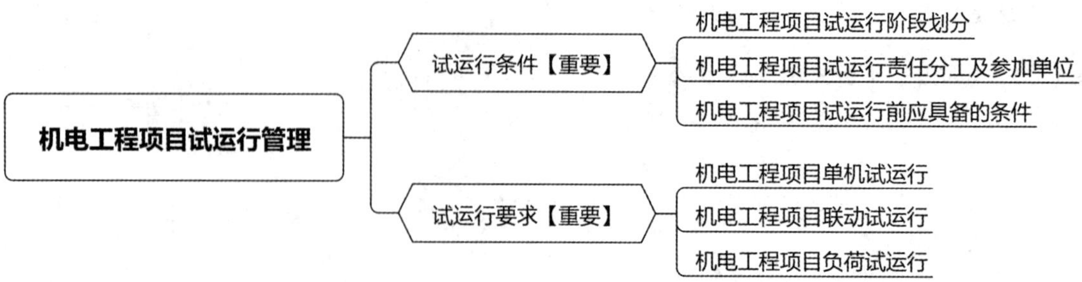

考点 1　试运行条件【重要】

1. 【单选】单机试运行由（　　）负责组织实施。

A. 建设和生产单位　　B. 设计方

C. 监理方　　D. 施工单位

2.【单选】下列关于单机试运行和联动试运行的说法中，不正确的是（　　）。

A. 联动试运行适于单体设备的工程

B. 单机试运行属于工程施工安装阶段的工作内容

C. 中小单体设备工程一般可只进行单机试运行

D. 因介质原因，无法进行单机试运行的设备，只能在负荷试运行进行

3.【多选】工程中间交接完成包括的内容有（　　）。

A. "三查四定"的问题整改消缺完毕

B. 工程质量验收合格

C. 编制的试运行方案或试运转操作规程已经批准

D. 影响投料的设计变更项目已施工完

E. 施工用临时设施已全部拆除

考点 2 试运行要求【重要】

1.【多选】机电工程单机试运行的范围包括（　　）。

A. 电气系统

B. 控制系统

C. 炼油化工工程

D. 连续机组的机电工程

E. 联锁、报警系统

2.【多选】泵在试运转中应检查下列各项，并应做好的记录包括（　　）。

A. 润滑油的压力、温度和各部分供油情况

B. 吸入和排出介质的温度、压力

C. 各轴承的温度、振动

D. 噪声大小

E. 电动机的电流、电压、温度

3.【多选】关于轴流通风机试运转的要求，正确的有（　　）。

A. 风机连续运转的时间不应少于 20min

B. 轴承表面温度不得高于环境温度 70°C

C. 滚动轴承正常工作温度不应超过 70°C

D. 滑动轴承正常工作温度不应超过 75°C

E. 最高电流为电动机额定电流值的 120%

4.【多选】试运行方案由施工项目总工程师组织编制，经施工企业总工程师审定，报（　　）批准后实施。

A. 建设单位　　B. 监理单位

C. 施工单位　　D. 设计单位

E. 分包单位

5.【多选】参加联动试运行的人员应完成安全生产考核，经过技术培训，应掌握（　　）的技术。

A. 开车　　B. 停车

C. 事故处理　　D. 安全生产

E. 调整工艺条件

6. 【多选】压缩机空气负荷单机试运行后应及时完成的工作有（　　）。
   A. 排除气路和气罐中的剩余压力
   B. 清洗过滤器和更换润滑油
   C. 需检查曲轴箱时，应在停机 10min 后再打开曲轴箱
   D. 依次关闭附属系统的阀门
   E. 排除进气管及冷凝收集器和气缸及管路中的冷凝液

7. 【多选】离心式压缩机试运转应符合的规定有（　　）。
   A. 压缩机增速器轮齿静态接触迹线长度不应小于齿长的 60%
   B. 试运转的压缩介质应采用空气
   C. 主机的排气应缓慢升压，每 10min 升压不得大于 0.1MPa
   D. 应连续运行 2h
   E. 轴承壳振动速度有效值不超过 6.3mm/s

2H320120　机电工程施工结算与竣工验收

知识脉络

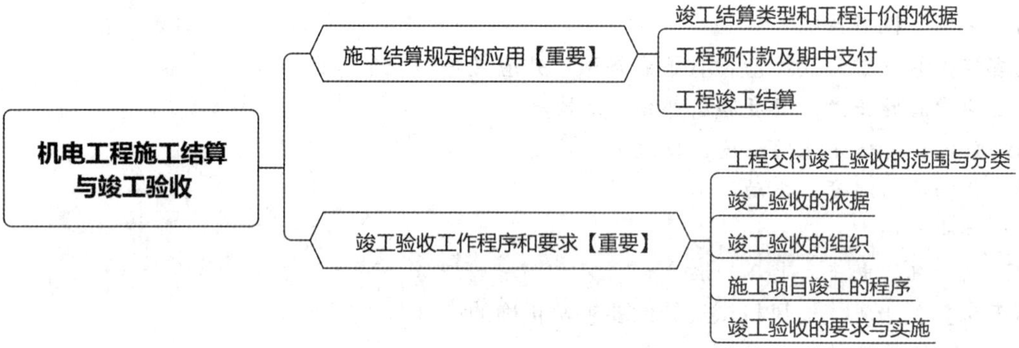

考点 1　施工结算规定的应用【重要】

1. 【单选】工程计价的依据不包括（　　）。
   A. 设计文件　　B. 概算定额
   C. 政府规定的税费　　D. 中标价

2. 【单选】下列关于进度款审核与支付的说法，错误的是（　　）。
   A. 发包人应在收到承包人进度款支付申请后的 14 天内，根据计量结果和合同约定对申请内容予以核实，确认后向承包人出具进度款支付证书
   B. 发包人应在签发进度款支付证书后的 7 天内，向承包人支付进度款
   C. 发包人未按前款规定支付进度款的，承包人可催告发包人支付，并有权获得延迟支付的利息
   D. 发包人应承担由未按规定支付进度款的增加的费用和延误的工期，向承包人支付合理利润，并承担违约责任

3. 【单选】关于安全文明施工费的支付，发包人应在工程开工的（　　）天内预付不低于当年施工进度计划的安全文明施工费总额的 50%。
   A. 30　　B. 29　　C. 28　　D. 15

4. 【多选】工程竣工结算价款中，应扣除的款项不包括（　　）。

A. 合同价款

B. 工程量变更增加的预算

C. 合同价款调整数额

D. 预付款

E. 质量保证金

考点 2 竣工验收工作程序和要求【重要】

1. 【多选】工程交付竣工验收按建设项目达到竣工验收条件的验收方式划分为（　　）。

A. 项目中间验收

B. 单项工程竣工验收

C. 全部工程竣工验收

D. 分部工程竣工验收

E. 专项验收

2. 【多选】机电工程专项验收划分为（　　）。

A. 消防验收

B. 人防设施验收

C. 项目中间验收

D. 环境保护验收

E. 防雷设施验收

3. 【多选】竣工验收的依据中，指导建设管理行为的依据包括（　　）。

A. 上级主管部门批准的可行性研究报告

B. 国家、各行业有关法律、法规、规定

C. 质量验收评定标准

D. 有关设计文件

E. 施工图纸

4. 【多选】竣工验收的依据中，工程建设中形成的依据包括（　　）。

A. 上级主管部门批准的可行性研究报告

B. 设备技术资料

C. 质量验收评定标准

D. 调整概算及其他有关设计文件

E. 施工图纸

5. 【多选】施工记录资料包括（　　）。

A. 定位放线记录

B. 特种设备安装检验及验收检验报告

C. 分部工程使用功能检测记录

D. 单位工程质量验收记录

E. 隐蔽工程验收记录

6. 【单选】下列选项中，不能进行竣工验收的机电工程项目的是（　　）。

A. 已投产，但一时达不到设计产能

B. 形成部分生产能力，近期不能按设计规模续建

C. 附属工程尚未建成，但不影响生产

D. 达到环境保护要求，尚未取得环境保护验收登记卡

2H320130　机电工程保修与回访

知识脉络

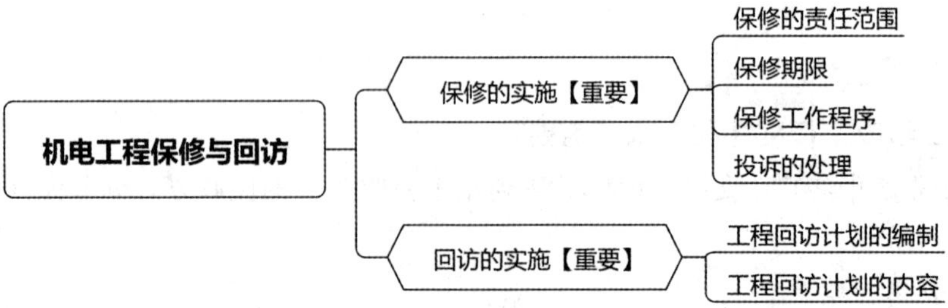

考点 1　保修的实施【重要】

1. **【单选】**建设工程在保修范围和保修期限内出现的质量问题是由双方的责任造成的，应协商解决，商定各自的经济责任，由（　　）负责修理。

A. 建设单位　　B. 监理单位

C. 施工单位　　D. 设计单位

2. **【单选】**根据《建设工程质量管理条例》的规定，下列选项所列的建设工程在正常使用条件下的最低保修期限正确的是（　　）。

A. 供热和供冷系统为 1 个供暖期或供冷期

B. 电气管线保修期为 2 年

C. 给水排水管道工程保修期为 1 年

D. 设备安装工程保修期为 3 年

3. **【单选】**建设工程的保修期自（　　）之日起计算。

A. 结算　　B. 竣工验收合格

C. 运行　　D. 投产

4. **【单选】**供热和供冷系统的保修期为（　　）。

A. 1 个供暖期或供冷期

B. 2 个供暖期或供冷期

C. 1 个供暖期

D. 3 个供冷期

5. **【单选】**设备安装工程保修期为（　　）年。

A. 1　　B. 2

C. 3　　D. 5

6. **【单选】**根据《建设工程质量管理条例》的规定，保修期最低 2 年的工程有（　　）。

A. 给水管道　　B. 电气管线

C. 供热系统　　D. 屋面防水

E. 地基基础

7. **【单选】**在发生问题的部位或项目修理完毕后，要在保修证书的“保修记录”栏内做好记录，并经（　　）验收签认，以表示修理工作完成。

A. 建设单位　　B. 施工单位

C. 设计单位　　D. 监理单位

考点 2 回访的实施【重要】

1. **【单选】**在规定的期限内，由（　　）主动到建设单位或用户进行回访。

A. 设计单位　　B. 施工单位

C. 建设单位　　D. 监理单位

2. **【多选】**信息传递方式回访包括（　　）。

A. 邮件　　B. 座谈会

C. 电话　　D. 传真

E. 电子信箱

3. **【单选】**座谈会方式回访，由（　　）组织座谈会或意见听取会。

A. 施工单位　　B. 建设单位

C. 总承包单位　　D. 设计单位

PART 3

2H330000

机电工程项目施工相关法规与标准

学习计划：

2H331000　机电工程项目施工相关法律规定

扫码即听
本章导学

2H331010　计量的相关规定

知识脉络

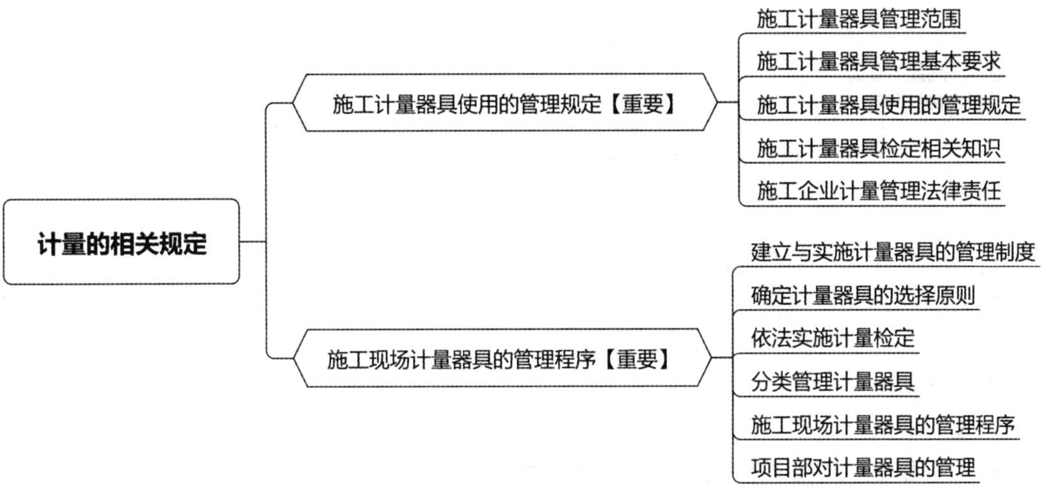

考点 1　施工计量器具使用的管理规定【重要】

1. 【单选】下列施工计量器具中，属于强制性检定范畴的是（　　）。

   A. 电压表　　B. 电流表
   C. 欧姆表　　D. 电能表

2. 【多选】企业、事业单位计量标准器具的使用，必须具备的条件有（　　）。

   A. 经计量检定合格　　B. 具有称职的保存、维护、使用人员
   C. 具有相关赔偿制度　　D. 具有正常工作所需要的环境条件
   E. 具有完善的管理制度

考点 2　施工现场计量器具的管理程序【重要】

1. 【单选】下列属于 A 类计量器具的是（　　）。

   A. 电能表　　B. 电压表
   C. 电流表　　D. 欧姆表

2. 【单选】下列属于 C 类计量器具的是（　　）。

   A. 卡尺　　B. 钢直尺
   C. 塞尺　　D. 直角尺

3. 【多选】项目经理部的计量管理员应对施工使用的计量器具进行现场跟踪管理，其工作内容包括（　　）。

   A. 建立现场使用计量器具台账
   B. 负责现场使用计量器具周期送检
   C. 使用计量器具

D. 负责现场巡视计量器具的完好状态

E. 负责检定计量器具

2H331020 建设用电及施工的相关规定

知识脉络

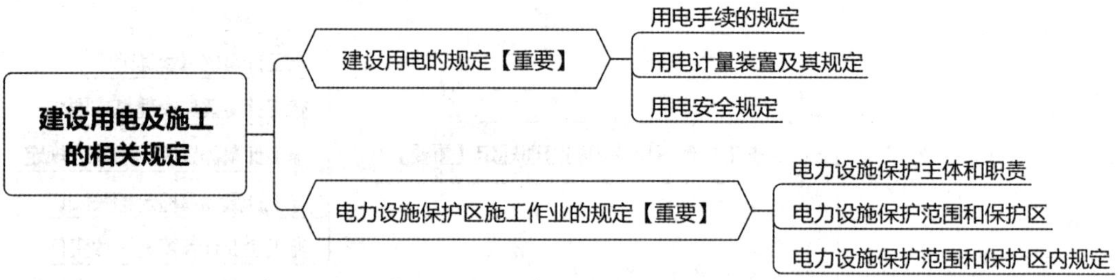

考点1 建设用电的规定【重要】

1. **【单选】**如果仅为申请施工临时用电，施工临时用电结束或施工用电转入建设项目电力设施供电，则（　　）应及时向供电部门办理终止用电手续。

A. 设计单位　　B. 建设单位

C. 总承包单位　　D. 监理单位

2. **【多选】**根据《电力法》的规定，应当依照规定的程序办理用电手续的情况有（　　）。

A. 申请新装用电　　B. 改变用电电压

C. 终止用电　　D. 申请临时用电

E. 减少用电容量

3. **【多选】**对不具备安装用电计量装置的，可按（　　）计收电费。

A. 用电容量　　B. 使用时间

C. 用电电流　　D. 规定的电价

E. 用电电压

考点2 电力设施保护区施工作业的规定【重要】

1. **【单选】**220kV 的架空电力线路的边线延伸距离是（　　）m。

A. 5　　B. 10

C. 15　　D. 20

2. **【单选】**下列关于编制电力施工方案的说法，错误的是（　　）。

A. 在编制施工方案时，尽量邀请电力管理部门或电力设施管理部门派员参加

B. 在施工方案中应专门制定保护电力设施的安全技术措施，并写明要求

C. 施工方案编制完成报后，经监理部门批准后执行

D. 在作业时请电力设施的管理部门派员监管

2H331030　特种设备的相关规定

知识脉络

- 特种设备的相关规定【重要】
  - 特种设备的定义
  - 特种设备种类
  - 特种设备生产许可制度强制性要求
  - 特种设备制造、安装、改造、修理单位的资质许可
  - 特种设备的生产要求
  - 违反特种设备许可制度的法律责任及规定的处罚

考点 1　特种设备的相关规定【重要】

1. **【单选】**下列不属于特种设备的是（　　）。

A. 锅炉　　B. 储气罐

C. 电梯　　D. 风机

2. **【单选】**下列属于 GB 类管道的是（　　）。

A. 工艺管道　　B. 动力管道

C. 燃气管道　　D. 长输油管道

3. **【多选】**关于承压类特种设备许可制度的说法，正确的有（　　）。

A. 固定式压力容器安装不单独许可

B. 各类气瓶安装无需许可

C. 压力容器改造需单独许可

D. 压力容器重大修理需单独许可

E. 锅炉安装许可由国家市场监督管理部门实施

4. **【单选】**对电梯质量以及安全运行涉及的质量问题负责的单位是（　　）。

A. 电梯维修单位　　B. 电梯安装单位

C. 电梯的制造单位　　D. 电梯设计单位

5. **【多选】**起重机械安装前应检查（　　）。

A. 出厂合格证书

B. 生产许可证明

C. 按设备装箱清单检查设备

D. 材料及其附件的型号、规格和数量

E. 使用说明书

2H332000　机电工程项目施工相关标准

2H332010　工业安装工程施工质量验收统一要求

扫码即听
本章导学

知识脉络

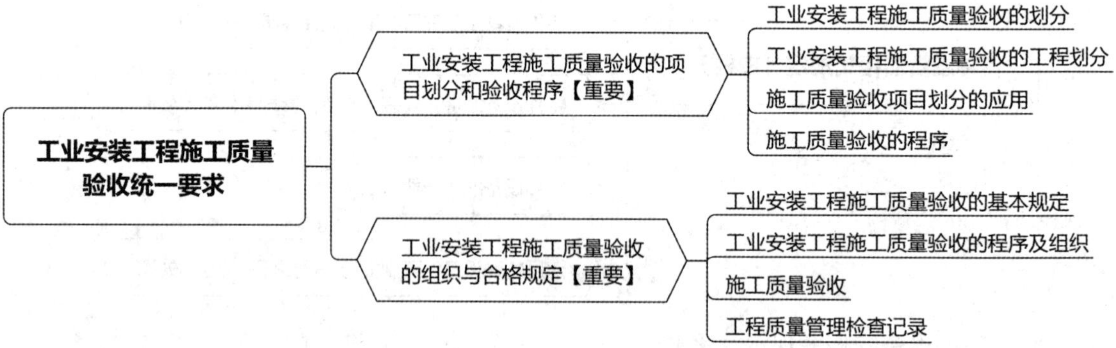

考点 1　工业安装工程施工质量验收的项目划分和验收程序【重要】

1. 【多选】工业安装单位工程划分的标准有（　　）。

A. 工业厂房　　B. 专业性质
C. 建筑部位　　D. 车间
E. 区域

2. 【单选】当一个单位工程中仅有某一专业分部工程时，该分部工程应为（　　）。

A. 分部工程　　B. 单位工程
C. 分项工程　　D. 检验批

3. 【单选】下列选项中，（　　）属于工业安装土建工程的单位工程。

A. 设备基础　　B. 办公楼　　C. 楼层　　D. 施工段

4. 【多选】设备工程分项工程划分原则有（　　）。

A. 机组　　B. 台
C. 套　　D. 级别
E. 施工工艺

5. 【单选】通常一个车间内不同材质、不同压力等级、不同级别的管道应同属一个（　　）工程。

A. 分项　　B. 分部
C. 单位　　D. 检验批

6. 【单选】下列工业安装工程可以单独构成分项工程的是（　　）。

A. 地下工程　　B. 管道表层处理
C. 绝热工程　　D. 变电装置

7. 【多选】有关工业安装分项工程划分原则，正确的有（　　）。

A. 自动化仪表工程分项工程应按仪表类别和安装试验工序划分
B. 电气工程分项工程应按电气设备或电气线路划分

C. 设备安装分项工程应按设备的台（套）或机组划分

D. 工业管道按压力等级划分

E. 管道防腐分项工程应按施工方法划分

考点 2 工业安装工程施工质量验收的组织与合格规定【重要】

1. **【单选】**工业安装分部工程的质量验收应由（　　）负责组织。

A. 施工单位专业工程师

B. 建设单位质量技术负责人

C. 建设单位项目技术负责人

D. 监理工程师

2. **【多选】**当检验项目（检验批）的质量不符合相应专业质量验收标准的规定时，需按规定进行处理，下列选项中，处理错误的是（　　）。

A. 经返工或返修的检验项目（检验批），应重新进行验收

B. 经有资质的检测机构检测鉴定达不到设计要求，不予以验收

C. 经返修或加固处理的分项、分部（子分部）工程，虽然改变了几何尺寸但仍能满足安全和使用要求，可按技术处理方案和协商文件的要求予以验收

D. 经有资质的检测机构检测鉴定能够达到设计要求的检验项目，应予以验收

E. 经返工或返修的检验项目（检验批），可不进行重新验收

3. **【单选】**经过返修加固处理的分项工程，外形尺寸增大但仍然能满足安全使用要求的可以（　　）。

A. 降级验收　　B. 不予验收

C. 协商验收　　D. 核算验收

2H332020 建筑安装工程施工质量验收统一要求

知识脉络

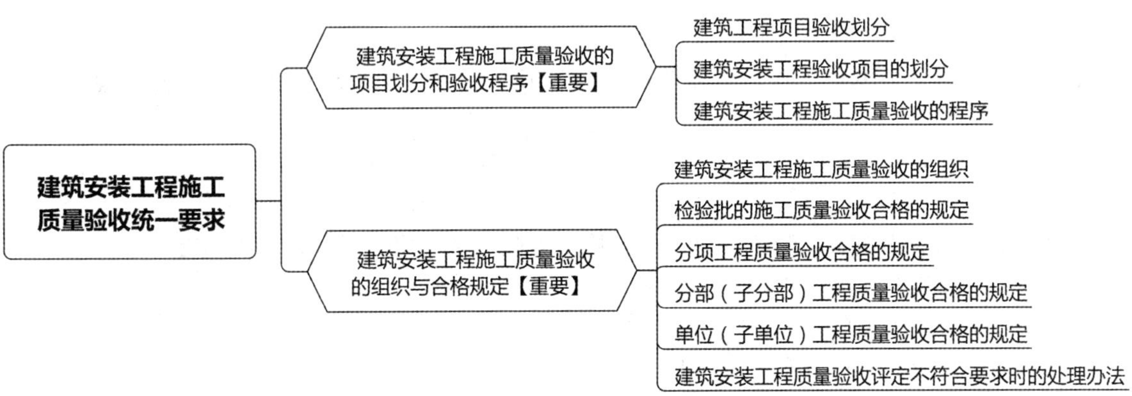

考点 1 建筑安装工程施工质量验收的项目划分和验收程序【重要】

1. **【单选】**建筑安装工程的单位工程是具备独立施工条件并能形成独立（　　）的建筑物及构筑物。

A. 生产能力　　B. 使用功能

C. 施工工艺　　D. 生产产品

2. 【多选】建筑安装分部工程的划分应按（　　）确定。

A. 使用功能　　B. 专业性质

C. 工程部位　　D. 种类

E. 材料

3. 【单选】建筑安装工程质量验收主要由（　　）来实施。

A. 建设单位　　B. 施工单位

C. 设计单位　　D. 监理单位

4. 【单选】建筑安装工程施工质量验收的工作程序是（　　）。

A. 检验批验收→分部（子分部）工程验收→分项工程验收→单位（子单位）工程验收

B. 检验批验收→分项工程验收→分部（子分部）工程验收→单位（子单位）工程验收

C. 检验批验收→分项工程验收→单位（子单位）工程验收→分部（子分部）工程验收

D. 检验批验收→单位（子单位）工程验收→分部（子分部）工程验收→分项工程验收

考点 2　建筑安装工程施工质量验收的组织与合格规定【重要】

1. 【单选】建筑安装工程施工检验批、分项工程质量验收由（　　）分别组织施工单位专业质量检查员、专业工长项目专业技术负责人等进行验收。

A. 勘察单位技术负责人　　B. 建设单位项目负责人

C. 建设单位项目专业技术负责人　　D. 设计单位项目负责人

2. 【多选】下列关于建筑安装工程检验批的施工质量验收规定，说法正确的有（　　）。

A. 在检验批验收时，应只进行实物检验

B. 主控项目必须全部符合验收规范规定

C. 主控项目和一般项目的质量经抽样检验合格

D. 检验批是工程验收的最大单元

E. 一般项目可以允许有偏差

3. 【多选】下列属于检验批主控项目的有（　　）。

A. 电气的绝缘　　B. 管道的压力试验

C. 接地测试　　D. 对安全有影响的项目

E. 无法定量采用定性的项目

4. 【单选】建筑安装单位工程质量验收时，对涉及安全、节能、环境保护的分部工程，应进行（　　）。

A. 检验资料的复查　　B. 见证抽样

C. 抽样检测　　D. 全面检测

5. 【多选】下列关于建筑安装工程单位工程质量验收合格规定的说法，正确的有（　　）。

A. 单位工程所含分部工程的质量均验收合格

B. 安全管理资料完整

C. 主要使用功能的检测资料应完整

D. 观感质量验收应符合要求

E. 主要功能项目的全数检查结果符合规定

6. 【单选】工程质量不符合要求，通过返修和加固仍不能满足安全使用要求的应（　　）。

A. 协商验收　　B. 让步验收

C. 严禁验收　　D. 通过验收

2H333000 二级建造师（机电工程）注册执业管理规定及相关要求

扫码即听
本章导学

知识脉络

- 二级建造师(机电工程)注册执业管理规定及相关要求
  - 二级建造师（机电工程）注册执业工程规模标准【了解】
    - 制定建造师注册执业工程规模标准的依据
    - 机电工程项目的工程规模标准设置
    - 注册建造师担任施工项目负责人时，依照规定承担的项目规模
  - 二级建造师（机电工程）注册执业工程范围【了解】
    - 机电工程注册建造师执业工程范围的规定
    - 机电工程中，机电安装、石油化工、电力、冶炼各专业工程范围
  - 二级建造师（机电工程）施工管理签章文件目录【了解】
    - 机电工程注册建造师填写签章文件的工程类别
    - 各类的签章文件一般包含的文件

考点 1 二级建造师（机电工程）注册执业工程规模标准【了解】

【单选】下列工程中，不属于机电安装工程专业建造师执业范围的是（　　）。

A. 水电工程　　B. 环保工程

C. 电子工程　　D. 净化工程

考点 2 二级建造师（机电工程）注册执业工程范围【了解】

1. 【单选】化工医药工程属于（　　）。

A. 机电安装工程

B. 石油化工工程

C. 冶炼工程

D. 电力工程

2. 【单选】制氧工程属于（　　）。

A. 石油化工工程　　B. 冶炼工程

C. 电力工程　　D. 机电安装工程

3. 【单选】电力工程不包括（　　）。

A. 核电工程　　B. 电子工程

C. 风电工程　　D. 送变电工程

4. 【单选】下列工程中，不属于《注册建造师执业管理办法（试行）》规定的机电工程注册建造师执业工程范围的是（　　）。

A. 火电设备安装

B. 城市及道路照明

C. 海洋石油

D. 体育场地设施

考点 3 二级建造师（机电工程）施工管理签章文件目录【了解】

【多选】注册建造师的签章合同管理文件不包括（　　）。

A. 分包单位资质报审表

B. 材料采购总计划表

C. 林木砍伐许可协议

D. 工程设备、关键材料招标书和中标书

E. 应急反应计划

PART 4

案例专题模块

学习计划：

模块一 施工进度管理

案例一

【背景资料】

某工业项目建设单位通过招标与施工单位签订了施工合同，主要内容包括设备基础、设备钢架（多层）、工艺设备、工艺管道和电气、仪表安装等。工程开工前，施工单位按合同约定，向建设单位提交了施工进度计划，如图 1-1 所示。

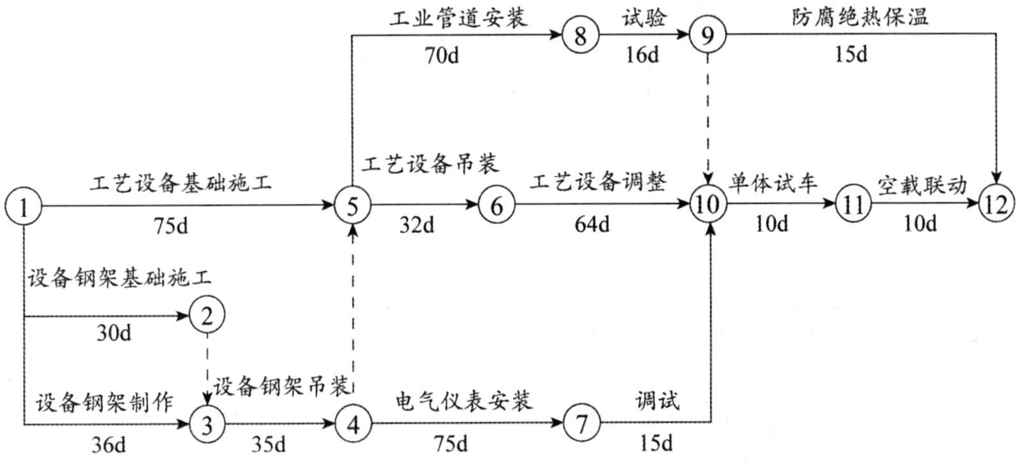

图 1-1 施工进度计划

上述施工进度计划中，设备钢架吊装和工艺设备吊装两项工作共用 1 台塔式起重机（以下简称塔机），其他工作不使用塔机。经建设单位审核确认，施工单位按该进度计划进场组织施工。

在施工过程中，由于建设单位要求变更设计图纸，致使设备钢架制作工作停工 10 天，（其他工作持续时间不变），建设单位应及时向施工单位发出通知，要求施工单位按原计划进场，调整进度计划，保证该项目按原计划工期完工。

施工单位采取工艺设备调整工作的持续时间压缩 6 天，得到建设单位同意，施工单位提出的费用补偿要求如下，建设单位没有全部认可。

（1）工艺设备调整工作压缩 6 天，增加赶工费 20000 元。

（2）塔机闲置 10 天损失费，1600 元/天（含运行费 300 元/天）×10＝16000 元。

（3）设备钢架制作工作停工 10 天，造成其他相关机械闲置、人员窝工等损失费 15000 元。

【问题】

1. 按节点代号表示施工进度计划的关键线路，该计划的总工期是多少天？

2. 按原计划设备钢架吊装与工艺设备吊装工作能否连续作业？说明理由。

3. 说明施工单位调整方案后能保证原计划工期不变的理由。

4. 安装自动化仪表取源部件的开孔与焊接有何要求？

案例二

【背景资料】

某机电工程公司通过投标总承包了一工业项目，主要内容包括：设备基础施工、厂房钢结构制作和吊装、设备安装调试、工业管道安装及试运行等。项目开工前，该机电工程公司按机电工程施工顺序的确定原则和合同约定，向建设单位提交了施工进度计划，编制了各项工作逻辑关系及工作时间表（见表 1-1）。

钢结构安装以后，油漆表面出现大面积返锈，项目部采用了因果分析图进行分析，处理后钢结构表面质量合格。

表 1-1　各项工作逻辑关系及工作时间表

代号	工作内容	工作时间/d	紧前工序	代号	作内内容	工作时间/d	紧前工序
A	工艺设备基础施工	72	—	G	电气设备安装	64	D
B	厂房钢结构基础施工	38	—	H	工艺设备调整	55	E
C	钢结构制作	46	—	I	工业管道试验	24	F
D	钢结构吊装、焊接	30	B、C	J	电气设备调整	28	G
E	工艺设备安装	48	A、D	K	单机试运行	12	H、I、J
F	工艺管道安装	52	A、D	L	联动及负荷试运行	10	K

工程施工中，机电工程公司加强了进度计划的检查和跟踪，严格进行进度计划控制。由于工艺设备是首次安装，经反复多次调整后才达到质量要求，致使项目部工程费用超支，工期拖后。在 150 天时，项目部用赢得值法分析，取得以下 3 个数据：已完工程预算费用 3500 万元，计划工程预算费用 4000 万元，已完工程实际费用 4500 万元。

在完成单机试运转后，机电公司和建设单位办理了中间交接，建设单位检查联动试运行各项条件，准备组织实施联动试运行。

【问题】

1. 如何确定机电工程施工顺序？
2. 根据表 1-1 的内容，绘制网络图，找出该项目的关键工作，并计算出总工期。
3. 施工进度计划的检查内容有哪些？
4. 联动试运行应符合的规定有哪些？

案例三

【背景资料】

某建筑空调工程中的冷热源主要设备由某施工单位吊装就位，设备需吊装到地下一层（—7.5m），再牵引至冷冻机房和锅炉房就位。施工单位依据设备一览表（见表1-2）中数据及施工现场条件（混凝土地平）等技术参数进行分析、比较，制定了设备吊装施工方案，方案中选用KMK6200汽车式起重机，起重机在工作半径19m、吊杆伸长44.2m时，允许载荷为21.5t，满足设备的吊装要求。锅炉房的泄爆口尺寸为9000mm×4000mm，大于所有设备外形尺寸，设置锅炉房泄爆口为设备的吊装口，所有设备经该吊装口吊入，冷水机组和蓄冰槽需用卷扬机及滚杠滑移系统牵引到冷冻机房安装就位。

在吊装方案中，绘制了吊装施工平面图，设置吊装区，制定安全技术措施，编制了设备吊装进度计划（见表1-3）。施工单位按吊装的工程程量及进度计划配置足够的施工作业人员。

表1-2 施工单位依据设备

设备名称	数量/台	外形尺寸/mm	重量/（t/台）	安装位置	到货日期
冷水机组	2	3490×1830×2920	11.5	冷冻机房	3月6日
双工况冷水机组	2	3490×1830×2920	12.4	冷冻机房	3月6日
蓄冰槽	10	6250×3150×3750	17.5	冷冻机房	3月8日
锅炉	2	6250×3150×2500	7.3	锅炉房	3月8日

表1-3 设备吊装进度计划

序号	工作 \ 日	3月											
		1	2	3	4	5	6	7	8	9	10	11	12
1	施工准备	—	—	—	—	—							
2	冷水机组吊装就位						—	—					
3	锅炉吊装就位								—				
4	蓄冰槽吊装就位									—	—	—	
5	收尾												—

【问题】

1. 设备吊装工程中应配置哪些主要的施工作业人员？

2. 吊机的站立位置的地基应做什么测试？项目的汽车式起重机都有哪些基本参数？

3. 指出设备吊装进度计划中设备吊装顺序不合理之处？说明理由并纠正。

4. 确定空调工程项目施工顺序有哪些原则？

案例四

【背景资料】

某机电工程公司通过招标承包了一台660MW火电机组安装工程，工程开工前，施工单位向监理工程师提交了工程安装主要施工进度计划（如图1-2所示，单位：d），满足合同工期的要求并获业主批准。

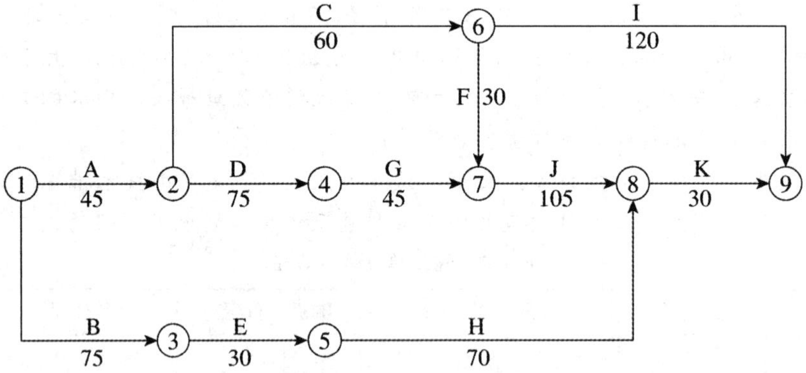

图1-2 施工进度计划

在施工进度计划中，因为工作E和G需吊装载荷基本相同，所以租赁了同一台吊车安装，并计划定在第76d进场。

在锅炉设备搬运过程中，由于叉车故障在搬运途中失控，所运设备受损，返回制造厂维修，工作B中断20d，监理工程师及时向施工单位发出通知，要求施工单位调整进度计划，以确保工程按合同工期完工。

对此施工单位提出了调整方案，即将工作E调整为工作G完成后开工。在吊车施工前，由施工单位组织编制了吊装专项施工方案，并经审核签字后组织了实施。

该工程安装完毕后，施工单位在组织汽轮机单机试运转中发现，在轴系对轮中心找正过程中，轴系联结时的复找存在一定的误差，导致设备运行噪音过大，经再次复找后满足了要求。

【问题】

1. 在原计划中如果先工作E后工作G组织吊装，塔吊应安排在第几天投入使用可使其不闲置？说明理由。

2. 工作B停工20d后，施工单位提出的计划调整方案是否可行？说明理由？

3. 吊车专项施工方案在施工前应由哪些人员签字？塔吊选用除了考虑吊装载荷参数外还有哪些基本参数？

4. 汽轮机轴系对轮中心找正除轴系联结时的复找外还包括哪些找正？

模块二　施工质量管理

案例一

【背景资料】

某机电安装公司，通过竞标承担了某化工厂的设备、管道安装工程。该工程地处北方沿海地区，按照施工合同应该在7月初开始进行安装，但前期由于工程招标、征地、设备采购等原因，致使安装工程到9月底才开工。施工单位为了兑现投标承诺，该公司通过质量策划，编制了施工组织设计和相应的施工方案，并建立了现场质量保证体系，制定了检验试验卡，要求严格执行三检制。工程进入后期，为赶工期，采用加班加点的办法加快管道施工进度，由此也造成了质量与进度的矛盾。

事件一：质量检查员在检查管排的施工质量时，发现φ89不锈钢管焊接变形过大，整条管道形成折线状，不得不拆除重新组对焊接，造成直接经济损失5600元。

事件二：该工程某车间内的管道材质包括20号钢、15CrMo钢、16Mn等，班组领料时材料员按照材料计划进行发料，并在管端进行了涂色标记，但由于施工班组管理不善，在使用时还是发生了混料现象，不得不重新进行检验。

事件三：该工程进行压力管道施工时，有一种管材属于国外进口材料，施工单位此前从没有遇到过，由于工期较紧，项目部抽调2名技术较好的焊工进行相应练习后，就进行管道施焊。

【问题】

1. 三检制的自检、互检、专检责任范围应如何界定，事件一是哪个检验环节失控？

2. 影响施工质量的因素有哪些？本工程的环境因素有哪些？造成不锈钢管焊接变形过大的因素是什么？

3. 质量预控方案一般包括哪些内容？

4. 压力管道施工中项目部的做法是否正确，应如何进行？

案例二

【背景资料】

A安装公司承包了某38层办公大楼的机电安装工程，工程内容包括建筑给排水、建筑电气、通风空调、建筑智能化等工程，合同总工期为24个月。在施工准备阶段，A公司项目部编制了材料采购计划，要求材料采购计划要涵盖施工全过程。项目部还编制了施工机具使用计划，综合考虑设备特性，兼顾了企业技术进步和市场拓展需要合理地选择安全、简单、可靠、品牌优良的施工机具，使工程正常开工。

施工中监理工程师对施工单位将部分油品、保温材料和电气材料等长期露天放置于户外，只用塑料布简单覆盖提出批评，并令其尽快改正。施工中还发生了下列事件：

事件一：A公司通风与空调施工完毕后，进行了系统的单机和联动试运转调试，测定了系统风量和防排烟，监理工程师认为调试内容不全。

事件二：智能化系统在进行采购选择时，考虑了产品的品牌和生产地、产品的价格。监理工程师也认为考虑的不全面。

【问题】

1. 根据背景资料描述材料储存与保管问题，A公司应如何改进？
2. 事件一中，通风与空调非设计满负荷条件下的联合试运转及调试还应符合哪些要求？
3. 施工机具的选择原则有哪些？
4. 事件二中，智能化系统在选择时，还应考虑哪些因素？

案例三

【背景资料】

A 公司承包了电子工厂通风空调工程，工程内容包括空调风系统（包括风管和配件的制作安装、风口安装）、水系统（包括冷热水管道、冷却水管道和冷凝水管道安装）、冷热源设备以及洁净厂房内的洁净空调系统、高纯水管道、高纯氮气管道等安装工程。

工程设备有冷冻机、锅炉、冷却塔、水泵、空调箱、风机盘管和风机等，大型设备分布在地下一层，冷却塔位于屋顶层。高纯氮气管道采用电抛光不锈钢管，高纯水管道采用洁净塑料管，洁净空调系统风管采用镀锌钢板，其他风管采用新型无机复合风管。工程材料由施工单位采购。为保证施工质量和洁净度要求，项目部对施工现场进行了质量控制程序的策划，并建立了现场质量保证体系，制定了检验试验卡，要求严格执行三检制。

A 公司派出Ⅰ级无损检测人员进行该项目的无损检测工作，其签发的检测报告显示，一周内有 10 条管道焊缝被其评定为不合格。经项目质量工程师排查，这些不合格焊缝均出自一台整流元件损坏的手工焊焊机。操作该焊机的焊工是一名自动焊焊工，无手工焊资质，未能及时发现焊机的异常情况。经调换焊工、更换焊机、返修焊缝后，重新检测结果为合格。该事件未耽误工期，但造成费用损失 10000 元。

【问题】

1. 洁净空调系统的运行时间达到多少是合格的？
2. 项目部应在工程的哪些部位和工序设置质量控制点？
3. 三检制的自检、互检、专检责任范围应如何界定？
4. A 公司派出的无损检测人员的哪些检测工作超出了其资质范围？

案例四

【背景资料】

某安装公司承接了一广场地下商场给排水、空调、电气和消防系统安装工程，工程总面积15000m²，地下有3层，主要设备有：高、低压配电柜，锅炉，冷水机组，空调机组，消防水泵，消防稳压罐等。

施工前，安装公司项目部应建设单位的要求，按设计图建立了机电管线三维模型，发现走廊管道综合布置后无法满足吊顶净高要求，与监理工程师协商后，把空调供、回水主干管从走廊移至商铺内，保证了走廊吊顶的净高，同时减少了主干管的长度；项目部把综合布置后的三维模型及图纸作为设计变更申请报监理单位审核后，经建设单位同意用于施工。

项目部根据安装公司管理手册和程序文件的要求，结合项目实际情况编制了《项目质量计划》，经审批后实施。项目部根据施工过程中的关键工序，对后续工程施工质量、安全有重大影响的工序，采用新工艺、新技术、新材料的部位等原则，确定了质量控制点为：高、低压配电柜安装，锅炉、冷水机组的设备基础、垫铁敷设，管道焊接和压力试验等。

施工过程中，监理工程师在现场巡视时发现：金属风管板材的拼接均采用咬口连接，其中包括1.6mm钢板制作的防排烟风管；商场中厅500kg装饰灯具的悬吊装置按750kg做了过载试验，并记录为合格。监理工程师要求项目部加强现场质量检查，整改不合格项。

【问题】

1. 项目部提出的设计变更申请在程序上还应如何完善才能用于施工？
2. 项目部还需考虑哪些确定质量控制点的原则？
3. 1.6mm金属风管板材的拼接方式是否正确？应采用哪种拼接方式？
4. 指出灯具安装的错误之处，并简述正确做法。

模块三　合同管理

案例一

【背景资料】

A 公司参与远离所在地炼钢厂的机电安装工程总承包的投标，投标前作了如下工作：

1. 分析了招标文件工程范围，本工程含机械设备安装、电气及自动化系统安装、钢结构及非标准件制作安装、工业给水排水施工、防腐及保温工程、炉窑砌筑工程。并分析本公司施工技术力量优劣势，认为本公司安装技术力量雄厚，主体工程及主要系统由本公司承担，其他工程拟采用分包的形式分别包给具有相应施工资质的公司，并对其经营状况和价格水平进行了调研。

2. 因本工程是以固定总价，合同包干，一次包死。施工中不发生签证及变更费用，因此在标书编制前重点调研了与工程有关的法律法规，施工所在地的施工条件，气候条件及环境，建设单位的资金情况，参加了标前会议交底和答疑，并认真复核了工程量。

3. 在提交投标文件截止时间前 10 天，招标人修改了设计图纸，增加了工程范围，A 公司提出异议。

4. 投标过程中严格按时按规定递交了标书，唱标时 B 公司因施工过程估算费用偏高、工程量偏大、计价形式有误等原因造成总价过高，偏离招标规定而出局，而 C、D、E 三公司也因技术或报价等原因落选。最终 A 公司中标。

【问题】

1. 根据工作内容，本工程中 A 公司可能发生哪些专业承包工程？

2. 根据标前调查研究内容要求，本案例中 A 公司在调查研究过程中的重大缺陷有哪些？会造成哪些不良后果？

3. A 公司能否提出异议？为什么？

4. 机械设备安装中影响设备安装精度的因素有哪些？

案例二

【背景资料】

某公司承包国外一机电工程项目，项目内容包括：给排水、电气、通风空调、消防、电梯、建筑智能化工程，合同工期为36个月，合同总价为2.5亿美元。合同约定，工程价格不因各种费率、汇率、税率变化及各种设备、材料、人工等价格变化而作调整。

施工过程中发生以下事件：

事件一：(1) 当地发生短期局部战乱，造成工期延误20天，直接经济损失20万美元。

(2) 原材料涨价，增加费用100万美元。

(3) 美元贬值，损失1000万元人民币。

(4) 进度款多次拖延支付，影响工期3天，经济损失40万美元。

(5) 遭遇百年一遇的大洪水，直接经济损失10万美元，工期拖延5天。

事件二：电气装置进行试运行时，由于高压开关柜闭锁保护装置不完善，导致甲工人施工时，电气开关误动作，将乙工人手臂夹断，导致乙工人残疾。

事件三：A公司项目部制定了绿色施工管理和环境保护的绿色施工措施，提交业主后，业主认为绿色施工内容不能满足施工要求，建议补充完善。

事件四：单机试运行结束后，A公司项目经理安排人员完成了卸压、卸荷、管线复位、润滑油清洁度检查、更换润滑油过滤器芯和整理试运行记录的工作。

【问题】

1. 事件一中，A公司可向业主索赔的工期和费用金额分别是多少？说明理由。
2. 事件二中，为防止电气开关误动作，应如何完善高压开关柜闭锁保护装置？
3. 事件三中，绿色施工要点还应包括哪些方面的内容？
4. 事件四中，单机试运行结束后，还应及时完成哪些工作？

案例三

【背景资料】

A安装公司以总承包中标承建某生产线设备的安装，双方按规定签订了设备安装承包合同，设备的采购和运输由建设单位负责，设备的安装技术标准为设备制造厂的技术标准，合同约定工期为5个月。合同生产线的土建工程由建设单位发包给了B建筑公司。在施工中，因供货厂家的原因，订购的不锈钢阀门延期了10天送达施工现场，项目部对不锈钢阀门进行了外观质量检查，阀体完好，开启灵活，立即安装于工程管路上，被监理工程师叫停，要求A公司对不锈钢阀门进行检验。项目部施工人员只能将这批不锈钢阀门拆下检验，试验合格后才进行阀门安装。因以上两个事件造成设备安装计划延误，A公司向建设单位申请工期增加，被建设单位否定。

在设备运输过程中遇到台风，造成工期延误3天，窝工损失8万元。A公司在设备基础检测中，发现土建施工的基础与设计图纸不符，因设备基础返工，影响了A公司施工进度，工期拖延5天，窝工损失10万元人民币。A公司加班加点赶工期，按时完成竣工验收。

【问题】

1. A公司可向建设单位索赔的工期是多少？

2. A公司可向建设单位索赔的费用是多少？

3. 送达施工现场的阀门应进行哪些试验？如何实施？

4. 设备基础的位置、几何尺寸测量检查主要包括哪些内容？

案例四

【背景资料】

某中型机电安装工程项目，由政府和一家民营企业共同投资兴建，并组建了建设班子（以下称建设单位），建设单位 X 把安装工程直接交予 A 公司承建，上级主管部门予以否定。之后，建设单位公开招标，选择安装单位。招标文件明确规定，投标人必须具备机电工程总承包二级施工资质。工程报价采用综合单价报价。经资质预审后，共有 A、B、C、D、E 五家公司参与了投标。投标过程中发生了如下事件：

A 公司提前一天递交了投标书；

B 公司在前一天递交投标书后，在截止投标前 10 分钟，又递交了修改报价的资料；

D 公司在表述密封时未按要求加盖法定代表人印章；

E 公司未按招标文件要求的格式报价；

经评标委员会评定、建设单位确定，最终 C 公司中标，按合同范本与建设单位签订了施工合同。施工过程中发生下列事件：

事件一：开工后因建设单位采购的设备整体晚到，致使 C 公司延误工期 10 天，并造成窝工费及其他经济损失共计 15 万元；C 公司租赁的大型吊车因维修延误工期 3 天，经济损失 3 万元；因非标准件和钢结构制作及安装工程量变更，增加费用 30 万元；施工过程中遇台风暴雨，C 公司延误工期 5 天，并发生窝工费 5 万元，施工机具维修费 5 万元。

事件二：非标件制作过程中，C 公司对成品按要求做外观检查，检查对质检人员用放大镜观察焊缝表面缺陷，并及时进行了修复。但建设单位要求用焊接检验尺进一步检查焊缝的缺陷。

【问题】

1. 分析上级主管部门否定建设单位指定 A 公司承包该工程的理由。
2. 招投标中，哪些单位的投标书属于无效标书？此次招投标工作是否有效？说明理由。
3. 列式计算事件一中 C 公司可向建设单位索赔的工期和费用。
4. 焊接接头按缺陷出现位置不同都有哪些表面缺陷和内部缺陷？

模块四　安全与环境管理

案例一

【背景资料】

某机电公司承接一地铁机电工程，工程范围包括通风与空调、给水排水及消防水、动力照明、环境与设备监控系统等。

工程各站设置2台制冷机组，单台机组重量为5t，位于地下站台层。各站两端的新风及排风竖井共安装5台大型风机。空调冷冻、冷却水管采用镀锌钢管焊接法兰连接，法兰焊接处内外焊口做防腐处理。

机电工程工期紧，作业区域分散，项目部编制了施工组织设计，对工程进度、质量和安全管理进行重点控制。在安全管理方面，项目部根据现场狭小空间作业特点，对吊装运输作业进行分析识别，制定了相应的安全管理措施和应急预案。

在车站出入口未完成结构施工时，全部机电设备、材料均需进行吊装作业，其中制冷机组和大型风机的吊装运输分包给专业施工队伍。分包单位编制了吊装运输专项方案后即组织实施，被监理工程师制止，后经整改，才组织实施。

【问题】

1. 本工程存在的事故隐患有哪些？应急预案分为哪几类？
2. 分包单位在组织吊装运输专项方案实施时为什么被监理工程师制止？
3. 简述流动式起重机吊装过程中的重点监测部位。
4. 简述分包单位的安全生产责任。

案例二

【背景资料】

A公司承包某厂车间扩建机电安装工程，工程范围有桥式起重机安装、车间内通风空调风管安装、动力电气线路、消防管道安装等。桥式起重机安装高度为18m，通风空调风管和消防管道安装标高为24m，风管在现场制作，电气线路敷设于电缆沟，并与该厂变、配电房的指定配电柜相接。进场时土建工程已完工，为不影响该厂生产，施工全过程中不允许停电。A公司项目部针对桥式起重机的吊装制定了较完善的施工方案和安全技术措施。

施工中，A公司将厂内的工艺设备运输任务分包给B公司。在运输重25t的设备时，A公司的代表曾提出过要用25t车运输此设备，但B公司却使用了在市场上购买报废的10t半挂运输车，设备装上车后没有采取固定措施。结果半挂车拐弯时，设备从车上摔下，除了保险公司赔偿外业主还有直接损失65万元。经查，B公司没有制定设备运输方案，也没有安全技术交底记录。

【问题】

1. 分析本工程在安全管理方面存在哪些主要风险因素？
2. 针对本工程安全方面存在的主要风险因素，项目部应制定哪些安全技术措施？
3. A公司在这次事故中负有哪些责任？为什么？
4. 项目部应如何进行安全技术交底？

案例三

【背景资料】

某机电工程项目经招标由具备机电安装总包二级资质的 A 安装工程公司总承包，其中锅炉房工程和涂装工段消防工程由建设单位直接发包给具有专业资质的 B 机电安装工程公司施工。合同规定施工现场管理由 A 安装工程公司总负责。工程监理由一家有经验的监理公司承担，工程项目主材由 A 安装公司提供，工程设备由建设单位和 C 单位签订合同。A、B 公司都组建了项目部。在施工过程中发生如下事件：

由于锅炉延期一个月到货，致使 B 公司窝工和停工，造成经济损失，B 公司向 A 公司提出索赔被拒绝。

【问题】

1. B 公司在安装锅炉前应履行什么手续？提交哪些材料？
2. 在事件中，A 公司为什么拒绝 B 公司提出的索赔要求？B 公司应向哪个单位提出索赔？
3. 说明采取哪些安全技术措施来保证吊装安全？
4. 建设单位应提供哪些消防验收所需的资料？

模块五　施工组织设计

案例一

【背景资料】

某安装公司承包某分布式能源中心的机电安装工程，工程内容有：冷水机组、配电柜、水泵等设备的安装和冷水管道、电缆排管及电缆施工。分布式能源中心的冷水机组、配电柜、水泵等设备由业主采购，金属管道、电力电缆及各种材料由安装公司采购。

安装公司项目部进场后，编制了施工方案，施工进度计划，做好了质量预控。对业主采购的冷水机组、水泵等设备检查，核对技术参数，符合设计要求。

在施工中曾发生过以下三个事件：

事件一：在冷水管道施工中，按施工图设计位置碰到其他管线，使冷水管道施工受阻，项目部向设计单位提出设计变更，要求改变冷水管道的走向。

事件二：在分布式能源中心项目试运行验收中，有一台冷水机组运行噪声较大，经有关部门检验分析及项目部提供的施工记录资料证明，不属于安装质量问题，增加机房的隔声措施后通过验收。

事件三：电缆排管施工时，设置的保护管孔径为电缆外径的1.3倍，且设置了排管电缆井，排管通向电缆井的坡度为0.05％。

【问题】

1. 项目部在验收水泵时应认真核对哪些技术参数？
2. 在事件一中，项目部应如何变更设计图纸？
3. 在事件二中，项目部可提供哪些施工记录资料来证明不是安装质量问题？
4. 在事件三中，电缆排管施工是否有问题？应在哪些地方设置电缆排管井？

案例二

【背景资料】

某发电厂安装工程，工程内容有锅炉、汽轮机、发电机、输煤机、水处理和辅机等设备。工程由A施工单位总承包。签订工程承包合同后，A施工单位在未收到设计图纸的情况下，即进行了施工组织设计的编制，由于没有设计图纸，施工单位提出用投标阶段的施工组织设计大纲在格式和内容简单修改后作为施工组织总设计，业主予以认可。

在施工过程中，业主考虑到后期扩建工程对冷却水处理系统共用的需要，修改了水处理系统的设计，由于业主对施工单位前期工程进度和施工质量很满意，将修改后的水处理工程仍交由该施工单位进行施工，并要求施工单位重新编制施工组织设计，该施工单位认为事前已经编制了施工组织设计，所以不需要再编制施工组织设计。后来在业主的要求下，该施工单位在原施工组织设计的基础上，对改动部分进行了重新设计，编制了新增工程的施工组织设计，报由项目总工程师审批后下发执行。

锅炉主吊为塔吊，汽机间的设备用桥式起重机吊装，焊接要进行工艺评定，并编制了相应的施工方案和进行了交底。根据施工现场的危险源分析，制定了相应的安全措施，建立健全的安全管理体系。

【问题】

1. 施工单位在未收到施工图纸的情况下编制施工组织设计是否正确？为什么？

2. 施工单位对修改后的原施工组织设计履行的报批程序是否正确？为什么？正确的是什么？

3. 对设计修改的水处理系统工程，业主要求施工单位重新编制施工组织设计做法是否正确？为什么？

4. 针对本工程施工，施工单位还应编制哪些施工方案？如何进行施工方案的交底？

案例三

【背景资料】

某厂将拟建一条年产 300 万 t 的生产线建设项目，通过招标确定该工程由具有施工总承包一级资质的企业实施总承包，工程内容包括土建施工，厂房钢结构制作、安装，施工现场 350t 流动式起重机进行安装，设备安装与调试，电气工程的施工，各能源介质管道施工，建设工期为 20 个月。因工程工期太紧，造成总承包单位人力资源的调配出现短缺，不得不配备临时用工人员，为了抢时间、赶进度，总承包单位立即着手施工组织总设计编制，拟将该工程中的部分土建工程和已编制了吊装方案的车间内桥式起重机的安装进行分包。

【问题】

1. 施工组织设计的基本内容包括哪些？
2. 总承包单位在策划实施该项目时应注意哪些内、外联系环节？
3. 流动式起重机吊装过程中，应重点监测哪些部位的变化情况？
4. 在进行流动式起重机安装的吊装施工方案交底时，应考虑哪些问题？

案例四

【背景资料】

某安装工程公司承包了某发电厂机电安装工程，包括汽轮机组、发电机组及其附属设备、工艺管道系统。安装公司组成了项目部负责工程施工。施工准备阶段，编制了施工组织设计、各项施工方案，建立了技术交底制度，明确了技术交底的层次、阶段及形式，技术交底体现了工程特点。

项目部把发电机组主体设备的安装作为工作的重点，完成了发电机定子的吊装和转子的穿装，其中转子的穿装采用接轴式方法。在汽轮机主蒸汽管道的吹扫中，由于措施得力，吹扫工作优质顺利完成。

工程竣工阶段，安装工程公司项目部向建设单位提交了竣工工程技术资料。内容有：施工记录资料、竣工图、单位工程质量验收记录、分部工程质量验收记录。建设单位认为：安装工程公司项目部提交的竣工工程技术资料不全，要求安装公司项目部完善、补充。安装工程公司项目部全部整改补充后，建设单位同意该工程组织竣工验收。

【问题】

1. 发电机穿转子的常用方法还有哪些？

2. 施工方案交底的内容有哪些？

3. 汽轮机主蒸汽管道吹扫应采用什么方法？吹扫的技术要求和要点有哪些？

4. 安装公司项目部还应提供的竣工工程技术资料有哪些？

案例五

【背景资料】

某安装公司承包了大型制药厂的机电安装工程，工程内容有设备、管道和通风空调等工程安装。安装公司对施工组织设计的前期实施进行了监督检查：施工方案齐全，临时设施通过验收，施工人员按计划进场，技术交底满足施工要求，但材料采购因资金问题影响了施工进度。不锈钢管道系统安装后，施工人员用洁净水（氯离子含量小于25ppm）对管道系统进行试压时(见图5-1)，监理工程师认为压力试验条件不符合规范规定，要求整改。

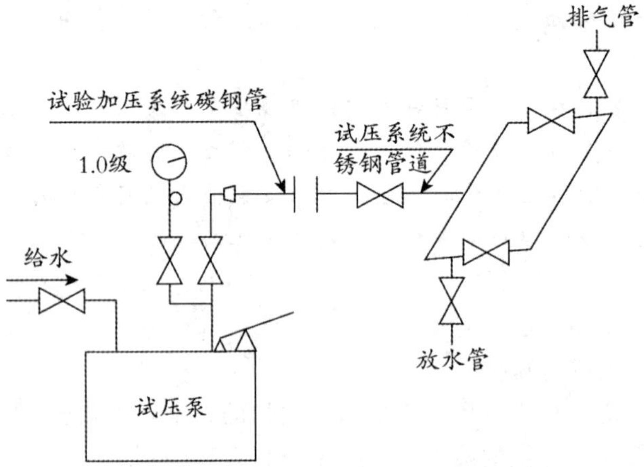

图5-1　管道系统试压示意图

由于现场条件限制，有部分工艺管道系统无法进行水压试验，经设计和建设单位同意，安装公司对管道环向对接焊缝和组成件连接焊缝采用100%无损检测代替现场水压试验。检测后，设计单位对工艺管道系统进行了分析，结果符合质量要求。检查金属风管制作质量时，监理工程师对少量风管的板材拼接有十字形接缝提出整改要求。安装公司进行了返修和加固，风管加固后，外形尺寸改变，但仍能满足安全使用要求，验收合格。

【问题】

1. 在施工准备和资源配置计划中，安装公司哪几项完成的比较好，哪几项需要改进？

2. 监理工程师提出整改要求是否正确？说明理由。加固后的风管可按什么文件进行验收？

3. 背景资料中的工艺管道系统的焊缝应采用哪几种检测方法？设计单位对工艺管道系统应如何分析？

4. 图4-1中的水压试验有哪些不符合规范规定？写出正确做法？

PART 5
全真模拟试卷

学习计划：

《机电工程管理与实务》全真模拟试卷（一）

一、单项选择题（共20题，每题1分。每题的备选项中，只有1个最符合题意）

1. 设备吊装就位的紧后工序是（　　）。

   A. 设备清洗
   B. 设备灌浆
   C. 设备安装调整
   D. 垫铁安装

2. 下列参数中，属于风机的主要性能参数是（　　）。

   A. 流量、全风压、比转速
   B. 流量、吸气压力、转速
   C. 功率、吸气压力、比转速
   D. 功率、扬程、转速

3. 下列变压器中，属于按冷却介质分类的是（　　）。

   A. 电力变压器
   B. 油浸变压器
   C. 整流变压器
   D. 量测变压器

4. 主要用来完成介质化学反应的压力容器是（　　）。

   A. 分离器
   B. 反应器
   C. 冷凝器
   D. 储罐

5. 关于连续生产设备安装的测量，下列说法不正确的是（　　）。

   A. 中心标板必须在浇灌基础时，配合土建埋设
   B. 设备安装平面线不少于纵、横两条
   C. 独立设备安装的基准点采用简单的标高基准点
   D. 连续生产设备只能共用一条纵向基准线和一个预埋标高基准点

6. 关于焊接工艺评定规则的说法，不正确的是（　　）。

   A. 重要因素改变，需重新评定
   B. 补加因素改变，增焊冲击韧性试件进行试验
   C. 次要因素改变，需重新评定
   D. 次要因素改变，需重新编制预焊接工艺规程

7. 关于工业管道中阀门的检验，下列说法正确的是（　　）。

   A. 不锈钢阀门试验时，水中的氯离子含量不得超过35ppm
   B. 阀门试验的介质温度低于10℃时，应采取升温措施
   C. 安全阀密封试验在整定压力调整合格前进行
   D. 阀门的壳体试验压力可以是阀门在20℃时最大允许工作压力的1.5倍

8. 关于光伏发电设备安装的技术要求，说法不正确的是（　　）。

A. 光伏发电设备安装前应制定光伏发电设备的专项施工方案

B. 汇流箱安装位置符合设计要求，垂直度偏差应小于 2.5mm

C. 光伏组件之间的接线在组串后应进行光伏组件串的开路电压和短路电流的测试

D. 逆变器基础型钢其顶部应高出抹平地面 10mm 并有可靠的接地

9. 节流装置测量液体流量时，取压口的位置是（　　）。

A. 在管道的下半部与管道水平中心线成 0～45°角的范围内

B. 在管道的上半部与管道水平中心线成 0～45°角的范围内

C. 上半部

D. 下半部

10. 下列关于母线槽施工技术要求的说法，错误的是（　　）。

A. 母线槽水平安装时，每节母线槽应不少于 1 个支架

B. 母线槽垂直过楼板时选用弹簧支架

C. 每节母线槽的绝缘电阻不得小于 10MΩ

D. 母线槽全长与保护导体可靠连接不应少于 2 处

11. 下列关于风管系统安装的说法，正确的是（　　）。

A. 风管安装就位的程序通常为先上层后下层、先主干管后支管、先立管后水平管

B. 输送含有易燃、易爆气体的风管系统通过生活区时，接口加强密封

C. 支、吊、托架的型钢应采用电气焊切割

D. 风管穿过需要封闭的防火防爆楼板应设钢板厚度不小于 1.2mm 的预埋管

12. 下列建筑总面积在 1000～2000m^{2}的建筑场所应申请消防验收的是（　　）。

A. 博物馆的展示厅

B. 大学的食堂

C. 中学的教学楼

D. 医院的门诊楼

13. 电力驱动的曳引式或强制式电梯、液压电梯的主要参数包括（　　）。

A. 楼层间距和额定速度

B. 提升高度和楼层间距

C. 提升高度和额定载重量

D. 额定载重量和额定速度

14. 关于机电工程招标投标管理要求的说法，错误的是（　　）。

A. 投标文件应当对招标文件提出的实质性要求和条件作出响应

B. 投标人少于 5 个的，招标人应当依法重新招标

C. 招标人要求投标人提交投标保证金的，应当在第二阶段提出

D. 投标截止后投标人撤销投标文件的，招标人可以不退还投标保证金

15. 单位工程施工组织设计由（　　）审批。

A. 施工单位技术负责人

B. 施工单位项目负责人

C. 监理工程师

D. 施工单位负责人

16. 关于施工机具管理要求的说法，正确的是（　　）。

A. “四懂三会”原则中，“三会”指会操作、会保养、会维修

B. 属于特种设备的应履行自检程序

C. 施工机具的使用应贯彻人机固定原则

D. 施工机具的使用实行定机、定人的两定制度

17. 关于机电工程项目竣工档案管理要求的说法，正确的是（　　）。

A. 一项建设工程由多个单位工程组成时，工程文件应按分项工程组卷

B. 所有竣工图应由建设单位逐张加盖竣工图章

C. 机电工程项目竣工档案一般不少于三套

D. 纸质版与电子版竣工图中，每一份图纸的签署者、日期应一致

18. 下列关于单机试运行和联动试运行的说法，不正确的是（　　）。

A. 联动试运行适用于成套设备系统的大型工程

B. 单机试运行属于工程施工安装阶段的工作内容

C. 大型单体设备工程一般可只进行单机试运行

D. 因介质原因无法进行单机试运行的设备，只能在负荷试运行阶段进行

19. 检验项目的质量不符合相应专业质量验收标准的规定时，下列处理错误的是（　　）。

A. 经返工或返修的检验项目（检验批），应重新进行验收

B. 经有资质的检测机构检测鉴定达不到设计要求，不予以验收

C. 经返修或加固处理的分项、分部（子分部）工程，虽然改变了几何尺寸但仍能满足安全和使用要求，可按技术处理方案和协商文件的要求予以验收

D. 经有资质的检测机构检测鉴定能够达到设计要求的检验项目，应予以验收

20. 注册建造师的签章合同管理文件不包括（　　）。

A. 分包单位资质报审表

B. 材料采购总计划表

C. 林木砍伐许可协议

D. 工程设备、关键材料招标书和中标书

二、多项选择题（共 10 题，每题 2 分，每题的备选项中，有 2 个或 2 个以上符合题意，至少有 1 个错项。错选，本题不得分；少选，所选的每个选项得 0.5 分）

21. 在机电工程中，常用的绝缘材料种类按其物理状态可分为（　　）。

A. 气体绝缘材料

B. 有机绝缘材料

C. 无机绝缘材料

D. 液体绝缘材料

E. 固体绝缘材料

22. 异步电动机突出的优点有（　　）。

A. 启动性能好

B. 结构简单

C. 运行可靠

D. 功率因数可调

E. 坚固耐用

23. 机电安装工程中，常用的桥架型起重机包括（　　）。

A. 门式起重机

B. 梁式起重机

C. 桥式起重机

D. 塔式起重机

E. 门座起重机

24. 关于卷扬机的使用要求，正确的有（　　）。

A. 卷扬机的主参数为额定载荷

B. 卷扬机的固定应牢靠，严防倾覆和移动

C. 卷扬机上的钢丝绳应从卷筒底部放出

D. 由卷筒到第一个导向滑车的水平直线距离应大于卷筒长度的 15 倍

E. 余留在卷筒上的钢丝绳不应少于 3 圈

25. 焊接施工检查记录至少应包括（　　）。

A. 焊工资格认可记录

B. 设计变更记录

C. 技术交底记录

D. 焊接检查记录

E. 焊缝返修检查记录

26. 下列关于电缆直埋敷设的做法，正确的有（　　）。

A. 电缆敷设后铺 100mm 厚的细沙再盖混凝土保护板

B. 直埋电缆应使用铠装电缆，铠装电缆的两端金属外皮要可靠接地，接地电阻不得大于 10Ω

C. 沟底铺设 100mm 厚碎石

D. 直埋电缆同沟时，相互距离应符合设计要求，平行距离不小于 100mm

E. 直埋电缆在直线段每隔 150m 处应设置明显的方位标志或标桩

27. 下列关于钢制球形储罐的说法，错误的有（　　）。

A. 多层多道焊时，每层焊道引弧点宜依次错开 25～50mm

B. 分带法可用于公称容积不大于 $1000m^3$ 的球罐组装

C. 散装法是目前国内应用广泛、技术成熟的方法

D. 球罐的焊接原则有：先焊纵缝，后焊环缝；先焊短缝，后焊长缝

E. 球形罐焊后整体热处理应在压力试验后进行

28. 关于管道保温层施工的做法，正确的有（　　）。

A. 采用预制块做保温层时，同层要错缝，异层要压缝

B. 硬质绝热制品捆扎间距不应大于 400mm

C. 水平管道的纵向接缝位置，要布置在管道垂直中心线 45°的范围内

D. 每块绝热制品上的捆扎件不得少于两道

E. 软质绝热制品捆扎间距宜为 300mm

29. 高层建筑管道的法兰连接一般用在（　　）等处，以及需要经常拆卸、检修的管段上。

A. 直径较小的管道

B. 主干道连接阀门

C. 无需拆卸处

D. 水泵

E. 水表

30. 工程竣工结算价款中，应扣除的款项包括（　　）。

A. 合同价款

B. 工程量变更增加的预算

C. 合同价款调整数额

D. 预付款

E. 质量保证金

三、实务操作和案例分析题（共 4 题，每题 20 分）

（一）

【背景资料】

某机电安装工程包括钢结构、工艺设备安装、压力管道安装、自动化仪表工程、电气安装工程等，合同工期 12 个月。该项目经过招投标程序由具有总承包资质的 A 公司承接。A 公司将非标准件制作安装工程、防腐工程分包给具有相应施工资质的 B 施工单位。考虑到当地风多雨少的气候，业主将紧邻河边及施工现场的一所废弃学校提供给 A 公司项目部，项目部安排两层教学楼的一层做材料工具仓库，二层做现场办公室，河边修建简易厕所和浴室，污水直接排放至河中，其施工平面布置见图 1-1。

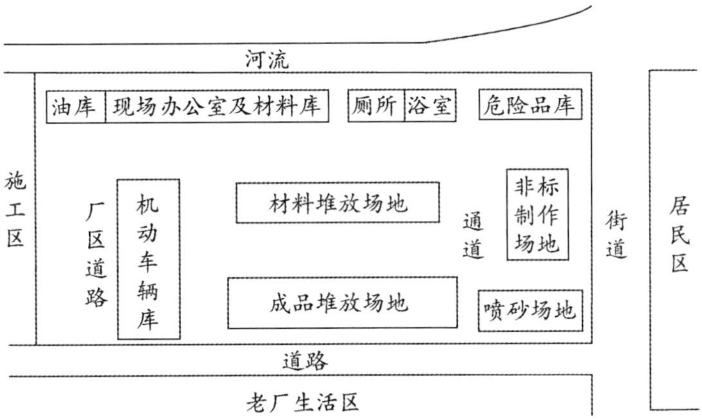

图 1-1　施工平面布置图

在项目施工成本控制中，安装公司采用了“施工成本偏差控制”法。实施过程中，计划成本是 9285 万元，预算成本是 9290 万元，实际成本是 9230 万元，施工成本控制取得了较好的效果。

【问题】

1. 背景资料中，哪些属于分部工程？

2. 项目部的施工平面布置对安全和环境保护会产生哪些具体危害？

3. 如何减少水污染？

4. 列式计算本工程施工成本的实际偏差。施工成本控制的常用方法还有哪些？

（二）

【背景资料】

扫码听课

某机电安装公司通过竞标承担了某工厂的设备、管道安装工程。为兑现投标承诺，该公司通过质量策划，编制了施工组织设计和相应的施工方案，并建立了现场质量保证体系，制定了检验试验卡，要求严格执行三检制。工程进入后期，为赶工期，采用加班加点的办法加快管道施工进度，由此也造成了质量与进度的矛盾。质量检查员在管排施工质量检查时发现，ϕ89 不锈钢管焊接变形过大，整条管道形成一折线状，需拆除重新组对焊接；且管道与空压机法兰连接，没有采用无应力配管，承受设计以外的附加载荷，不得不拆除重新组对，造成直接经济损失 8600 元。

【问题】

1. 三检制的自检、互检、专检责任范围应如何界定？本案例是哪个检验环节失控？
2. 管道与机械设备连接有何要求？
3. 质量问题和事故的处理形式有哪几种？本案例属于哪种？
4. 管道焊接过程检验包括哪些内容？

扫码听课

（三）

【背景资料】

某项目管道工程，内容包括建筑生活给水排水系统、消防水系统和空调水系统的施工。某分包单位承接该任务后，编制了施工方案、施工进度计划（见表 1-1 中细实线）、劳动力计划（见表 1-2）和材料采购计划等。施工进度计划在审批时被否定，原因是生活给水与排水系统的先后顺序违反了施工原则，分包单位调整了该顺序（见表 1-1 中粗实线）。

施工中，采购的第一批阀门（见表 1-3）按计划到达施工现场，施工人员对阀门开箱检查，按规范要求进行了强度和严密性试验，主干管上起切断作用的 *DN*400、*DN*300 阀门和其他规格的阀门抽查均无渗漏，验收合格。

在水泵施工质量验收时，监理人员指出水泵的安装存在质量问题，要求施工人员返工，返工后质量验收合格。

建筑生活给水排水系统、消防水系统和空调水系统安装后，分包单位在单机及联动试运行中，及时与其他各专业工程施工人员配合协调，完成联动试运行，工程质量验收合格。

表 1-1　建筑生活给水排水、消防和空调水系统施工进度计划表

施工内容	施工人员	3月	4月	5月	6月	7月	8月	9月	10月
生活给水系统施工	40人								
排水系统施工	20人								
消防水系统施工	20人								
空调水系统施工	30人								
机房设备施工	30人								
单机、联动试运行	40人								
竣工验收	30人								

表 1-2 建筑生活给水排水、消防和空调水系统施工劳动力计划表

<table>
<tr><th>月份</th><th>3月</th><th>4月</th><th>5月</th><th>6月</th><th>7月</th><th>8月</th><th>9月</th><th>10月</th></tr>
<tr><td>施工人员</td><td>40人</td><td>80人</td><td colspan="2">140人</td><td>100人</td><td>60人</td><td>40人</td><td>30人</td></tr>
</table>

表 1-3 阀门规格数量 （单位：个）

名称	公称压力	*DN*400	*DN*300	*DN*250	*DN*200	*DN*150	*DN*125	*DN*100
闸阀	1.6MPa	4	8	16	24			
球阀	1.6MPa					38	62	84
碟阀	1.6MPa			16	26	12		
合计		4	8	32	50	50	62	84

【问题】

1. 劳动力计划调整后，3 月份和 7 月份的施工人员分别是多少？

2. 第一批进场阀门按规范要求最少应抽查多少个阀门进行强度试验？其中，*DN*300 闸阀的强度试验压力应为多少 MPa？

3. 水泵的性能参数有哪些？

4. 本工程在联动试运行中需要与哪些专业系统配合协调？

扫码听课

（四）

【背景资料】

A 机电安装工程公司承包了一乳品厂的机电安装工程，该工程主要设备及工艺管道由业主提供，对于部分工艺管线的材质，A 公司没有接触过，针对该问题 A 公司在焊接前进行了焊接工艺评定。其中的喷粉塔高 40m，最上部的塔节重 20t，需要整体吊装和相关人员协助工作。项目部根据吊装方案，决定采用吊车吊装。

业主要求：工艺管线的焊工要经过他们的考核，符合要求后即可施工；其中有 3 台精密设备的安装，由施工单位负责安装，由业主直接使用他们带来的计量标准器具进行测量。

项目部认真进行了施工前的各种准备，包括材料计划管理，编制各种施工技术文件，人员培训，安全生产责任制的制定，技术交底（包括安全技术交底），对识别出的不安全因素制定了相应的预防措施。

【问题】

1. 业主要求的焊工考核和计量标准器具使用的做法是否妥当？说明理由。

2. 项目部是否应当制定高处作业安全技术措施？若应当，请简述其安全技术措施的内容。

3. 在吊装喷粉塔 20t 塔节时，项目部应遵循哪些程序选择吊车？

4. 安全技术交底制度包括哪些方面的内容？

《机电工程管理与实务》全真模拟试卷二

一、单项选择题（共20题，每题1分，每题的备选项中，只有1个最符合题意）

1. 下列不属于变压器的主要技术参数的是（　　）。

A. 额定电压

B. 额定电流

C. 连接组别

D. 绝缘方式

扫码听课

2. 下列关于工程测量要求的说法，错误的是（　　）。

A. 工程测量应遵循“由整体到局部，先控制后细部”的原则

B. 工程测量应依据测量单位提供的永久基准点、线为基准，然后测设出各个部位设备的准确位置

C. 检核是测量工作的灵魂

D. 检核包括仪器检核、计算检核、放样检核

扫码听课

3. 下列关于轻小型起重设备的使用要求，说法错误的是（　　）。

A. 千斤顶座下垫木板或钢板，加大承压面积，防止下陷歪斜

B. 起重工程中，一般采用电动慢速卷扬机

C. 滑车组动、定（静）滑车的最小距离不得小于1.5m，跑绳进入滑轮的偏角不宜大于2°

D. 滑车组穿绕跑绳的方法有顺穿、花穿、双抽头穿法

扫码听课

4. 关于现场组装的大型设备，各运动部件之间的相对运动精度不包括（　　）。

A. 直线运动精度

B. 圆周运动精度

C. 传动精度

D. 配合精度

扫码听课

5. 下列关于油浸式电力变压器的施工程序，正确的是（　　）。

A. 开箱检查→二次搬运→设备就位→吊芯检查→滤油、注油→附件安装→交接试验→验收

B. 开箱检查→二次搬运→吊芯检查→设备就位→附件安装→滤油、注油→交接试验→验收

C. 开箱检查→二次搬运→设备就位→吊芯检查→附件安装→滤油、注油→交接试验→验收

D. 开箱检查→二次搬运→附件安装→设备就位→吊芯检查→滤油、注油→交接试验→验收

扫码听课

6. 关于电缆排管及排管内电缆敷设的说法，错误的是（　　）。

A. 电缆保护管内径大于电缆外径的1.5倍

B. 人行道位置埋入地下的排管顶部至地面的距离不小于700mm

C. 排管通向电缆井应有不小于0.1%的坡度

D. 敷设在排管内的电缆应采用铠装电缆

扫码听课

7. 工业管道按设计压力分类，下列说法正确的是（　　）。

A. P＝0MPa 属于真空管道

B. P＞100MPa 属于高压管道

C. 高压管道的范畴是 10MPa＜P≤100MPa

D. P＝1.6MPa 属于中压管道

8. 管道穿越道路、墙体、楼板或构筑物时，应加设套管或砌筑涵洞进行保护，下列说法不符合规定的是（　　）。

A. 管道焊缝不应设置在套管内

B. 穿过墙体的套管长度小于墙体厚度

C. 穿过楼板的套管应高出楼面 50mm

D. 管道与套管之间应填塞对管道无害的不燃材料

9. 下列关于转子安装技术要点的说法，错误的是（　　）。

A. 转子安装可以分为转子吊装、转子测量和转子、汽缸找中心

B. 转子吊装应使用由制造厂提供并具备出厂试验证书的专用横梁和吊索

C. 转子测量应包括轴颈椭圆度和不柱度的测量、转子跳动测量（径向、端面和推力盘瓢偏）、转子弯曲度测量

D. 转子吊装使用的是非专用横梁和吊索，要进行 200％工作负荷试验，时间为 0.5 小时

10. 发电机设备的安装程序中，发电机穿转子的紧前工序是（　　）。

A. 氢冷器安装

B. 定子就位

C. 端盖、轴承、密封瓦调整安装

D. 定子及转子水压试验

11. 下列关于风力发电的说法，错误的是（　　）。

A. 安装前应制定风力发电风机的专项施工方案

B. 在基础上安装基础环，固定螺栓使用力矩板子紧固达到厂家资料的要求

C. 塔筒结合面法兰清理打磨干净，塔筒就位紧固后塔筒法兰内侧的间隙应小于 0.5mm

D. 风力发电设备的安装程序有：塔筒安装→机舱安装→叶片与轮毂组合→发电机安装→叶轮安装

12. 下列关于钢结构紧固连接要求，说法错误的是（　　）。

A. 钢结构制作和安装单位，要进行高强度螺栓连接摩擦面的抗滑移系数试验

B. 采用手工砂轮打磨时，打磨方向应与受力方向水平，且打磨范围不应小于螺栓孔径的 4 倍

C. 经处理后的摩擦面应采取保护措施，不得在摩擦面上做标记

D. 高强度大六角头螺栓连接副应由一个螺栓、一个螺母和两个垫圈组成

13. 自动化仪表工程须连续投入运行（　　），运行正常后即具备交接验收条件。

A. 24h

B. 36h

C. 48h

D. 72h

14. 下列关于防潮层施工技术要求的说法，错误的是（　　）。
A. 防潮层的绝热层外表面应清理干净、保持干燥
B. 室外施工宜在雨雪天或阳光暴晒中进行
C. 防潮层外不得设置钢丝、钢带等硬质捆扎件
D. 设备筒体、管道上的防潮层应连续施工

扫码听课

15. 特殊建设工程消防工程验收中，建设单位申请消防验收应当提供的资料不包含（　　）。
A. 消防验收申报表
B. 工程竣工验收报告
C. 涉及消防的建设工程竣工图纸
D. 检测测试记录

扫码听课

16. 下列属于施工进度控制组织措施的是（　　）。
A. 优化施工方案
B. 加强索赔管理
C. 编制资金需求计划
D. 实施进度计划的检查分析制度

扫码听课

17. 关于安全技术交底制度的说法，错误的是（　　）。
A. 专项施工方案实施前，工长（施工员）应向施工现场管理人员进行交底
B. 班组长要认真落实安全技术交底，每天要对工人进行施工要求、作业环境的安全交底
C. 采用新技术、新设备、新材料、新工艺施工的，需要进行安全技术交底
D. 安全技术交底记录一式三份，分别由工长、施工班组和安全员留存

扫码听课

18. 绿色施工评价的频次是（　　）。
A. 绿色施工项目自评次数每月不应少于 2 次，且每阶段不应少于 2 次
B. 绿色施工项目自评次数每月不应少于 2 次，且每阶段不应少于 1 次
C. 绿色施工项目自评次数每月不应少于 1 次，且每阶段不应少于 2 次
D. 绿色施工项目自评次数每月不应少于 1 次，且每阶段不应少于 1 次

扫码听课

19. 关于非强制检定的说法，错误的是（　　）。
A. 非强制检定可由检定机构检定
B. 按经济合理原则进行
C. 非强制检定可不必检定
D. 非强制检定可由使用单位依法自行定期检定

扫码听课

20. 下列关于临时用电的检查验收的说法，错误的是（　　）。
A. 临时用电工程由持证电工施工
B. 临时用电安全技术档案应由主管现场的电气技术人员建立与管理
C. 临时用电工程应定期检查，施工现场每季一次，基层公司每年一次
D. 检查情况应做好记录，并由相关人员签字确认

扫码听课

二、多项选择题（共 10 题，每题 2 分，每题的备选项中，有 2 个或 2 个以上符合题意，至少有 1 个错项。错选，本题不得分；少选，所选的每个选项得 0.5 分）

21. 橡胶产品中，属于特种橡胶的有（　　）。
A. 顺丁橡胶
B. 氟橡胶

扫码听课

C. 氯丁橡胶

D. 聚氨酯橡胶

E. 丁腈橡胶

22. 按照所压缩的气体不同，压缩机可分为（　　）。

A. 空气压缩机

B. 氮气压缩机

C. 氧气压缩机

D. 氨压缩机

E. 天然气压缩机

23. 根据《危险性较大的分部分项工程安全管理规定》，起重吊装工程中属于超过一定规模的危险性较大的分部分项工程有（　　）。

A. 钢结构、网架安装工程

B. 采用非常规起重设备、方法，且单件起吊重量在100kN及以上的起重吊装工程

C. 采用起重机械进行且起重量在500kN及以上设备吊装工程

D. 起重量300kN及以上起重机械设备安装工程

E. 起重量300kN及以上起重机械设备拆卸工程

24. 下列参数中，属于焊条电弧焊焊接过程中应控制的工艺参数有（　　）。

A. 焊接电流

B. 焊接电压

C. 焊接速度

D. 坡口尺寸

E. 焊接层数

25. 机械设备安装设定基准线和基准点应遵循的原则有（　　）。

A. 安装检测使用方便

B. 有利于保持而不被摧毁

C. 不宜设在同一基础上

D. 关联设备不应相互采用

E. 刻划清晰容易识别

26. 下列关于电气设备的施工要求，说法正确的有（　　）。

A. 绝缘油应经严格过滤处理，其电气强度及介质损失角正切值和色谱分析等试验合格后才能注入设备

B. 接线端子的接触表面应平整、清洁、无氧化膜，并涂以凡士林

C. 交接试验的内容包括直流耐压试验、泄漏电流测量、绝缘油试验

D. 电压等级6～10kV，不设防护栏时，最小安全距离为1m

E. 高压试验结束后，应对直流试验设备及大电容的被测试设备多次放电，放电时间至少3min以上

27. 按主蒸汽压力的大小，发电站汽轮机可以划分为（　　）。

A. 高压汽轮机

B. 超高压汽轮机

C. 亚临界压力汽轮机

D. 特高压汽轮机

E. 超超临界压力汽轮机

28. 下列关于锅炉热态调试与试运行的说法，错误的有（　　）。

A. 热态调试与试运行的内容有：烘炉、煮炉、蒸汽管路的吹洗与冲洗、锅炉试运行

B. 锅炉吹管范围包括：减温水管系统、汽包、锅炉过热器、再热器、过热蒸汽管道

C. 锅炉试运行应在煮炉之前进行

D. 试运行时应使锅炉缓慢升压、尽量减小壁温差

E. 观察各联箱、锅筒、钢架、支架的热膨胀和位移

29. 关于管内导线敷设的要求，正确的有（　　）。

A. 绝缘导线的接头应设置在导管内

B. 线路绝缘电阻不应小于 0.5MΩ

C. 槽盒内的绝缘导线总截面积（包括外护套）不应超过槽盒内截面积的 40%

D. A、B、C 相线绝缘层颜色分别为黄、绿、红

E. 不同回路、不同电压等级、交流与直流的导线不得穿在同一管内

30. 通风与空调工程系统非设计满负荷条件下的联合试运转与调试的主要内容包括（　　）。

A. 单机试运转

B. 综合效能测定与调整

C. 风量测定和调整

D. 室内空气参数的测定和调整

E. 监测与控制系统的检验、调整与联动运行

三、实务操作和案例分析题（共 4 题，每题 20 分）

（一）

【背景资料】

某施工单位中标某大型商业广场（地下 3 层为车库、1～6 层为商业用房、7～28 层为办公用房），中标价 2.2 亿元，工期 300d，工程内容为配电、照明、通风空调、管道、设备安装等。主要设备：冷水机组、配电柜、水泵、阀门均为建设单位指定产品，由施工单位采购，其余设备、材料由施工单位自行采购。

施工单位项目部进场后，编制了施工组织设计和各专项方案。因设备布置在主楼三层设备间，采用了设备先垂直提升到三楼，再水平运输至设备间的运输方案。设备水平运输时，使用混凝土结构柱做牵引受力点，并绘制了设备水平运输示意图（见图 2-1），报监理及建设单位后被否定。

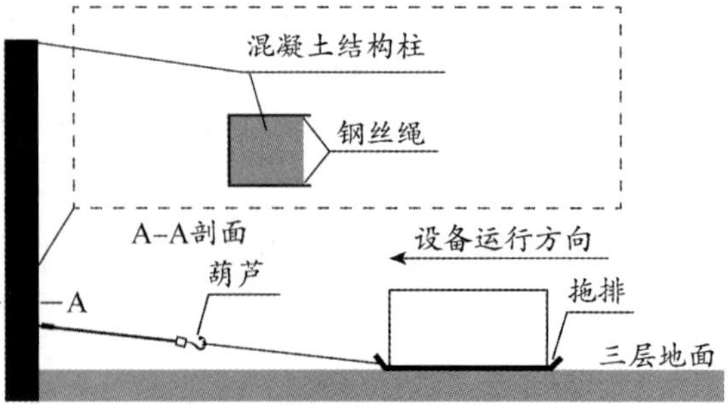

图 2-1　设备水平运输示意图

施工现场临时用电计量的电能表，经地级市授权的计量检定机构检定合格，供电部门检查后，提出电能表不准使用，要求重新检定。

在设备制造合同签订后，项目部根据监造大纲，编制了设备监造周报和月报，安排了专业技术人员驻厂监造，并设置了监督点。设备制造完成后，因运输问题导致设备延期5d运达施工现场。

施工期间，当地发生地震，造成工期延误20d，项目部应建设单位要求，为防止损失扩大，直接投入抢险费用50万元；外用工因待遇低而怠工，造成工期延误3d；在调试时，因运营单位技术人员误操作，造成冷水机组的冷凝器损坏，回厂修复，造成直接经济损失20万元，工期延误40d。

项目部在给水系统试压后，仍用试压用水（氯离子含量为30ppm）对不锈钢管道进行冲洗；在系统试运行正常后，工程于2015年9月竣工验收。2017年4月给水系统的部分阀门漏水，施工单位以阀门是建设单位指定的产品为由拒绝维修，但被建设单位否定，施工单位派出人员对阀门进行了维修。

【问题】

1. 设备运输方案被监理和建设单位否定的原因是什么？如何改正？

2. 检定合格的电能表为什么不能使用？

3. 计算本工程可以索赔的工期及费用。

4. 项目部采用的试压及冲洗用水是否合格？说明理由。并说明建设单位否定施工单位拒绝阀门维修的理由。

（二）

【背景资料】

某机电安装公司在开发区承接了一电子厂设备安装工程，包括机械、电气、锅炉和电梯等安装项目。合同约定，工程设备由安装公司负责采购并按照规定选择分包商共同完成施工安装任务。安装公司决定把锅炉和电梯设备分别分包给两个不同专业化公司完成，其余由安装公司自行完成。

锅炉到货后，分包商组织了验收。在锅炉安装中，由于分包商的安装质量问题造成了对整个工期的影响，监理工程师要求机电工程安装承包公司对此承担责任，安装承包公司项目经理认为：该项目已经分包出去，对此不应承担责任。

【问题】

1. 机电安装公司应对承担哪些项目的分包商进行许可证资格审查？为什么？

2. 在锅炉和电梯安装中，哪些属于特种作业人员？特种作业人员应具备什么条件才可以上岗作业？

3. 锅炉到货后，锅炉安装分包商应验收检查的内容有哪些？

4. 针对锅炉分包商造成的进度拖延问题，机电安装承包公司是否承担责任？为什么？

（三）

【背景资料】

某安装公司承接一大型商场的空调工程，工程内容有：空调风管、空调供回水、开式冷却水等系统的钢制管道与设备施工。管材及配件由安装公司采购。设备有：离心式双工况冷水机组2台，螺杆式基载冷水机组2台，24台内融冰钢制蓄冰盘管，146台组合式新风机组，均由建设单位采购。

项目部进场后，编制了空调工程的施工技术方案，主要包括施工工艺与方法，质量技术要求和安全要求等。方案的重点是隐蔽工程施工、冷水机组吊装、空调水管的法兰焊接、空调管道的安装及试压、空调机组调试与试运行等操作要求。

质检员在巡视中发现空调供水管的施工质量（见图 2-2）不符合规范要求，通知施工作业人员整改。

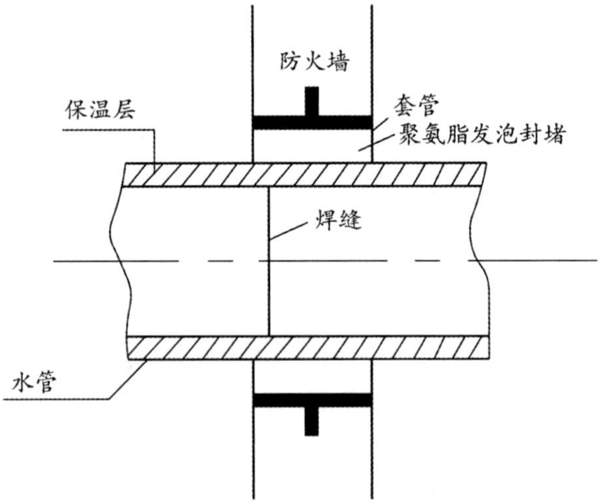

图 2-2　空调供水管穿墙示意图

空调供水管及开式冷却水系统施工完成后，项目部进行了强度和严密性试验，施工图中注明空调供水管的工作压力为 1.3MPa，开式冷却水系统工作压力为 0.9MPa。

在试验过程中，发现空调供水管个别法兰连接和焊缝处有渗漏现象，进行返修后，重新试验未发现渗漏。

【问题】

1. 空调工程施工技术交底的注意事项有哪些？
2. 图 2-2 中存在的错误有哪些？如何整改？
3. 计算空调供水管和开式冷却水的试验压力，试验压力最低不应小于多少 MPa？
4. 试验过程中发现有渗漏现象时，有哪些禁止的操作？

扫码听课

（四）

【背景资料】

某公司商场的机电安装工程，由业主通过公开招标方式确定 A 单位总承包，同时将通风与空调系统的安装分包给具有相应资质等级的 B 单位，主要设备由业主提供。

该通风与空调系统中的制冷燃气溴化锂机组是新产品设备。在与 A 单位签订的施工合同中明确规定 A 单位为总承包单位，B 单位为分包单位。B 单位竣工后进行了系统无负荷条件下的联合试运转与调试工作。整个工程竣工验收合格后，总承包单位未组织过工程回访。商场正常运营半年后，业主发现空调的制冷管道多处漏水，影响空调的使用，对此问题向 A 单位进行了投诉，要求尽快维修处理。

【问题】

1. 通风与空调系统非设计满负荷条件下的联合试运转及调试应包括哪些内容？
2. 针对该工程，总承包单位可采用的工程回访方式主要有哪些？并简述各项回访的主要内容。

3. 空调的制冷管道多处漏水，其责任方是谁？因此产生的费用应由谁承担？

4. A 单位接到业主投诉后，应如何处理？

参考答案与解析

2H310000 机电工程施工技术

2H311000—2H311010

考点 1 金属材料的类型及应用

1.【答案】D

【解析】黑色金属（又称钢铁材料）包括杂质总含量小于 0.2% 及含碳量不超过 0.0218% 的工业纯铁、含碳量 0.0218%～2.11% 的钢、含碳量大于 2.11% 的铸铁。广义的黑色金属还包括铬、锰及其合金。

2.【答案】ADE

【解析】钢铁的分类：

(1) 按化学成分分为：非合金钢、低合金钢、合金钢。

(2) 按主要质量等级，非合金钢分类为：普通非合金钢、优质非合金钢、特殊质量非合金钢。

3.【答案】B

【解析】Q245—“Q”为屈服强度第一个字母，“245”代表最小屈服强度值为 245MPa（或 N/mm^2）。

4.【答案】AD

【解析】有色金属是指铁、锰、铬以外的所有金属及其合金，通常分为轻金属、重金属、贵金属、半金属、稀有金属和稀土金属等。

5.【答案】B

【解析】无缝圆管是对坯料采用穿孔针穿孔挤压，或将坯料镗孔后采用固定针穿孔挤压，所得内孔边界之间无分界线或焊缝的管材。

6.【答案】D

【解析】贵金属主要指金、银和铂族金属。故选项 D 不属于。

考点 2 非金属材料的类型及应用

1.【答案】C

【解析】聚氯乙烯成本低廉，产品具有自阻燃的特性，故在建筑领域里用途广泛，尤其是在下水道管材、塑钢门窗、板材、人造皮革等方面用途最为广泛。

2.【答案】C

【解析】聚氨酯复合风管适用于低、中、高压洁净空调系统及潮湿环境，但对酸碱性环境和防排烟系统不适用。玻璃纤维复合风管适用于中压以下的空调系统，但对洁净空调、酸碱性环境和防排烟系统以及相对湿度 90% 以上的系统不适用。故选项 A 错误。酚醛复合风管适用于低、中压空调系统及潮湿环境，但对高压及洁净空调、酸碱性环境和防排烟系统不适用。故选项 B 错误。硬聚氯乙烯风管适用于洁净室含酸碱的排风系统。故选项 D 错误。

3.【答案】B

【解析】特种橡胶是指具有特殊性能，专供耐热、耐寒、化学腐蚀、耐油、耐溶剂、耐辐射等特殊性能要求使用的橡胶。如硅橡胶、氟橡胶、聚氨酯橡胶、丁腈橡胶等。

4.【答案】A

【解析】交联聚乙烯管：无毒，卫生，透明。主要用于地板辐射供暖系统的盘管。塑复铜管：无毒，抗菌卫生，不腐蚀，不结垢，水质好，流量大，强度高，刚性大，耐热，抗冻，耐久，长期使用温度范围宽（－70～100℃），比铜管保温性能好。主要用作工业及生活饮用水，冷、热水输送管道。故选项 B 错误。氯化聚氯乙烯管：高温机械强度高，适于受压的场合。主要应用于冷热水管、消防水管系统、工业管道系统。故选项 C 错误。丁烯管：有较高的强度，韧性好，无毒。应用于饮用水、冷热水管，特别适用于薄壁、小口径压力管道。故选项 D 错误。

考点 3 电气材料的类型及应用

1.【答案】D

【解析】钢芯铝绞线用于各种电压等级的长距离输电线路，抗拉强度大。铝绞线一般用于短距离电力线路。故选项 A 错误。一般不采用铜绞线作为架空线路。故选项 B 错误。圆单线属于裸导线的一种，不适用于长距离输电线路。故选项 C 错误。

2.【答案】ABCD

【解析】电缆按用途分为电力电缆、通信电缆、控制电缆和信号电缆等；按绝缘材料分为纸绝缘电缆、橡胶绝缘电缆、塑料绝缘电缆等；电缆还分为阻燃电缆和耐火电缆。

3.【答案】C

【解析】高层建筑的垂直输配电应选用紧密型母线槽，可防止烟囱效应，其导体应选用长期工作温度不低于 130℃的阻燃材料包覆。

4.【答案】D

【解析】KVVP 用于敷设室内、电缆沟等要求屏蔽的场所；KVV_{22}用于敷设在电缆沟、直埋地等能承受较大机械外力的场所；KVVR 、KVVRP 敷设于室内要求移动的场所。

5.【答案】ABE

【解析】绝缘材料按其化学性质不同可分为无机绝缘材料、有机绝缘材料和混合绝缘材料。

(1) 无机绝缘材料：有云母、石棉、大理石、瓷器、玻璃和硫黄等。主要用作电机和电器绝缘、开关的底板和绝缘子等。

(2) 有机绝缘材料：有矿物油、虫胶、树脂、橡胶、棉纱、纸、麻、蚕丝和人造丝等。大多用于制造绝缘漆、绕组和导线的被覆绝缘物等。选项 C、D 属于有机绝缘材料。

(3) 混合绝缘材料：由无机绝缘材料和有机绝缘材料经加工后制成的各种成型绝缘材料。主要用作电器的底座、外壳等。

2H311000—2H311020

考点 1 通用工程设备的分类和性能

1.【答案】D

【解析】一幢 30 层（98m 高）的高层建筑，其消防水泵的扬程应在 130m 以上。

2.【答案】ABD

【解析】压缩机的性能参数主要包括容积、流量、吸气压力、排气压力、工作效率、噪声等。选项 C、E 属于风机性能参数。

【知识点拓展】关于泵、风机、压缩机的性能参数对比，见下表。

类别	性能参数		
泵	流量、功率、效率	转速	扬程
风机	流量、功率、效率	转速、比转速	动压、静压、全风压
压缩机	流量、工作效率	—	容积、噪声、吸气压力、排气压力

3.【答案】ABE

【解析】按照有无牵引件（链、绳、带）来划分，可分为：具有挠性牵引件的输送设备，如带式输送机、板式输送机、刮板式输送机、提升机、架空索道等；无挠性牵引件的输送设备，如螺旋输送机、辊子输送机、振动输送机、气力输送机等。

考点 2 专用工程设备的分类和性能

1.【答案】D

【解析】分离设备（代号 S）是主要用于完成介质的流体压力平衡和气体净化分离等的压力容器，如分离器、过滤器、集油器、缓冲器、洗涤器等。选项 A、B 属于反应设备，选项 C 属于换热设备。

【知识点拓展】关于反应设备、换热设备、分离设备、储存设备的应用，具体见下表。

设备	应用举例
反应设备	反应器、反应釜、分解锅、聚合釜
换热设备	管壳式余热锅炉、热交换器、冷却器、冷凝器、蒸发器
分离设备	分离器、过滤器、集油器、缓冲器、洗涤器
储存设备	储槽、储罐

2. 【答案】A

【解析】核电设备包括：核岛设备、常规岛设备、辅助系统设备。

考点 3 电气工程设备的分类和性能

1. 【答案】A

【解析】直流电动机常用于拖动对调速要求较高的生产机械。它具有较大的启动转矩和良好的启动、制动性能，以及易于在较宽范围内实现平滑调速的特点；其缺点是结构复杂，价格高。

2. 【答案】BCE

【解析】异步电动机是现代生产和生活中使用最广泛的一种电动机。其转子绕组不需要与其他电源相连接，而定子绕组的电流则直接取自交流电网，具有结构简单、制造容易、价格低廉、运行可靠、维护方便、坚固耐用等一系列优点。

【知识点拓展】同步电动机、异步电动机、直流电动机性能对比，见下表。

电动机	性能
同步电动机	优点：转速恒定及功率因数可调 缺点：结构较复杂、价格较贵
异步电动机	优点：结构简单、制造容易、价格低廉、运行可靠、维护方便、坚固耐用等一系列优点，应用最广泛 缺点：①与直流电动机相比，其启动性和调速性能较差；②与同步电动机相比，其功率因数不高
直流电动机	优点：具有较大的启动转矩和良好的启动、制动性能，易于在较宽范围内实现平滑调速 缺点：结构复杂，价格高

3. 【答案】CDE

【解析】变压器按其冷却介质分类分为：油浸式变压器、干式变压器、充气式变压器等。选项 A、B 所遵循的分类方式是按变换电压的不同分类。

4. 【答案】ABCD

【解析】变压器的主要技术参数有额定容量、额定电压、额定电流、空载电流、短路损耗、空载损耗、短路阻抗、连接组别等。

5. 【答案】D

【解析】低压电器及成套装置的性能主要有通断、保护、控制和调节，没有“变压”。

2H312000—2H312010

考点 1 测量的要求和方法

1. 【答案】C

【解析】基准线测量：

(1) 安装基准线的设置：安装基准线一般都是直线，只要定出两个基准中心点，就构成一条基准线。平面安装基准线不少于纵、横两条。选项 A、B 正确。

(2) 安装标高基准点的设置：根据设备基础附近水准点，用水准仪测出标高具体数值。相邻安装基准点高差应在 0.5mm 以内。选项 C 错误。

(3) 沉降观测点的设置：沉降观测采用二等水准测量方法。每隔适当距离选定一个基准点与起算基准点组成水准环线。选项 D 正确。

2. 【答案】A

【解析】无论是建筑安装还是工业安装的测量，其基本程序都是：设置纵横中心线→设置标高基准点→设置沉降观测点→安装过程测量控制→实测记录等。

3. 【答案】ACE

【解析】高程控制点布设的原则和方法：

(1) 测区的高程系统，宜采用国家高程基准。

(2) 高程测量的方法有水准测量法、电磁波测距三角高程测量法，常用水准测量法。选项 B 错误。

(3) 一个测区及其周围至少应有三个水准点。水准点之间的距离，应符合规定。

(4) 高程控制测量等级划分：依次为二、三、四、五等。选项 D 错误。

(5) 设备安装过程中，测量时应注意：最好使用一个水准点作为高程起算点。当厂房较大时，可以增设水准点，但其观测精度应提高。

4. 【答案】B

【解析】连续生产设备安装的测量：

(1) 中心标板应在浇灌基础时，配合土建埋设，也可待基础养护期满后再埋设。选项 A 正确。

(2) 设备安装平面线不少于纵、横两条。选项 B 错误。

(3) 简单的标高基准点一般作为独立设备安装的基准点。选项 C 正确。

(4) 连续生产设备只能共用一条纵向基准线和一个预埋标高基准点。选项 D 正确。

5. 【答案】CE

【解析】在大跨越档距之间，通常采用电磁波测距法或解析法测量。

考点 2 测量仪器的功能与使用

1. 【答案】C

【解析】水准仪是测量两点间高差的仪器，广泛用于控制、地形和施工放样等测量工作。

2. 【答案】A

【解析】经纬仪的应用：

(1) 光学经纬仪主要应用于机电工程建（构）筑物建立平面控制网的测量以及厂房（车间）柱安装垂直度的控制测量。

(2) 在机电安装工程中，用于测量纵向、横向中心线，建立安装测量控制网并在安装全过程进行测量控制。

3. 【答案】BDE

【解析】BIM 放样机器人适用于机电系统众多、管线错综复杂、空间结构繁复多变等环境下施工。

4. 【答案】C

【解析】激光平面仪是一种建筑施工用的多功能激光测量仪器，其铅直光束通过五棱镜转为水平光束；微电机带动五棱镜旋转，水平光束扫描，给出激光水平面，可达 20°的精度。适用于提升施工的滑模平台、网形屋架的水平控制和大面积混凝土楼板支模、灌注及抄平工作，精确方便、省力省工。

5. 【答案】BD

【解析】激光准直仪和激光指向仪：两者构造相近，用于沟渠、隧道或管道施工、大型机械安装、建筑物变形观测。

2H312000—2H312020

考点 1 起重机械与吊具的使用要求

1. 【答案】B

【解析】轻小型起重设备可分为：千斤顶、滑车、起重葫芦、卷扬机四大类。

2. 【答案】ABC

【解析】桥架型起重机主要有：梁式起重机、桥式起重机、门式起重机、半门式起重机等。

3. 【答案】B

【解析】桅杆式起重机的稳定系统主要包括缆风绳、地锚等。缆风绳与地面的夹角应在 30°～45°之间，且应与供电线路、建筑物、树木保持安全距离。

4. 【答案】ABC

【解析】本题考查桅杆式起重机的组成。桅杆起重机由桅杆本体、动力-起升系统、稳定系统组成。

5. 【答案】ACDE

【解析】千斤顶的使用要求包括：①千斤顶应定期维护保养，使用前应进行检查。②螺旋千斤顶及齿条千斤顶的螺杆、螺母的螺纹及齿条磨损超过 20%时，不得继续使用。③液压千斤顶用油油质应清洁，油量不得低于额定值。作业环境温度在 5℃以上时，应采用 10 号机油；作业环境温度在 5℃及以下时，应采用锭子油或变压器油。④千斤顶底部支承面应坚实，顶部的工作面积应核算工件局部的稳定性，千斤顶必须安放在稳固平整结实的基础上，通常应在底座下垫木板或钢板，以加大承压面积，防止千斤顶下陷或歪斜，应使其头部与被顶物全面接触，防止出现点接触或线接触的情况。⑤使用千斤顶时，应随着工件的升降随时调整保险垫块的高度。⑥用多台千斤顶同时工作时，应采用规格型号一致的千斤顶，动作协调升降平稳，每台千斤顶的荷载不应超过其额定荷载的 80%。⑦使用千斤顶作业时应使作用力通过其承压中心。

6. 【答案】ABCE

【解析】卷扬机的使用要求：

(1) 严禁超负荷使用卷扬机，在重大的吊装作业中，在牵引绳上应装设测力计。

(2) 卷扬机的固定应牢靠，严防倾覆和移动。可用地锚、建筑物基础和重物施压等为锚固点。

(3) 绑缚卷扬机底座的固定绳索应从两侧引出，以防底座受力后移动。卷扬机固定后，应按其使用负荷进行预拉。

(4) 由卷筒到第一个导向滑车的水平直线距离应大于卷筒长度的 25 倍，且该导向滑车应设在卷筒的中垂线上，以保证卷筒的入绳角小于 2°。故选项 D 错误。

(5) 卷扬机上的钢丝绳应从卷筒底部放出，余留在卷筒上的钢丝绳不应少于 4 圈，以减少钢丝绳在固定处的受力。

7. 【答案】D

【解析】流动式起重机的使用要求：

(1) 吊臂与设备外部附件的安全距离不应小于 500mm。

(2) 起重机、设备与周围设施的安全距离不应小于 500mm。

(3) 两台起重机作主吊吊装时，吊重应分配合理，单台起重机的载荷不宜超过其额定载荷的 80%，必要时应采取平衡措施。

(4) 起重机提升的最小高度应使设备底部与基础或地脚螺栓顶部至少保持 200mm 的安全距离。故选项 D 错误。

8. 【答案】A

【解析】地锚拖拉绳与地面的夹角要小，一般最大不超过 30°。

9. 【答案】A

【解析】全埋式地锚适用于有开挖条件的场地。全埋式地锚可以承受较大的拉力，多在大型吊装中使用。

10. 【答案】C

【解析】流动式起重机对地基的要求：①流动式起重机必须在水平坚硬地面上进行吊装作业。吊车的工作位置（包括吊装站位置和行走路线）的地基应根据给定的地质情况或测定的地面耐压力为依据，采用合适的方法（一般施工场地的土质地面可采用开挖回填夯实的方法）进行处理。②处理后的地面应做耐压力测试，地面耐压力应满足吊车对地基的要求。

考点 2 吊装方法和吊装方案的选用要求

1. 【答案】C

【解析】吊车抬送法应用十分广泛，适用于各种设备和构件。例如，石油化工厂中的塔类设备的吊装，目前大多采用本方法。

2. 【答案】ABC

【解析】集群液压千斤顶整体提升（滑移）吊装法适用于大型设备与构件。如大型屋盖、网架、钢天桥（廊）、电视塔钢桅杆天线等的吊装、大型龙门起重机主梁和设备整体提升、大型电视塔钢桅杆天线整体提升、大型机场航站楼、体育场馆钢屋架（盖）整体滑移等。

3. 【答案】BC

【解析】人字（或 A 字）桅杆扳立旋转法主要针对特别高、重的设备和高耸塔架类结构的吊装，例如，石化厂吊装大型塔器类工艺设备、大型火炬塔架和构件等。

4. 【答案】ABD

【解析】流动式起重机的基本参数有很多，但作为选择吊车和制定吊装技术方案的重要依据的吊车性能数据，主要有最大额定起重量、最大工作半径（幅度）和最大起升高度。额定速度、容绳量属于卷扬机参数。

5. 【答案】ABE

【解析】起重吊装及起重机械安装拆卸工程划分范围见下表。

危大工程	(1) 采用非常规起重设备、方法，且单件起吊重量在 10kN 及以上的起重吊装工程 (2) 采用起重机械进行安装的工程 (3) 起重机械安装和拆卸工程
超过一定规模的危大工程	(1) 采用非常规起重设备、方法，且单件起吊重量在 100kN 及以上的起重吊装工程 (2) 起重量 300kN 及以上，或搭设总高度 200m 及以上，或搭设基础标高在 200m 及以上的起重机械安装和拆卸工程

选项C、D属于危大工程。

6. 【答案】BC

【解析】危大工程实行分包并由分包单位编制专项施工方案的，专项施工方案应当由总承包单位技术负责人及分包单位技术负责人共同审核签字并加盖单位公章。

7. 【答案】D

【解析】施工单位应当在危大工程施工前组织工程技术人员编制专项施工方案。实行施工总承包的，专项施工方案应当由施工总承包单位组织编制。危大工程实行分包的，专项施工方案可以由相关专业分包单位组织编制。

8. 【答案】AD

【解析】反映流动式起重机的起重能力随臂长、工作半径的变化而变化的规律和反映流动式起重机的起升高度随臂长、工作半径变化而变化的规律的曲线称为起重机的特性曲线。

9. 【答案】BCE

【解析】选用流动式起重机时应根据被吊设备或构件的重量、吊装高度和吊装幅度收集吊车的性能资料，收集可能租用的吊车信息。

10. 【答案】D

【解析】选用流动式起重机时应验算在选定的工况下，吊车的支腿、配重、吊臂和吊具、被吊物等与周围建筑物的安全距离。

2H312000—2H312030

考点1 焊接工艺的选择与评定

1. 【答案】BCE

【解析】焊接参数指焊接时为保证焊接质量而选定的各项参数的总称，如发电流、焊接电压、焊接速度、焊接线能量等。

2. 【答案】BCD

【解析】决定焊接线能量的主要参数是焊接速度、焊接电流和电弧电压。

3. 【答案】C

【解析】钢制储罐底板的幅板之间、幅板与边缘板之间、人孔（接管）或支腿补强板与容器壁板（顶板）之间等常用搭接接头连接。

4. 【答案】B

【解析】焊接位置：熔焊时，焊件接缝所处的空间位置，可用焊缝倾角和焊缝转角来表示。有平焊、立焊、横焊和仰焊位置。

5. 【答案】A

【解析】坡口形式：根据坡口的形状，坡口分成I形（不开坡口）、V形、单边V形、U形、双U形、J形等各种坡口形式。钝边的作用是防止根部烧穿。

6. 【答案】B

【解析】当增加或变更任何一个补加因素时，则可按照增加或变更的补加因素，增焊冲击韧性试件进行试验。

7. 【答案】ACD

【解析】焊缝的形状用一系列几何尺寸来表示时，不同形式的焊缝，其形状参数也不一样。如：对接接头、对接焊缝形状尺寸包括：焊缝长度、焊缝宽度、焊缝余高；T接头对接焊缝或角焊缝形状尺寸包括：焊脚、焊脚尺寸、焊缝凸（凹）度。

8. 【答案】A

【解析】钢结构工程焊接难度分为A级（易）、B级（一般）、C级（较难）、D级（难），其影响因素包括：板厚、钢材分类、受力状态、钢材碳当量。

9. 【答案】C

【解析】各种焊接方法的专用评定规则：

(1) 按接头、填充金属、焊接位置、预热（后热）、气体、电特性、技术措施分别对各种焊接方法的影响程度可分为重要因素、补加因素和次要因素。

(2) 当改变任何一个重要因素时，都需重新进行焊接工艺评定。

(3) 当增加或变更任何一个补加因素时，则可按照增加或变更的补加因素，增焊冲击韧性试件进行试验。

(4) 当增加或变更次要因素时，不需要重新评定，但需重新编制预焊接工艺规程。

考点2 焊接质量的检测

1. 【答案】BC

【解析】GA类长输管道线路施工焊缝检验包括：外观检查、无损检测、力学性能、压力试验和严密性试验；场站施工焊缝检验包括：外观检查、无损检测、压力试验和严密性试验。GB类公用管道和GC类工业管道安装检查方法包括：目视检查、无损检测、耐压试验和泄漏试验。GD类动力管道对接接头检查方法包括：目视检查、无损检测、光谱分析、硬度检验、金相检验。

选项A、D、E属于GD类动力管道对接接头检查方法。

2. **【答案】**AB

【解析】焊接缺陷按缺陷的形态可分为：平面型缺陷（如裂纹、未熔合等）；体积型缺陷（如气孔、夹渣等）。

3. **【答案】**D

【解析】未熔合是一种类似于裂纹的极其危险的缺陷。未熔合本身就是一种虚焊，在交变载荷工作状态下，应力集中，极易开裂，是最危险的缺陷之一。

【知识点拓展】焊接缺陷对焊接接头机械性能的影响：

(1) 气孔：削弱焊缝的有效工作面积，破坏了焊缝金属的致密性和结构的连续性，它使焊缝的塑性降低可达40%～50%，并显著降低焊缝弯曲和冲击韧性以及疲劳强度，接头机械能明显不良。

(2) 夹渣：容易引起应力集中，是脆性断裂扩展的疲劳源，它同样也减小焊缝工作面积，破坏焊缝金属结构的连续性，明显降低接头的机械性能。

(3) 未焊透：会导致焊缝机械强度大大降低，易延伸为裂纹缺陷，导致构件破坏，尤其连续未焊透更是一种危险缺陷。

(4) 裂纹：是焊缝中最危险的缺陷，大部分焊接构件的破坏由此产生。

4. **【答案】**D

【解析】焊接检验包括焊接前检验、焊接过程检验和焊接后检验。其中选项A是焊接后检验，选项B、C是焊接前检验，选项D是焊接过程检验。

【知识点拓展】焊接过程检验：

(一) 焊接工艺和焊接技术措施检查

1. 焊接工艺

焊工操作焊条电弧焊时，检查其执行的焊接工艺参数包括：焊接方法、焊接材料、焊接电流、焊接电压、焊接速度、电流种类、极性、焊接层（道）数、焊接顺序。

2. 焊接过程目视检测

(1) 每条焊道或焊层在下一道焊层覆盖前应清理干净，特别要注意焊缝金属和熔合面的结合处。

(2) 焊道之间、焊缝与母材之间的过渡成型良好，便于完成下一道焊接。

(二) 焊缝返修过程检验

压力容器修理挖除焊缝或母材部位缺陷时，经无损检测确认缺陷清除后，方可进行焊接，焊接完成后应当再次进行无损检测。

5. **【答案】**B

【解析】钢结构焊缝焊接前，应根据施工图、施工方案、施工规范规定的焊缝质量检查等级编制检验和试验方案，经项目技术负责人批准并报监理工程师备案。

6. **【答案】**C

【解析】焊缝检验方案应包括检验批的划分、抽样检验的抽样方法、检验项目、检验方法、检验时机及相应的验收标准等。

7. **【答案】**CD

【解析】表面无损检测方法通常是指磁粉检测和渗透检测；内部无损检测方法通常是指射线检测和超声波检测。

8. **【答案】**B

【解析】焊接前检验基本要求：

(1) 焊工应取得相应的资格，获得了焊接工艺（作业）指导书，并接受了技术交底。

(2) 焊接设备及辅助装备应能保证焊接工作的正常进行和安全可靠，仪表应定期检验。

(3) 焊接环境应符合规范要求。

(4) 焊前预热的加热方法、加热宽度、保温要求、测温要求应符合规范要求。

9. **【答案】**C

【解析】焊缝热处理效果应根据设计文件或国家现行标准有关规定的检查方法进行检查。局部加热热处理的焊缝应进行硬度检验。当热处理效果检查不合格或热处理记录曲线存在异常时，宜通过其他检测方法（金相分析或残余应力测试）进行复查或评估。

10. **【答案】**BC

【解析】焊接施工检查记录至少应包括：焊工资格认可记录、焊接检查记录、焊缝返修检查记录。

11. 【答案】ABDE

【解析】焊后检验主要有：目视检测、无损检测、热处理、理化和力学性能检验、强度试验等。

2H313000—2H313010

考点 1 机械设备安装程序和要求

1. 【答案】C

【解析】机械设备安装的一般程序为：施工准备→设备开箱检查→基础测量放线→基础检查验收→垫铁设置→设备吊装就位→设备安装调整→设备固定与灌浆→零部件清洗与装配→润滑与设备加油→设备试运转→工程验收。

2. 【答案】A

【解析】设备灌浆可使用的灌浆料很多，例如：细石混凝土、无收缩混凝土、微膨胀混凝土和其他灌浆料（如 CGM 高效无收缩灌浆料、RG 早强微胀灌浆料）等，其配制、性能和养护应符合现行标准《混凝土外加剂应用技术规范》（GB 50119—2013）和《普通混凝土配合比设计规程》（JGJ 55—2011）的有关规定。

3. 【答案】B

【解析】设备灌浆分为一次灌浆和二次灌浆。一次灌浆是设备粗找正后，对地脚螺栓预留孔进行的灌浆。二次灌浆是设备精找正、地脚螺栓紧固、检测项目合格后对设备底座和基础间进行的灌浆。

4. 【答案】ABD

【解析】机械设备开箱时，应由建设单位、监理单位、施工单位共同参加，按下列项目进行检查和记录：①箱号、箱数以及包装情况；②设备名称、规格和型号，重要零部件还需按质量标准进行检查验收；③随机技术文件（如使用说明书、合格证明书和装箱清单等）及专用工具；④有无缺损件，表面有无损坏和锈蚀；⑤其他需要记录的事项。

5. 【答案】CD

【解析】设定基准线和基准点，通常应遵循的原则有：①安装检测使用方便；②有利于保持而不被毁损；③刻划清晰容易辨识。

6. 【答案】ABC

【解析】对于重要、重型、特殊设备需设置沉降观测点，用于监视、分析设备在安装、使用过程中基础的变化情况。如汽轮发电机组、透平压缩机组、大型储罐。

7. 【答案】ACD

【解析】设备安装前按照规范允许偏差对设备基础位置、标高和几何尺寸进行复检。

8. 【答案】ACD

【解析】基础的位置、标高、几何尺寸测量检查主要包括基础的坐标位置，不同平面的标高，平面外形尺寸，凸台上平面外形尺寸和凹穴尺寸，平面的水平度，基础立面的铅垂度，预留孔洞的中心位置、深度和孔壁铅垂度，预埋板或其他预埋件的位置、标高等。

9. 【答案】ABC

【解析】预埋地脚螺栓检查验收要求：

(1) 直埋地脚螺栓中心距、标高及露出基础长度符合设计或规范要求，中心距应在其根部和顶部沿纵、横两个方向测量，标高应在其顶部测量。

(2) 直埋地脚螺栓的螺母和垫圈配套，螺纹和螺母保护完好。

(3) 活动地脚螺栓锚板的中心位置、标高、带槽或带螺纹锚板的水平度符合设计或规范要求。

(4) T 形头地脚螺栓与基础板按规格配套使用，埋设 T 形头地脚螺栓基础板牢固、平正，地脚螺栓光杆部分和基础板刷防锈漆。

(5) 安装胀锚地脚螺栓的基础混凝土强度不得小于 10MPa，基础混凝土或钢筋混凝土有裂缝的部位不得使用胀锚地脚螺栓。故选项 D、E 错误。

10. 【答案】ABD

【解析】设备基础常见质量通病有：①基础上平面标高超差；②预埋地脚螺栓的位置、标高超差；③预留地脚螺栓孔深度超差。

11. 【答案】AC

【解析】垫铁的设置要求：

(1) 垫铁与设备基础之间的接触良好。

(2) 每个地脚螺栓旁边至少应有一组垫铁，并设置在靠近地脚螺栓和底座主要受力部位下方。故选项B错误。

(3) 每组垫铁的块数不宜超过5块，放置平垫铁时，厚的宜放在下面，薄的宜放在中间，垫铁的厚度不宜小于2mm。故选项D错误。

(4) 除铸铁垫铁外，设备调整完毕后各垫铁相互间用定位焊焊牢。故选项E错误。

12. **【答案】**AB

【解析】设备就位前，应经检查确认下列工作：①设备运至安装现场经开箱检查验收合格；②设备基础经检验合格，混凝土基础达到强度；③除去设备底面的泥土、油污、与混凝土（含二次灌浆）接触部位油漆；④二次灌浆部位的设备基础表面凿成麻面且不得有油污；⑤清除混凝土基础表面浮浆、地脚螺栓预留孔内泥土杂物和积水；⑥垫铁和地脚螺栓按技术要求准备并放置。

13. **【答案】**C

【解析】通过调整垫铁高度的方法可将机械设备调整到设计或规范规定的水平状态。

14. **【答案】**ADE

【解析】设备找正要求在安装中通过移动设备的方法使设备以其指定的基线对准设定的基准线，包含对基准线的平行度、垂直度和同轴度要求，即通常所说的中心线调整，从而使设备的平面坐标位置沿水平纵横方向符合设计或规范要求。

15. **【答案】**ABCD

【解析】在设备安装过程中，常见的零部件装配有：螺栓或螺钉连接紧固，键、销、胀套装配，联轴器、离合器、制动器装配，滑动轴承、滚动轴承装配，传动带、链条、齿轮装配，密封件装配等。

16. **【答案】**BCD

【解析】有预紧力要求的螺纹连接常用紧固方法：定力矩法、测量伸长法、液压拉伸法、加热伸长法。

17. **【答案】**D

【解析】过盈配合件的装配方法，一般采用压入装配法、低温冷装配法和加热装配法，而在安装现场，主要采用加热装配法。

18. **【答案】**C

【解析】对开式滑动轴承的安装过程，包括轴承的清洗、检查、刮研、装配、间隙调整和压紧力的调整，具体有：①轴瓦的刮研；②轴承的安装；③轴承间隙的检测及调整。

19. **【答案】**B

【解析】轴颈与轴瓦的顶间隙可用压铅法检查；轴颈与轴瓦的侧间隙采用塞尺进行测量；轴向间隙采用塞尺或千分表测量。

考点2 机械设备安装精度的控制因素

1. **【答案】**CD

【解析】设备基础对安装精度的影响主要是强度和沉降。设备安装调整检验合格后，基础强度不够，或继续沉降，会引起安装偏差发生变化。

2. **【答案】**BCE

【解析】解体设备的装配精度包括：各运动部件之间的相对运动精度，配合面之间的配合精度和接触质量。

3. **【答案】**D

【解析】环境因素对安装精度的影响主要是设备基础温度变形、设备温度变形和恶劣环境场所。其中恶劣环境场所：主要是生产与安装工程同时进行，严重影响作业人员视线、听力、注意力等，可能造成的安装质量偏差。

4. **【答案】**D

【解析】地脚螺栓对安装精度的影响主要是紧固力和垂直度。地脚螺栓紧固力不够，安装或混凝土浇筑时产生偏移而不垂直，螺母（垫圈）与设备的接触会偏斜，局部还可能产生间隙，受力不均，会造成设备固定不牢引起安装偏差发生变化。

5. **【答案】**BCDE

【解析】设备安装精度的偏差控制要求：有利于抵消设备附属件安装后重量的影响；有利于抵消设备运转时产生的作用力的影响；有利于抵消零部件磨损的影响；有利于抵消摩擦面间油膜的影响。

6. 【答案】A

【解析】调整两轴心径向位移时，运行中温度高的一端（汽轮机、干燥机）应低于温度低的一端（发电机、鼓风机、电动机），调整两轴线倾斜时，上部间隙小于下部间隙，调整两端面间隙时选择较大值，使运行中温度变化引起的偏差得到补偿。

2H313000—2H313020

考点 1 电气设备安装程序和要求

1. 【答案】B

【解析】电气安装工程的一般施工程序：埋管、埋件→设备安装→电线、电缆敷设→回路接通→检查、试验、调试→通电试运行→交付使用。

2. 【答案】C

【解析】油浸式电力变压器的施工程序：开箱检查→二次搬运→设备就位→吊芯检查→附件安装→滤油、注油→交接试验→验收。

3. 【答案】C

【解析】油浸式电力变压器是否需要吊芯检查，应根据变压器大小、制造厂规定、存放时间、运输过程中有无异常和建设单位要求而确定。

4. 【答案】D

【解析】进行高电压试验时，操作人员与高电压回路间应具有足够的安全距离。例如，电压等级 6～10kV，不设防护栏时，最小安全距离为 0.7m。

5. 【答案】AC

【解析】二次回路接通电源之前，应再次测定二次回路的绝缘电阻和直流电阻，确保无接地或短路存在，核对操作和合闸回路的熔断器和熔丝是否符合设计规定。

6. 【答案】ACD

【解析】进行二次回路动作检查时，不应使其相应的一次回路（如母线、断路器、隔离开关等）带有运行电压。其中选项 B、E 属于二次回路。

7. 【答案】BCD

【解析】受电系统的二次回路试验合格，其保护整定值已按实际要求整定完毕。受电系统的设备和电缆绝缘良好。安全警示标志和消防设施已布置到位。故选项 A 错误，选项 E 属于电气装置及供电系统试运行的条件。

8. 【答案】ACE

【解析】柜体间及柜体与基础型钢的连接应牢固，不应焊接固定。故选项 B 错误。手车单元接地触头可靠接地要求：手车推进时接地触头比主触头先接触，手车拉出时接地触头比主触头后断开。故选项 D 错误。

9. 【答案】AC

【解析】电气的交接试验注意事项：

(1) 在高压试验设备和高电压引出线周围，均应装设遮拦并悬挂警示牌。

(2) 进行高电压试验时，操作人员与高电压回路间应具有足够的安全距离。例如：电压等级 6～10kV，不设防护栏时，最小安全距离为 0.7m。故选项 B 错误。

(3) 高压试验结束后，应对直流试验设备及大电容的被测试设备多次放电，放电时间至少 1min 以上。

(4) 成套设备进行耐压试验时，宜将连接在一起的各种设备分离开来单独进行。故选项 D 错误。

(5) 断路器的交流耐压试验应在分、合闸状态下分别进行。故选项 E 错误。

(6) 做直流耐压试验时，试验电压按每级 0.5 倍额定电压分阶段升高，每阶段停留 1min，并记录泄漏电流。

10. 【答案】BDE

【解析】电气设备通电检查及调整试验：

(1) 检查有关一、二次设备安装接线应全部完成，所有的标志应明显、正确和齐全。要先进行二次回路通电检查，然后再进行一次回路通电检查。故选项 A 错误。

(2) 一次回路经过绝缘电阻测定和耐压试验，绝缘电阻值均符合规定。二次回路中弱电回路的绝缘电阻测定和耐压试验按制造厂的规定进行。

(3) 已具备可靠的操作（断路器等）、信号和合闸等二次各系统用的交、直流电源。

(4) 电流、电压互感器已经过电气试验，电流互感器二次侧无开路现象，电压互感器二次侧无短路现象。故选项 C 错误。

(5) 检查回路中的继电器和仪表等均经校验合格。

(6) 检验回路的断路器及隔离开关都已调整好，断路器经过手动、电动跳合闸试验。

考点 2　输配电线路的施工要求

1. **【答案】** C

【解析】 电杆线路施工工序：①熟悉工程图纸，明确设计要求；②按施工图计算出工程量，准备材料和机具；③现场勘察，测量定位，确定线路走向；④按地理情况和施工机械开挖电线杆基础坑；⑤电杆、横担、瓷瓶和各类金具检查及组装；⑥根据杆位土质情况进行基础施工和立杆；⑦拉线制作与安装；⑧放线、架线、紧线、绑线及连线；⑨送电运行验收，竣工资料整理。

2. **【答案】** AB

【解析】 电杆按用途和受力情况分为 6 种杆：①耐张杆。用于线路换位处及线路分段，承受断线张力和控制事故范围。②转角杆。用于线路转角处，在正常情况下承受导线转角合力；事故断线情况下承受断线张力。③终端杆。用于线路起止两端，承受线路一侧张力。④分支杆。用于线路中间需要分支的地方。⑤跨越杆。用于线路上有河流、特大山谷、特高交叉物等地方。⑥直线杆。用于线路直线段上，支持线路垂直和水平荷载并具有一定的顺线路方向的支持力。

3. **【答案】** D

【解析】 高压架空线的导线大都采用铝、钢或复合金属组成的钢芯铝绞线或铝包钢芯铝绞线，避雷线则采用钢绞线或铝包钢绞线。低压架空线的导线一般采用塑料铜芯线。

4. **【答案】** BCD

【解析】 电杆、横担、绝缘子、拉线等的固定连接需用的一些金属附件称为金具，常用的有 M 字形抱铁、U 字形抱箍、拉线抱箍、挂板、线夹、心形环等。

5. **【答案】** B

【解析】 水泥电杆的立杆方法：汽车起重机立杆、三脚架立杆、人字抱杆立杆、架杆（顶、叉）立杆等。

6. **【答案】** ADE

【解析】 横担安装位置要求：①10kV 及以下直线杆的单横担应安装在负荷侧；90°转角杆（上、下）、分支杆和终端杆采用单横担，应安装在拉线侧。②边相的瓷横担不宜垂直安装，中相瓷横担应垂直地面。

7. **【答案】** ACD

【解析】 架空线路试验包括：①测量线路的绝缘电阻应不小于验收规范规定；②检查架空线各相的两侧相位应一致；③在额定电压下对空载线路的冲击合闸试验应进行 3 次；④测量杆塔的接地电阻值应符合设计的规定；⑤导线接头测试可采用红外线测温仪，通过导线接头温度的测量，来检验接头的连接质量。

8. **【答案】** B

【解析】 绝缘子选用：直线杆采用针式绝缘子；耐张杆、转角杆采用蝶式绝缘子。

9. **【答案】** ABD

【解析】 电缆保护管的设置及要求：①无设计要求时，下列情况应设置电缆保护管：电缆引入和引出建筑物、隧道、沟道、电缆井等穿过楼板及墙壁处；电缆与各种管道、沟道交叉处；电缆引出地面，距地面 2m 以下时；电缆通过道路、铁路时。②电缆保护管内径大于电缆外径的 1.5 倍。③电缆引入和引出建筑物、隧道、沟道、电缆井等处，一般应采取防水套管；硬塑料管与热力管叉时应穿钢套管；金属管埋地时应制沥青防腐。④电缆保护管宜敷设于热力管的下方；与地下管道、沟道和道路、铁路交叉处的相互距离符合设计或规范要求。

10. **【答案】** C

【解析】 直埋电缆的电缆沟与热力管道或管沟、设备平行敷设时，最小净距为 2.0m，垂直敷设时，最小净距为 0.5m。

11. **【答案】** ACD

【解析】 直埋电缆在直线段每隔 50～100m 处、电缆接头处、转弯处、进入建筑物等处应设置明显的方位标志或标桩。

12. **【答案】** A

【解析】 用机械牵引敷设电缆时，铜芯牵引头的最大允许牵引强度为 $70N/mm^2$，铝芯牵引头的最大允许牵引强度为 $40N/mm^2$，铝芯钢丝网套的最大允许牵引强度为 $40N/mm^2$，塑料护套的最大允许牵引强度为 $7N/mm^2$。

13. 【答案】BE

【解析】电缆敷设注意事项：

(1) 电缆应在切断后4h内封头。故选项A错误。

(2) 油浸纸质绝缘电力电缆必须铅封；充油电缆切断处必须高于邻近两侧电缆。

(3) 并列敷设电缆，有中间接头时宜将接头位置错开。故选项C错误。

(4) 明敷电缆的中间接头应用托板托置固定；架空敷设的电缆不宜设置中间接头。故选项D错误。

(5) 三相四线制的系统中应采用四芯电力电缆，不应采用三芯电缆另加一根单芯电缆或导线，电缆金属护套可作PE线、不能作中性线。五芯低压电力电缆，不应采用四芯电缆另加一根单芯电缆或导线。

14. 【答案】C

【解析】母线连接固定：

(1) 母线采用焊接连接时，母线应在找正及固定后，方可进行母线导体的焊接。故选项A错误。

(2) 母线与设备连接前，应进行母线绝缘电阻的测试，并进行耐压试验。故选项B错误。

(3) 金属母线超过20m长的直线段、不同基础连接段及设备连接处等部位，应设置热胀冷缩或基础沉降的补偿装置，其导体采用编织铜线或薄铜叠片伸缩节或其他连接方式。

(4) 母线在支柱绝缘子上的固定方法有：螺栓固定、夹板固定和卡板固定。故选项D错误。

15. 【答案】C

【解析】三相交流母线的相色规定：A相为黄色；B相为绿色；C相为红色。

2H313000—2H313030

考点1 管道工程的施工程序和要求

1. 【答案】B

【解析】工业管道的分类见下表。

类别名称	设计压力 P/MPa
真空管道	$P<0$
低压管道	$0 \leqslant P \leqslant 1.6$
中压管道	$1.6<P \leqslant 10$
高压管道	$10<P \leqslant 100$
超高压管道	$P>100$

2. 【答案】ABDE

【解析】工业管道输送介质的压力范围很广，以设计压力为主要参数进行分类，可分为真空管道、低压管道、中压管道、高压管道和超高压管道。

3. 【答案】D

【解析】高压管道的设计压力为 $10<P \leqslant 100$MPa。故选项D属于高压管道，选项B属于中压管道，选项A、C属于低压管道。

4. 【答案】ABC

【解析】低压管道的设计压力为 $0 \leqslant P \leqslant 1.6$MPa。故选项A、B、C属于低压管道，选项D属于中压管道，选项E属于高压管道。

5. 【答案】ABCE

【解析】管道支承件是将管道的自重、输送流体的重量、由于操作压力和温差所造成的荷载以及振动、风力、地震、雪载、冲击和位移应变引起的荷载等传递到管架结构上去的管道元件，其组成包括吊杆、弹簧支吊架、恒力支吊架、斜拉杆、平衡锤、松紧螺栓、支撑杆、链条、导轨、锚固件、鞍座、垫板、滚柱、托座、滑动支架、管吊、吊耳、卡环、管夹、U形夹和夹板等。选项D属于管道组成件。

6. 【答案】ABD

【解析】管道组成件是用于连接或装配管道的元件，其组成包括管子、管件、法兰、密封件、紧固件、阀门、安全保护装置以及膨胀节、挠性接头、耐压软管、疏水器、过滤器、管路中的节流装置、仪表和分离器等。选项C、E属于管道支承件。

7. 【答案】B

【解析】工业管道工程的一般施工程序：施

工准备→配合土建预留、预埋、测量→管道、支架预制→附件、法兰加工、检验→管段预制→管道安装→管道系统检验→管道系统试验→防腐绝热→系统清洗→资料汇总、绘制竣工图→竣工验收。

8.【答案】B

【解析】工业管道工程的一般施工程序：施工准备→配合土建预留、预埋、测量→管道、支架预制→附件、法兰加工、检验→管段预制→管道安装→管道系统检验→管道系统试验→防腐绝热→系统清洗→资料汇总、绘制竣工图→竣工验收。

9.【答案】ACE

【解析】弹簧支、吊架的弹簧高度，应按设计文件规定安装，弹簧应调整至冷态值，并做记录。弹簧的临时固定件，如定位销(块)，应待系统安装、试压、绝热完毕后方可拆除。

10.【答案】A

【解析】当阀门与金属管道以法兰或螺纹方式连接时，阀门应在关闭状态下安装；以焊接方式连接时，阀门应在开启状态下安装，对接焊缝底层宜采用氩弧焊。当非金属管道采用电熔连接或热熔连接时，接头附近的阀门应处于开启状态。

11.【答案】AC

【解析】管道与承受附加荷载的动设备连接前，应在自由状态下检验法兰的平行度和同心度，偏差应符合规定要求。

12.【答案】D

【解析】不锈钢阀门试验时，水中的氯离子含量不得超过25ppm。阀门的壳体试验无特殊规定时，试验介质温度应为5～40℃，当低于5℃时，应采取升温措施。安全阀密封试验在整定压力调整合格后，降低并且调整安全阀进口压力进行。阀门的壳体试验压力为阀门在20℃时最大允许工作压力的1.5倍。

13.【答案】ABDE

【解析】阀门的壳体试验无特殊规定时，试验介质温度应为5～40℃，当低于5℃时，应采取升温措施。阀门的壳体试验压力应为阀门在20℃时最大允许工作压力的1.5倍，密封试验压力应为阀门在20℃时最大允许工作压力的1.1倍，试验持续时间不得少于5min。故选项C错误。

14.【答案】B

【解析】伴热管应与主管平行安装，并应能自行排液。当一根主管需多根伴热管伴热时，伴热管之间的距离应固定。

15.【答案】AD

【解析】导向支架或滑动支架的滑动面应洁净平整，不得有歪斜和卡涩现象。其安装位置应从支承面中心向位移反方向偏移，偏移量应为位移值的1/2或符合设计文件规定，绝热层不得妨碍其位移。

16.【答案】A

【解析】安全阀应垂直安装，安全阀的出口管道应接向安全地点，进出管道上设置截止阀时，安全阀应加铅封，且应锁定在全开启状态。

17.【答案】D

【解析】橡胶、塑料、玻璃钢、涂料等衬里的管道组成件，应存放在温度为5～40℃的室内，并应避免阳光和热源的辐射。

考点2　管道系统试验和吹洗要求

1.【答案】BCD

【解析】工业管道系统安装完毕后，应按设计或规范要求对管道系统进行试验。根据管道系统不同的使用要求，试验的类型主要有压力试验、真空度试验、泄漏性试验等。

2.【答案】A

【解析】管道系统压力试验的规定：压力试验温度严禁接近金属材料的脆性转变温度。

3.【答案】ABDE

【解析】压力试验是以液体或气体为介质，对管道逐步加压，达到规定的压力，以检验管道强度和严密性的试验；管道安装完毕，热处理和无损检测合格后，进行压力试验；当管道的设计压力小于或等于0.6MPa时，可采用气体为试验介质，但应采取有效的安全措施，故选项C错误；进行压力试验时，划定禁区，无关人员不得进入；试验过程发现泄漏时，不得带压处理。消除缺陷后应重新进行试验。

4. 【答案】ABD

【解析】试验时环境温度不宜低于5℃，当环境温度低于5℃时应采取防冻措施；在试验压力下稳压10min，再将试验压力降至设计压力，稳压30min。故选项C、E错误。

5. 【答案】ABD

【解析】承受内压的地上钢管道及有色金属管道试验压力应为设计压力的1.5倍；埋地钢管道的试验压力应为设计压力的1.5倍，并不得低于0.4MPa。故选项C、E错误。

6. 【答案】BE

【解析】真空度试验：

(1) 真空系统在压力试验合格后，还应按设计文件规定进行24h的真空度试验。

(2) 真空度试验按设计文件要求，对管道系统抽真空，达到设计规定的真空度后，关闭系统，24h后系统增压率不应大于5%。故选项B、E错误。

7. 【答案】BC

【解析】管道泄漏性试验是以气体为试验介质，在设计压力下，采用发泡剂、显色剂、气体分子感测仪或其他手段检查管道系统中泄漏点的试验。实施要点如下：

(1) 输送极度和高度危害介质以及可燃介质的管道，必须进行泄漏性试验。

(2) 泄漏性试验应在压力试验合格后进行，试验介质宜采用空气。

(3) 泄漏性试验压力为设计压力。

(4) 泄漏性试验可结合试车一并进行。

(5) 泄漏试验应逐级缓慢升压，当达到试验压力，并且停压10min后，采用涂刷中性发泡剂等方法，巡回检查阀门填料函、法兰或螺纹连接处、放空阀、排气阀、排净阀等所有密封点应无泄漏。

8. 【答案】BCD

【解析】管道系统压力试验前应具备的条件：

(1) 试验范围内的管道安装工程除涂漆、绝热外，已按设计图纸全部完成，安装质量符合有关规定。

(2) 焊缝及其他待检部位尚未涂漆和绝热。

(3) 管道上的膨胀节已设置了临时约束装置。

(4) 试验用的压力表在周检期内并已经校验，其精度符合规定要求，压力表不得少于两块。

(5) 符合压力试验要求的液体或气体已经备齐。

(6) 管道已按试验的要求进行了加固。

(7) 待试管道与无关系统已用盲板或其他隔离措施隔开。

(8) 待试管道上的安全阀、爆破片及仪表元件等已拆下或加以隔离。

(9) 试验方案已经过批准，并已进行了技术安全交底。

(10) 在压力试验前，相关资料已经建设单位和有关部门复查。管道安装工程需要完成的是试验范围内的，除涂漆和绝热外的安装，并非一定要全部完成。试验方案不仅要制定，还必须经过批准，并进行技术交底。故选项A、E错误。

9. 【答案】C

【解析】管道吹扫与清洗的一般规定：吹洗的顺序应按主管、支管、疏排管依次进行。

10. 【答案】A

【解析】管道吹扫与清洗方法应根据对管道的使用要求、工作介质、系统回路、现场条件及管道内表面的脏污程度确定。吹洗方法的选用应符合施工规范的规定：

(1) 公称直径大于或等于600mm的液体或气体管道，宜采用人工清理。

(2) 公称直径小于600mm的液体管道宜采用水冲洗。

(3) 公称直径小于600mm的气体管道宜采用压缩空气吹扫。

(4) 蒸汽管道应以蒸汽吹扫。

(5) 非热力管道不得用蒸汽吹扫。

11. 【答案】B

【解析】500mm的液体管道属于公称直径小于600mm的液体管道，宜采用水冲洗。水冲洗流速不得低于1.5m/s。空气吹扫流速不宜小于20m/s。

12. 【答案】C

【解析】蒸汽管道应以大流量蒸汽进行吹扫，流速不小于30m/s，吹扫前先行暖管、及时排水，检查管道热位移。

13. 【答案】ACDE

【解析】管道吹扫与清洗方法应根据对管道的使用要求、工作介质、系统回路、现场条件及管道内表面的脏污程度确定。

14. 【答案】AE

【解析】水冲洗实施要点：

(1) 水冲洗应使用洁净水。冲洗不锈钢、镍及镍合金钢管道，水中氯离子含量不得超过25ppm。选项E错误。

(2) 水冲洗流速不得低于1.5m/s，冲洗压力不得超过管道压力。选项A错误。

(3) 冲洗排管的截面积不应小于被冲洗管截面积的60%，排水时不得形成负压。

(4) 应连续进行冲洗，当设计无规定时，以排出口的水色和透明度与入口水目测一致为合格。管道冲洗合格后，应及时将管内积水排净，并应及时吹干。

2H313000—2H313040

考点1 汽轮发电机设备的安装技术要求

1. 【答案】BC

【解析】汽轮机按照工作原理划分为冲动式汽轮机和反动式汽轮机两种。

2. 【答案】B

【解析】汽轮发电机与一般发电机类似，由定子和转子两部分组成。

3. 【答案】ABD

【解析】汽轮机本体主要由静止部分和转动部分组成。静止部分包括汽缸、喷嘴组、隔板、隔板套、汽封、轴承及紧固件等；转动部分包括动叶栅、叶轮、主轴、联轴器、盘车器、止推盘、危急保安器等。故选项C、E属于转动部分，选项A、B、D属于静止部分。

4. 【答案】D

【解析】转子测量应包括轴颈椭圆度和不柱度的测量、转子跳动测量（径向、端面和推力盘瓢偏）、转子弯曲度测量。

5. 【答案】ACDE

【解析】在轴系对轮中心找正时，首先要以低压转子为基准；其次对轮找中心通常都以全实缸、凝汽器灌水至模拟运行状态进行调整；再次各对轮找中心时的开口和高低差要有预留值；最后一般在各不同阶段要进行多次对轮中心的复查和找正。

6. 【答案】ABCD

【解析】汽轮机低压外下缸组合时汽缸找中心的基准可以用激光、拉钢丝、假轴、转子等。目前多采用拉钢丝法。

7. 【答案】A

【解析】发电机转子穿装，不同的机组有不同的穿转子方法，常用的方法有滑道式方法、接轴的方法、用后轴承座作平衡重量的方法、用两台跑车的方法等。具体机组采用何种方法一般由制造厂在产品说明书上明确说明，并提供专用的工具。

8. 【答案】ABDE

【解析】发电机转子穿装前进行单独气密性试验。待消除泄漏后，应再经漏气量试验，试验压力和允许漏气量应符合制造厂规定。发电机转子穿装工作，必须在完成机务（如支架、千斤顶、吊索等服务准备工作）、电气与热工仪表的各项工作后，会同有关人员对定子和转子进行最后清扫检查，确信其内部清洁，无任何杂物并经签证后方可进行。电机转子穿装，一般是根据制造厂提供的专用工具和方法，采用滑道式方法。

考点2 锅炉设备的安装技术要求

1. 【答案】ADE

【解析】锅炉系统的炉由炉膛（钢架）、炉前煤斗、炉排（炉箅）、分配送风装置、燃烧器、烟道、空气预热器、除渣机等组成。选项B、C属于电站锅炉中锅的组成部分。

2. 【答案】B

【解析】水冷壁是锅炉主要的辐射蒸发受热面，一般分为光管式水冷壁和膜式水冷壁两种。小容量中、低压锅炉多采用光管式水冷壁，大容量高温高压锅炉一般均采用膜式水冷壁。

3. 【答案】ABCE

【解析】水冷壁的主要作用：

(1) 吸收炉膛内的高温辐射热量以加热工质，并使烟气得到冷却，以便进入对流烟道的烟气温度降低到不结渣的温度，可以保护炉墙，从而炉墙结构可以做得轻一些、薄一些。

(2) 在蒸发同样多水的情况下，采用水冷壁比采用对流管束节省钢材。

选项D属于汽包作用。

4.【答案】B

【解析】锅炉本体受热面安装一般程序：设备清点检查→光谱检查→通球试验→联箱找正划线→管子就位对口和焊接。

5.【答案】A

【解析】锅炉钢架安装找正的方法主要是用拉钢卷尺检查中心位置和大梁间的对角线误差；用经纬仪检查立柱垂直度；用水准仪检查大梁水平度；用水平仪测查炉顶水平度，同时要注意标尺正负读数与炉顶高低的偏差关系等。

6.【答案】B

【解析】锅炉受热面组合形式是根据设备的结构特征及现场的施工条件来决定的，其形式包括直立式和横卧式。其中：①直立式组合就是按设备的安装状态来组合支架，将联箱放置（或悬吊）在支架上部，管屏在联箱下面组装。其优点在于组合场占用面积少，便于组件的吊装；缺点在于钢材耗用量大，安全状况较差。②横卧式组合就是将管排横卧摆放在组合支架上与联箱进行组合，然后将组合件竖立后进行吊装。其优点就是克服了直立式组合的缺点；其不足在于占用组合场面积多，且在设备竖立时会造成设备永久变形或损伤。

7.【答案】C

【解析】锅炉安装完毕后要进行烘炉，其目的是使锅炉砖墙能够缓慢地干燥，在使用时不致损裂。

8.【答案】A

【解析】冲洗吹洗范围应包括减温水管系统和锅炉过热器、再热器及过热蒸汽管道吹洗。

9.【答案】A

【解析】锅炉试运行要求：

(1) 锅炉试运行必须是在烘炉煮炉合格的前提下进行。

(2) 在试运行时使锅炉升压：在锅炉启动时升压应缓慢，升压速度应控制，尽量减小壁温差以保证锅筒的安全工作。

(3) 认真检查人孔、焊口、法兰等部件，如发现有泄漏时应及时处理。

(4) 仔细观察各联箱、锅筒、钢架、支架等的热膨胀及其位移是否正常。

(5) 试运行完毕后，按规定办理移交签证手续。

考点3 光伏与风力发电设备的安装技术要求

1.【答案】B

【解析】光伏发电设备主要由光伏支架、光伏组件、汇流箱、逆变器、电气设备等组成。其中，光伏支架包括跟踪式支架、固定支架和手动可调支架等。

2.【答案】ABD

【解析】风力发电厂一般由多台风机组成，每台风机构成一个独立的发电单元，风力发电设备主要包括塔筒、机舱、发电机、轮毂、叶片、电气设备等。

3.【答案】ABD

【解析】陆地风力发电设备多安装在山地、草原等风力集中的地区，最大单机容量为5MW。故选项C错误。海上风力发电设备多安装在滩头和浅海等地区，最大单机容量为6MW，施工环境和施工条件普遍比较差。故选项E错误。

4.【答案】B

【解析】光伏发电设备的安装程序：施工准备→基础检查验收→设备检查→光伏支架安装→光伏组件安装→汇流箱安装→逆变器安装→电气设备安装→调试→验收。

5.【答案】B

【解析】光伏与风力发电设备的安装程序：施工准备→基础环平台及变频器、电器柜→塔筒安装→机舱安装→发电机安装→叶片与轮毂组合→叶轮安装→其他部件安装→电气设备安装→调试试运行→验收。

6.【答案】AC

【解析】光伏组件之间的接线在组串后应进行光伏组件串的开路电压和短路电流的测试，施工时严禁接触组串的金属带电部位。

7.【答案】B

【解析】塔筒分多段供货，现场根据塔筒重

量、尺寸以及安装高度选择吊车的吊装工况。按照由下至上的吊装顺序进行塔筒的安装。

8. 【答案】ABC

【解析】槽式光热发电的集热器由集热器支架（驱动塔架、支架）、集热器（驱动轴、悬臂、反射镜、集热管、集热管支架、符道支架等）及集热器附件等组成；塔式光热发电的集热设备由定日镜、吸热器钢架和吸热器设备等组成。

9. 【答案】B

【解析】槽式光热发电设备安装程序：施工准备→基础检查验收→设备检查→集热器支架安装→集热器及附件安装→换热器及管道系统安装→汽轮发电机设备安装→电气设备安装→调试→验收。

2H313000—2H313050

考点 1 静置设备的制作与安装技术要求

1. 【答案】C

【解析】钢制焊接常压容器的焊接工艺评定报告、焊接工艺规程、施焊记录及焊工的识别标记，应保存 3 年。

2. 【答案】D

【解析】塔器设备的到货状态分为整体到货、分段到货、分片到货。

3. 【答案】C

【解析】基础混凝土强度不得低于设计强度的 75%，有沉降观测要求的，应设有沉降观测点。

4. 【答案】ACD

【解析】多层多道焊时，每层焊道引弧点宜依次错开 25～50mm。分带法可用于公称容积不大于 $2000m^3$ 的球罐组装。故选项 B 错误。散装法适用于各种规格形式的球罐组装，是目前国内应用广泛、技术成熟的方法。焊接程序原则包括先焊纵缝，后焊环缝；先焊短缝，后焊长缝；先焊坡口深度大的一侧，后焊坡口深度小的一侧。球形罐焊后整体热处理应在压力试验前进行。故选项 E 错误。

5. 【答案】B

【解析】构成料仓壳体的受力元件由仓壳顶、仓壳圆筒和仓壳锥体组成。

6. 【答案】ABCE

【解析】LNG 储罐分类为：单容罐、双容罐、全容罐、薄膜罐。

7. 【答案】C

【解析】倒装法安装基本是在地面上进行，避免了高空作业，保证了安全，有利于提高质量和工效，目前在储罐施工中被广泛采用。

8. 【答案】C

【解析】为检验产品焊接接头的力学性能和弯曲性能，应制作产品焊接试件，制取试样，进行拉力、弯曲和规定的冲击试验。故选项 C 错误。

9. 【答案】ABCE

【解析】充水和放水过程中，应打开透光孔，且不得使基础浸水。故选项 D 错误。

10. 【答案】ABC

【解析】罐建造完毕应进行充水试验，并应检查罐底严密性，罐壁强度及严密性，固定顶的强度、稳定性及严密性，浮顶及内浮顶的升降试验及严密性，浮顶排水管的严密性等以及进行基础的沉降观测。选项 D、E 属于几何尺寸检验内容。

11. 【答案】C

【解析】储罐罐体几何尺寸检查内容包括：罐壁高度偏差，罐壁垂直度偏差，罐壁焊缝棱角度和罐壁的局部凹凸变形，底圈壁板内表面半径偏差；罐底、罐顶焊接后检查内容包括：罐底焊后局部凹凸变形，浮顶局部凹凸变形，固定顶的成型及局部凹凸变形。选项 C 属于球罐焊后几何尺寸的检查内容。

12. 【答案】ABCD

【解析】球罐焊后几何尺寸检查内容包括：壳板焊后的棱角检查，两极间内直径及赤道截面的最大内直径检查，支柱垂直度检查；零部件安装后的检查，包括人孔、接管的位置、外伸长度、法兰面与管中心轴线垂直度检查。选项 E 属于储罐罐体几何尺寸检查的内容。

考点 2 钢结构的制作与安装技术要求

1. 【答案】BC

【解析】钢结构安装一般有以下几个主要环节：①基础验收与处理；②钢构件复查；③钢结构安装；④涂装（防腐涂装和/或防火涂装）。

2. 【答案】B

【解析】钢结构一般安装程序为：构件检查→基础复查→钢柱安装→支撑安装→梁安装→平台板（层板、屋面板）安装→围护结构安装。

3. 【答案】D

【解析】钢结构制作和安装单位，应按现行国家标准的有关规定分别进行高强度螺栓连接摩擦面的抗滑移系数试验，其结果应符合设计要求。

4. 【答案】ACDE

【解析】采用手工砂轮打磨时，打磨方向应与受力方向垂直，且打磨范围不应小于螺栓孔径的4倍。故选项B错误。

2H313000—2H313060

考点 1 自动化仪表的安装程序和要求

1. 【答案】B

【解析】仪表试验的气源应符合要求。气源应清洁、干燥，露点应低于最低环境温度10℃以上，气源压力应稳定。

2. 【答案】B

【解析】用于仪表校准和试验的标准仪器、仪表应具备有效的计量检定合格证书，其基本误差的绝对值，不宜超过被校准仪表基本误差绝对值的1/3。

3. 【答案】D

【解析】仪表调校室的设置应避开振动大、灰尘多、噪声大和有强磁场干扰的地方；应有上、下水和符合调校要求的交流、直流电源及仪表气源；应保证室内清洁、光线充足、通风良好；室内温度维持在10～35℃之间，空气相对湿度不大于85%。

4. 【答案】D

【解析】仪表设备由温度低于−5℃的环境移入保温库时，应在库内放置24h后再开箱。

5. 【答案】C

【解析】仪表调校应遵循的原则：先取证后校验；先单校后联校；先单回路后复杂回路；先单点后网络。

6. 【答案】ABDE

【解析】仪表管道有：测量管道、气动信号管道、气源管道、液压管道和伴热管道等。

7. 【答案】ABCE

【解析】自动化仪表施工的原则有：先土建后安装；先地下后地上；先安装设备再配管布线；先两端（控制室、就地盘、现场和就地仪表）后中间（电缆槽、接线盒、保护管、电缆、电线和仪表管道等）。

考点 2 自动化仪表设备的安装技术要求

1. 【答案】B

【解析】自动化仪表设备的安装要求：直接安装在管道上的仪表安装完毕后，应随同设备或管道系统进行压力试验。

2. 【答案】C

【解析】安装取源部件的开孔与焊接必须在工艺管道或设备的防腐、衬里、吹扫和压力试验前进行，应避开焊缝及其边缘。故选项A错误。压力取源部件与温度取源部件在同一管段上时，应安装在温度取源部件的上游侧。故选项B错误。温度取源部件的安装位置应符合要求。要选在介质温度变化灵敏和具有代表性的地方，不宜选在阀门等阻力部件的附近和介质流束呈现死角处以及振动较大的地方。故选项D错误。

3. 【答案】BCDE

【解析】分析取源部件的安装位置，应选在压力稳定、能灵敏反映真实成分变化和取得具有代表性的分析样品的地方。取样点的周围不应有层流、涡流、空气渗入、死角、物料堵塞或非生产过程的化学反应。

4. 【答案】C

【解析】压力取源部件在水平和倾斜的管道上的安装要求：①当测量气体压力时，取压点的方位在管道的上半部；②测量液体压力时，取压点的方位在管道的下半部与管道的水平中心线成0～45°夹角的范围内；③测量蒸汽压力时，取压点的方位在管道的上半部，或者下半部与管道水平中心线成0～45°夹角的范围内。

5. 【答案】ACE

【解析】测量气体介质压力时，变送器安装位置宜高于取压点。故选项B错误。孔板的锐边或喷嘴的曲面侧应迎着被测流体的流向。故选项D错误。

6. 【答案】C

【解析】压力取源部件与温度取源部件在同一管段上时，压力取源部件应安装在温度取源部件的上游侧。故选项C错误。

7. 【答案】BE

【解析】温度取源部件在压力取源部件的下游侧。故选项B错误。当测量液体流量时，取源部件应设置在管道下半部与管道水平中心线成0～45°夹角范围内。故选项E错误。

8. 【答案】B

【解析】温度检测仪表的校准试验点不应少于2点。直接显示温度计的示值误差应符合仪表准确度的规定。热电偶和热电阻可在常温下对元件进行检测，可不进行热电性能试验。

2H313000—2H313070

考点1 防腐蚀工程施工技术要求

1. 【答案】CD

【解析】表面处理方法中，属于机械处理的包括：喷射、抛丸等；属于化学处理的包括：脱脂、化学脱脂、浸泡脱脂、喷淋脱脂、超声波脱脂、转化处理。选项A、B、E属于化学处理。

2. 【答案】ABC

【解析】表面处理方法中，属于转化处理的包括：磷化、铬酸盐钝化、钝化，属于工具清理的包括：手工、动力。手动工具包括钢丝刷、粗砂纸、铲刀、刮刀或类似手工工具。动力工具包括旋转钢丝刷、电动砂轮或除锈机等。选项D、E属于工具清理。

【知识点拓展】防腐蚀施工技术表面处理的方法：

(1) 在涂装前，表面处理的方法有机械处理、化学处理、电化学处理、脱脂、电化学脱脂、除锈、修正、酸洗、火焰清理、喷射处理等。常用方法有工具清理、机械处理、喷射或抛射处理。

(2) 机械处理包括：喷射、抛丸等。

(3) 化学处理包括：脱脂、化学脱脂、浸泡脱脂、喷淋脱脂、超声波脱脂、转化处理。

(4) 工具清理包括：手工、动力。手动工具包括钢丝刷、粗砂纸、铲刀、刮刀或类似手工工具。动力工具包括旋转钢丝刷、电动砂轮或除锈机等。

(5) 喷射处理包括：干喷射、湿喷射、喷砂、喷丸、喷粒。

(6) 转化处理包括：磷化、铬酸盐钝化、钝化。

3. 【答案】B

【解析】喷射处理质量等级分为Sa1级、Sa2级、Sa2.5级、Sa3级四级。

4. 【答案】ABCD

【解析】喷射处理质量等级分为Sa1级、Sa2级、Sa2.5级、Sa3级四级。

5. 【答案】AB

【解析】工具处理等级分为St2级、St3级两级。喷射处理质量等级分为Sa1级、Sa2级、Sa2.5级、Sa3级四级。选项C、D、E属于喷射处理质量等级。

考点2 绝热工程施工技术要求

1. 【答案】B

【解析】硬质或半硬质绝热制品的拼缝宽度，当作为保温层时，不应大于5mm；当作为保冷层时，不应大于2mm。

2. 【答案】ABCD

【解析】当采用一种绝热制品，保温层厚度大于或等于100mm，应分为两层或多层逐层施工，各层的厚度宜接近。硬质或半硬质绝热制品的拼缝宽度，当作为保温层时，不应大于5mm；当作为保冷层时，不应大于2mm。绝热层施工时，同层应错缝，上下层应压缝，其搭接的长度不宜小于100mm。水平管道的纵向接缝位置，不得布置在管道垂直中心线45°范围内。故选项E错误。

3. 【答案】CE

【解析】绝热层施工时，同层应错缝，上下层应压缝，其搭接的长度不宜小于100mm。捆扎间距对硬质绝热制品不应大于400mm；对半硬质绝热制品不应大于300mm；对软质绝热制品宜为200mm，故选项E错误。水平管道的纵向接缝位置，不得布置在管道垂直中心线45°范围内，故选项C错误。每块绝热制品上的捆扎件不得少于两道；对有振动的部位应加强捆扎。所以答案为选项C、E。

4. 【答案】D

【解析】设置防潮层的绝热层外表面应清理干净、保持干燥，并应平整、均匀，不得有突角、凹坑或起砂现象。室外施工不宜在雨雪天或阳光暴晒中进行。防潮层外不得设置钢丝、钢带等硬质捆扎件。设备筒体、管道上的防潮层应连续施工，不得有断开或断层等现象。故选项D错误。

5. 【答案】D

【解析】防潮层胶泥涂抹的厚度每层一般为2～3mm，施工时依据设计文件的要求确定。

6. 【答案】A

【解析】立式设备和垂直管道的环向接缝，应为上下搭接。卧式设备和水平管道的纵向接缝位置，应在两侧搭接，并应缝口朝下。

7. 【答案】ACDE

【解析】金属保护层的接缝可选用搭接、咬接、插接及嵌接的形式。

8. 【答案】ABC

【解析】静置设备和转动机械的绝热层，其金属保护层应自下而上进行敷设。环向接缝宜采用搭接或插接，纵向接缝可咬接或搭接。故选项A、B、C错误。搭接或插接尺寸应为30～50mm。平顶设备顶部绝热层的金属保护层，应按设计规定的斜度进行施工。

2H313000—2H313080

考点1 炉窑砌筑工程的施工程序和要求

1. 【答案】C

【解析】酸性耐火材料如硅砖、锆英砂砖等，其特性是能耐酸性渣的侵蚀。选项A属于中性耐火材料；选项B、D属于碱性耐火材料。

2. 【答案】D

【解析】碱性耐火材料如镁砖、镁铝砖、白云石砖等，其特性是能耐碱性渣的侵蚀。选项A、B属于酸性耐火材料；选项C属于中性耐火材料。

3. 【答案】ABC

【解析】耐火材料按耐火度分类：

(1) 普通耐火材料，其耐火度为1580～1770℃。

(2) 高级耐火材料，其耐火度为1770～2000℃。

(3) 特级耐火材料，其耐火度为2000℃以上。

4. 【答案】A

【解析】中性耐火材料如刚玉砖、高铝砖、碳砖等。选项B、D属于碱性耐火材料；选项C属于酸性耐火材料。

5. 【答案】B

【解析】工序交接证明书应包括下列内容：

(1) 炉子中心线和控制标高的测量记录以及必要的沉降观测点的测量记录。

(2) 隐蔽工程验收合同的证明。

(3) 炉体冷却装置、管道和炉壳的试压记录及焊接严密性试验合格的证明。

(4) 钢结构和炉内轨道等安装位置的主要尺寸的复测记录。

(5) 动态炉窑或炉子可动部分的试运转合格证明。

(6) 炉内托砖板和锚固件等的位置、尺寸及焊接质量的检查合格的证明。

(7) 上道工序成果的保护要求。

6. 【答案】D

【解析】工序交接证明书包括的内容：

(1) 炉子中心线和控制标高的测量记录及必要的沉降观测点的测量记录。

(2) 隐蔽工程的验收合格证明。

(3) 炉体冷却装置、管道和炉壳的试压记录及焊接严密性试验验收合格的证明。

(4) 钢结构和炉内轨道等安装位置的主要尺寸的复测记录。

(5) 可动炉子或炉子的可动部分的试运转合格的证明。

(6) 炉内托砖板和锚固件等的位置、尺寸及焊接质量的检查合格的证明。

(7) 上道工序成果的保护要求。

7.【答案】ABC

【解析】工序交接证明书包括的内容:

(1) 炉子中心线和控制标高的测量记录及必要的沉降观测点的测量记录。

(2) 隐蔽工程的验收合格证明。

(3) 炉体冷却装置、管道和炉壳的试压记录及焊接严密性试验验收合格的证明。

(4) 钢结构和炉内轨道等安装位置的主要尺寸的复测记录。

(5) 可动炉子或炉子的可动部分的试运转合格的证明。

(6) 炉内托砖板和锚固件等的位置、尺寸及焊接质量的检查合格的证明。

(7) 上道工序成果的保护要求。

8.【答案】A

【解析】静态式炉窑的施工与动态炉窑不同之处在于:

(1) 不必进行无负荷试运转。

(2) 起始点一般选择自下而上的顺序。

(3) 炉窑静止不能转动,每次环向缝一次可完成。

(4) 起拱部位应从两侧向中间砌筑,并需采用拱胎压紧固定,待锁砖完成后,拆除拱胎。

静态式炉窑无需进行无负荷运转。选项B、C、D均是静态式炉窑和动态炉窑砌筑的不同之处。

考点2 耐火材料的施工技术要求

1.【答案】D

【解析】隔热耐火砖如黏土质、高铝质和硅质砖。

2.【答案】C

【解析】吊挂拱顶应分环锁紧,各环锁紧度应一致。锁砖锁紧后,应立即把吊挂长销穿好。

3.【答案】B

【解析】圆形炉墙不得有三层或三环重缝,上下两层和相邻两环的重缝不得在同一地点。

4.【答案】AE

【解析】耐火喷涂料喷涂方向应垂直于受喷面。故选项A错误。喷嘴与喷涂面的距离宜为1~1.5m,喷嘴应不断地进行螺旋式移动,使粗细颗粒分布均匀。故选项E错误。

5.【答案】B

【解析】工业炉在投入生产前必须烘干烘透。烘炉前应先烘烟囱及烟道。

2H314000—2H314010

考点1 建筑管道工程的划分和施工程序

1.【答案】C

【解析】动设备施工程序:施工准备→设备开箱验收→基础验收→设备安装就位→设备找平找正→二次灌浆→单机调试。

2.【答案】C

【解析】静设备施工程序:施工准备→设备开箱验收→基础验收→设备安装就位→设备找平找正→二次灌浆→设备系统压力试验(满水试验)。

3.【答案】B

【解析】室内热水管道施工程序:施工准备→材料验收→配合土建预留、预埋→管道测绘放线→管道支架制作→管道加工预制→管道支架安装→管道及器具安装→系统压力试验→防腐绝热→系统清洗→试运行。

4.【答案】C

【解析】室外给水管道施工程序:施工准备→材料验收→管道测绘放线→管道沟槽开挖→管道加工预制→管道安装→系统压力试验→防腐绝热→系统清洗、消毒→管沟回填。

5.【答案】C

【解析】监测与控制仪表施工程序:施工准备→监测与控制仪表验收→监测与控制仪表鉴定校准→监测与控制仪表安装→试运行。

考点2 建筑管道的施工技术要求

1.【答案】AD

【解析】高层建筑管道常用的连接方法:铜管连接可采用专用接头或焊接。

2.【答案】A

【解析】直径较大的管道采用法兰连接,法兰连接一般用在主干道连接阀门、止回阀、水表、水泵等处,以及需要经常拆卸、检修的管段上。镀锌管如用焊接或法兰连接,焊接处应进行二次镀锌或防腐。

3. 【答案】ABDE

【解析】建筑管道安装的连接方式有螺纹连接、法兰连接、焊接连接、沟槽连接、卡套式连接、卡压连接、热熔连接、承插连接。

4. 【答案】BC

【解析】选项A错误，钢塑复合管一般采用螺纹连接。选项B正确，焊接适用于不镀锌钢管，多用于暗装管道和直径较大的管道，并在高层建筑中应用较多。选项C正确，镀锌钢管应采用螺纹连接，套丝扣时破坏的镀锌层表面及外露螺纹部分应做防腐处理；大于100mm的镀锌钢管应采用法兰或卡套式专用管件连接，镀锌钢管与法兰的焊接处应二次镀锌。选项D错误，PPR、HDPE等塑料管常采用热熔器进行热熔连接。选项E错误，沟槽式连接件连接可用于消防水、空调冷热水、给水、雨水等系统直径大于或等于100mm的镀锌钢管。

5. 【答案】C

【解析】管道金属保护层的环向、纵向接缝必须上搭下，水平管道的环向接缝应顺水搭接。

6. 【答案】A

【解析】供暖管道系统冲洗完毕后应充水、加热，进行试运行和调试，观察、测量室温满足设计要求为合格。

7. 【答案】AE

【解析】不得与风道或烟道连接。故选项B错误。通气管应高出屋面300mm，但必须大于最大积雪厚度。故选项C错误。在通气管出口4m以内有门、窗时，通气管应高出门、窗顶600mm或引向无门、窗一侧。故选项D错误。在经常有人停留的平屋顶上，通气管应高出屋面2m，并应根据防雷要求设置防雷装置。

8. 【答案】B

【解析】冷热水管道上下平行安装时，热水管道应在冷水管道上方，垂直安装时热水管道在冷水管道左侧。

9. 【答案】B

【解析】阀门应按规范要求进行强度和严密性试验，试验应在每批（同牌号、同型号、同规格）数量中抽查10%，且不少于一个。

10. 【答案】AB

【解析】安装在主干管上起切断作用的闭路阀门，应逐个做强度试验和严密性试验。

11. 【答案】C

【解析】地下室或地下构筑物外墙有管道穿过的，应采取防水措施。对有严格防水要求的建筑物，必须采用柔性防水套管。

12. 【答案】D

【解析】管道的防腐方法主要有涂漆、衬里、静电保护和阴极保护等。加热保护是管道绝热的类型。

2H314000—2H314020

考点 1 建筑电气工程的划分和施工程序

1. 【答案】B

【解析】开关柜、配电柜的安装顺序：开箱检查→二次搬运→基础框架制作安装→柜体固定→母线连接→二次线路连接→试验调整→送电运行验收。

2. 【答案】C

【解析】变压器的施工顺序：开箱检查→二次搬运→变压器本体安装→附件安装→变压器吊芯检查及交接试验→送电前检查→送电运行验收。

3. 【答案】C

【解析】照明灯具安装程序：灯具开箱检查→灯具组装→灯具安装接线→送电前的检查→送电运行。

4. 【答案】A

【解析】防雷接地装置的施工程序：接地体施工→接地干线施工→引下线敷设→均压环施工→接闪带（接闪杆、接闪网）施工。

考点 2 建筑电气工程的施工技术要求

1. 【答案】B

【解析】变压器箱体、干式变压器的支架、基础型钢及外壳应分别单独与保护导体可靠连接，紧固件及防松零件齐全，坚固件及防松零件抽查5%。

2. 【答案】BD

【解析】箱式变电所及其落地式配电箱的基

础应高于室外地坪，周围排水通畅。故选项B错误。配电柜安装垂直度允许偏差为1.5‰，相互间接缝不应大于2mm，成列柜面偏差不应大于5mm。故选项D错误。

3. 【答案】B

【解析】母线槽安装前，应测量每节母线槽的绝缘电阻值，且不应小于20MΩ。

4. 【答案】C

【解析】导线敷设后，应用500V兆欧表测试绝缘电阻，线路绝缘电阻应大于0.5MΩ。

5. 【答案】C

【解析】母线槽的安装技术要求：

(1) 母线槽安装前，应测量每节母线槽的绝缘电阻值，且不应小于20MΩ。故选项C错误。

(2) 多根母线槽并列水平或垂直敷设时，各相邻母线槽间应预留维护、检修距离。插接箱外壳应与母线槽外壳连通，接地良好。

(3) 母线槽水平安装时，圆钢吊架直径不得小于8mm，吊架间距不应大于2m。每节母线槽的支架不应少于1个，转弯处应增设支架加强。垂直安装时应设置弹簧支架。

(4) 每段母线槽的金属外壳间应可靠连接，母线槽全长与保护导体可靠连接不应少于2处。

(5) 母线槽安装完毕后，应对穿越防火墙和楼板的孔洞进行防火封堵。

6. 【答案】BDE

【解析】母线槽的安装技术要求：

(1) 母线槽安装前，应测量每节母线槽的绝缘电阻值，且不应小于20MΩ。

(2) 多根母线槽并列水平或垂直敷设时，各相邻母线槽间应预留维护、检修距离。插接箱外壳应与母线槽外壳连通，接地良好。

(3) 母线槽水平安装时，圆钢吊架直径不得小于8mm，吊架间距不应大于2m。每节母线槽的支架不应少于1个，转弯处应增设支架加强。垂直安装时应设置弹簧支架。故选项C错误。

(4) 每段母线槽的金属外壳间应可靠连接，母线槽全长与保护导体可靠连接不应少于2处。故选项A错误。

(5) 母线槽安装完毕后，应对穿越防火墙和楼板的孔洞进行防火封堵。

7. 【答案】C

【解析】槽盒内的绝缘导线总截面积（包括外护套）不应超过槽盒内截面积的40%。

8. 【答案】BCE

【解析】照明配电箱安装技术要求：

(1) 照明配电箱应安装牢固，配电箱内应标明用电回路名称。

(2) 照明配电箱内应分别设置零线和保护接地（PE线）汇流排，零线和保护线应在汇流排上连接，不得绞接。

(3) 照明配电箱内每一单相分支回路的电流不宜超过16A，灯具数量不宜超过25个；大型建筑组合灯具每一单相回路电流不宜超过25A，光源数量不超过60个。

(4) 插座为单独回路时，数量不宜超过10个。灯具和插座混为一个回路时，其中插座数不宜超过5个。

9. 【答案】C

【解析】当接地装置安装完毕后，应对各接地干线和支线的外露部分，以及电气设备的接地部分进行外观检查，检查各接地线的焊接或螺钉连接是否接牢。检查完后应在接地线的表面涂上绿黄颜色的防锈漆。

10. 【答案】ABC

【解析】垂直埋设的金属接地体一般采用镀锌角钢、镀锌钢管、镀锌圆钢等。

11. 【答案】BD

【解析】接闪带的搭接长度应符合规定：扁钢之间搭接为扁钢宽度2倍，三面施焊；圆钢之间搭接为圆钢直径的6倍，双面施焊；圆钢与扁钢搭接为圆钢直径的6倍，双面施焊。

2H314000—2H314030

考点1 通风与空调工程的划分和施工程序

1. 【答案】D

【解析】通风与空调工程按《建筑工程施工质量验收统一标准》划分子分部工程，其中常用的子分部工程包括：送风系统、排风系统、防排烟系统、舒适性空调系统、净化空调系统、空调（冷、热）水系统、冷却水系统、冷凝水系统、蓄冷（冷、热）水系统、压缩式制冷（热）设备系统、多联机（热泵）空调系统。选项D属于建筑电气工程。

2. 【答案】ABC
【解析】防排烟系统包括：风管与部件制作，风管系统安装，风机与空气处理设备安装，风管与设备防腐，排烟风阀（口）、正压送风口、防火风管安装，系统调试。选项D属于排风系统，选项E属于送风系统。

3. 【答案】B
【解析】空调水系统管道施工程序：管道预制→管道支吊架制作与安装→管道与附件安装→水压试验→冲洗→质量检查。

4. 【答案】C
【解析】制冷机组安装程序：基础验收→机组运输吊装→机组减振装置安装→机组就位安装→机组配管→质量检查。

5. 【答案】A
【解析】水泵安装程序：基础验收→减振装置安装→水泵就位→找正找平→配管及附件安装→质量检查。

考点 2 通风与空调工程的施工技术要求

1. 【答案】ABCE
【解析】通风与空调工程风管按其工作压力划分为微压、低压、中压、高压四个等级类别。

2. 【答案】ABCD
【解析】风管系统的制作与安装，应按照被批准的施工图纸、合同约定或工程洽商记录、相关的施工方案及标准规范的规定进行。

3. 【答案】C
【解析】复合材料风管的覆面材料必须为不燃材料，内层的绝热材料应采用不燃或难燃且对人体无害的材料。当设计无规定时，镀锌钢板板材的镀锌层厚度不应低于$80g/m^2$。故选项C错误。防火风管的本体、框架与固定材料、密封垫料等必须为不燃材料，防火风管的耐火极限时间应符合系统防火设计的规定。

4. 【答案】ACDE
【解析】风管针对其工作压力等级、板材厚度、风管长度与断面尺寸，采取相应的加固措施。

5. 【答案】BC
【解析】矩形内斜线和内弧形弯头应设导流片，以减少风管局部阻力和噪声。

6. 【答案】AD
【解析】风管安装就位的程序通常为先上层后下层、先主干管后支管、先立管后水平管。输送含有易燃、易爆气体的风管系统通过生活区或其他辅助生产房间时不得设置接口。故选项B错误。切断支、吊、托架的型钢及其开螺孔应采用机械加工，不得用电气焊切割。故选项C错误。风管穿过需要封闭的防火防爆楼板或墙体时采取的措施，应设钢板厚度不小于1.6mm的预埋管或防护套管，风管与防护套管之间应采用不燃柔性材料封堵。风管内严禁其他管线穿越。故选项E错误。

7. 【答案】BCDE
【解析】严密性检验，主要检验风管、部件制作加工后的咬口缝、铆接孔、风管的法兰翻边、风管管段之间的连接严密性，检验合格后方能交付下道工序。

8. 【答案】A
【解析】通风机、空气处理机组中的风机，叶轮旋转方向正确、运转平稳、无异常振动与声响，其电机运行功率应符合设备技术文件的规定。在额定转速下连续运转2h后，滑动轴承与滚动轴承的温升应符合相关规范要求。

9. 【答案】ACDE
【解析】系统非设计满负荷条件下的联合试运转及调试内容：
(1) 监测与控制系统的检验、调整与联动运行。
(2) 系统风量的测定和调整。
(3) 空调水系统的测定和调整。
(4) 室内空气参数的测定和调整。
(5) 防排烟系统测定和调整。

10. 【答案】ADE
【解析】设备单机试运转安全保证措施要齐全、可靠，并有书面的安全技术交底。通风系统的连续试运行应不少于2h，空调系统带冷（热）源的连续试运行应不少于8h。故选项B、C错误。系统总风量调试结果与设计风量的允许偏差应为−5%～+10%。空调冷（热）水系统、冷却水系统总流量与设计流量的偏差不应大于10%。

11.【答案】C

【解析】洁净度等级N6级至N9级，且工作压力小于等于1500Pa的，按中压系统的风管制作要求。

12.【答案】B

【解析】洁净度等级N1级至N5级的按高压系统的风管制作要求。净化空调系统的检测和调整应在系统正常运行24h及以上，达到稳定后进行。工程竣工洁净室（区）洁净度的检测，应在空态或静态下进行。检测时，室内人员不宜多于3人，并应穿着与洁净室等级相适应的洁净工作服。故选项B错误。

2H314000—2H314040

考点1 建筑智能化工程的划分和施工程序

1.【答案】ABCE

【解析】建筑智能化工程实施界面的确定，贯彻于施工图深化、设备采购、工程施工、系统调试、系统试运行、系统检测和竣工验收的全过程中。

2.【答案】ABCD

【解析】进口设备应提供：原产地证明、商检证明、质量合格证明、检测报告、安装使用及维护说明书的中文文本。

3.【答案】BCE

【解析】建设单位应组织项目检测小组，而不是施工单位，故选项A错误。项目检测小组应指定检测负责人。系统检测程序：分项工程→子分部工程→分部工程。依据工程技术文件和规范规定的检测项目、检测数量及检测方法编制系统检测方案，检测方案经建设单位或项目监理工程师审批后实施，故选项D错误。公共机构的项目检测小组应由有资质的检测单位组成。

考点2 建筑智能化设备的安装技术要求

1.【答案】B

【解析】卫星天线基座应根据设计图纸的位置、尺寸，在土建浇筑混凝土层面的同时进行基座施工，基座中的地脚螺栓应与楼房顶面钢筋焊接连接，并与接地体连接，天线底座接地电阻应小于4Ω。

2.【答案】BCE

【解析】电动风阀控制器安装前，应检查线圈和阀体间的电阻、供电电压、输入信号等是否符合要求，宜进行模拟动作检查。

3.【答案】ABC

【解析】电磁阀、电动调节阀安装前，应按说明书规定检查线圈与阀体间的电阻，进行模拟动作试验和压力试验。阀门外壳上的箭头指向与水流方向一致。

4.【答案】C

【解析】摄像机、探测器、出入口识读设备、电子巡查信息识读器等设备抽检的数量不应低于20%，且不应少于3台，数量少于3台时应全部检测。

2H314000—2H314050

考点1 消防工程的划分和施工程序

1.【答案】B

【解析】消火栓灭火系统施工程序：施工准备→干管安装→立管、支管安装→箱体稳固→附件安装→管道试压、冲洗→系统调试。

2.【答案】C

【解析】排烟防火阀的安装位置、方向应正确，阀门应顺气流方向关闭，防火分区隔墙两侧的防火阀，距墙表面应不大于200mm。

3.【答案】B

【解析】火电厂单台发电机组容量为300MW及以上的，站内应不少于2辆消防车，其中一辆为水罐或泡沫消防车，另一辆可为干粉或干粉泡沫联用车。石油储备库的油罐应设置固定式低倍数泡沫灭火系统、固定式消防冷却水系统和火灾自动报警系统。故选项B错误。储存锌粉、碳化钙、低亚硫酸钠等遇水燃烧物品的仓库不得设置室内外消防给水。燃气轮发电机组（包括燃气轮机、齿轮箱、发电机和控制间），宜采用全淹没气体灭火系统，并应设置火灾自动报警系统。

考点 2 消防工程的验收要求

1. 【答案】D

【解析】建筑总面积为 25000m^2 建设工程，建设单位应当向本行政区域内地方人民政府住房和城乡建设主管部门申请消防设计审查，并在建设工程竣工后向消防设计审查验收主管部门申请消防验收。故答案为 D。

2. 【答案】B

【解析】现场评定结束后，消防设计审查验收主管部门依据消防验收有关评定规则，给出验收结论，并形成《建筑工程消防验收意见书》。

3. 【答案】C

【解析】房屋建筑主体工程已完成，消防工程的主要设施已安装调试完毕，仅留下室内精装修时，对安装的探测、报警、显示和喷头等部件的消防验收，称为粗装修消防验收。粗装修消防验收属于消防设施的功能性验收。验收合格后，建筑物尚不具备投入使用的条件。

4. 【答案】ABC

【解析】建设单位申请消防验收应当提供下列材料：

(1) 消防验收申报表。

(2) 工程竣工验收报告。

(3) 涉及消防的建设工程竣工图纸。

5. 【答案】C

【解析】应申请消防验收的：建筑总面积大于 1000m^2 的托儿所、幼儿园的儿童用房，儿童游乐厅等室内儿童活动场所，养老院、福利院，医院、疗养院的病房楼，中小学校的教学楼、图书馆、食堂，学校的集体宿舍，劳动密集型企业的员工集体宿舍。

6. 【答案】C

【解析】具有下列情形之一的特殊建设工程，建设单位应当向本行政区域内地方人民政府住房和城乡建设主管部门申请消防设计审查：

(1) 建筑总面积大于 20000m^2 的体育场馆、会堂，公共展览馆、博物馆的展示厅。

(2) 建筑总面积大于 15000m^2 的民用机场航站楼、客运车站候车室、客运码头候船厅。

(3) 国家机关办公楼、电力调度楼、电信楼、邮政楼、防灾指挥调度楼、广播电视楼、档案楼。

(4) 规定以外的单体建筑面积大于 40000m^2 或者建筑高度超过 50m 的其他公共建筑。

7. 【答案】C

【解析】验收程序通常包括验收受理、现场评定和出具消防验收意见等阶段。

8. 【答案】ABE

【解析】根据工程需要，消防工程可以按施工程序划分为三种消防验收形式，即隐蔽工程消防验收、粗装修消防验收、精装修消防验收。

9. 【答案】C

【解析】建筑总面积大于 20000m^2 的体育场馆、会堂，公共展览馆、博物馆的展示厅须向本行政区域内地方人民政府住房和城乡建设主管部门申请消防设计审核。选项 A、D 错误。建筑总面积大于 15000m^2 的民用机场航站楼、客运车站候车室、客运码头候船厅须向本行政区域内地方人民政府住房和城乡建设主管部门申请消防设计审核。选项 B 错误。建筑总面积大于 10000m^2 的宾馆、饭店、商场、市场须向本行政区域内地方人民政府住房和城乡建设主管部门申请消防设计审核。

2H314000—2H314060

考点 1 电梯工程的划分和施工程序

1. 【答案】A

【解析】电梯的基本构成：

(1) 从空间占位看，电梯一般由机房、井道、轿厢、层站四大部位组成。

(2) 从系统功能分，电梯通常由曳引系统、导向系统、轿厢系统、门系统、重量平衡系统、驱动系统、控制系统、安全保护系统等八大系统构成。

2. 【答案】D

【解析】电力驱动的曳引式或强制式电梯、液压电梯的主要参数包括额定载重量和额定速度。

考点 2 电梯工程的验收要求

1. 【答案】B

【解析】电梯安装之前，所有厅门预留孔必须设有高度不小于1200mm的安全保护围封（安全防护门），并应保证有足够的强度，安全保护围封应从层门预留孔底面起向上延伸至不小于1200mm的高度，应采用木质或金属材料制作，且应采用可拆除结构，为了防止其他人员将其移走或翻倒，其应与建筑物连接。

2. 【答案】ABCD

【解析】书面告知应提交的材料包括：《特种设备安装改造维修告知单》；施工单位及人员资格证件；施工组织与技术方案；工程合同；安装监督检验约请书；电梯制造单位的资质证件。

3. 【答案】A

【解析】自动扶梯、自动人行道应进行空载制动试验，制停距离应符合标准规范的要求。

4. 【答案】D

【解析】电梯安装单位自检试运行结束后，整理并向制造单位提供自检记录，由制造单位负责进行校验和调试。

5. 【答案】ABDE

【解析】自动扶梯和自动人行道在无控制电压、电路接地故障或过载时，必须自动停止运行。自动扶梯和自动人行道在下列情况中的停止运行，必须通过安全触点或安全电路来完成开关的断开：①控制装置在超速和运行方向非操纵逆转下动作；②附加制动器（如果有）动作；③直接驱动梯级、踏板或胶带的部件（如链条或齿条）断裂或过分伸长；④驱动装置与转向装置之间的距离（无意性）缩短；⑤梯级、踏板下陷，或胶带进入梳齿板处有异物夹住，且产生损坏梯级、踏板或胶带支撑结构；⑥无中间出口的连续安装的多台自动扶梯、自动人行道中的一台停止运行；⑦扶手带入口保护装置动作。

6. 【答案】C

【解析】当相邻两层门地坎间的距离大于11m时，其间必须设置井道安全门，井道安全门严禁向井道内开启，且必须装有安全门处于关闭时电梯才能运行的电气安全装置。当相邻轿厢间有相互救援用轿厢安全门时，可不执行本款。

7. 【答案】D

【解析】电梯轿厢缓冲器支座下的底坑地面应能承受满载轿厢静载4倍的作用力。

8. 【答案】B

【解析】安全部件安装验收要求：

(1) 限速器动作速度整定封记必须完好，且无拆动痕迹。

(2) 当安全钳可调节时，整定封记应完好，且无拆动痕迹。

(3) 轿厢在两端站平层位置时，轿厢、对重的缓冲器撞板与缓冲器顶面间的距离应符合土建布置图要求。轿厢、对重的缓冲器撞板中心与缓冲器中心的偏差不应大于20mm。

9. 【答案】ABCE

【解析】电梯整机验收的要求：安全钳、缓冲器、限速器、门锁装置必须与其型式试验证书相符。

10. 【答案】B

【解析】层门与轿门的试验时，每层层门必须能够用三角钥匙正常开启，当一个层门或轿门（在多扇门中任何一扇门）非正常打开时，电梯严禁启动或继续运行。

11. 【答案】A

【解析】导体之间和导体对地之间的绝缘电阻必须大于1000Ω/V。

12. 【答案】B

【解析】限速器与安全钳电气开关在联动试验中必须动作可靠，且应使驱动主机立即制动。

13. 【答案】A

【解析】自动扶梯的梯级或自动人行道的踏板或胶带上空，垂直净高度严禁小于2.3m。

2H320000 机电工程项目施工管理

2H320000—2H320010

考点 1 施工招标投标范围和要求

1. 【答案】ABC

【解析】根据《招标投标法》《招标投标实施条例》《必须招标的工程项目规定》等规定，在中华人民共和国境内进行机电工程建设项目，必须按下述规定招标：

(1) 全部或部分使用国有资金投资或国家融资的项目。

(2) 使用国际组织或者外国政府贷款、援助资金的项目。

(3) 不属于 (1) (2) 规定情形的大型基础设施、公用事业等关系社会公共利益、公众安全的项目，必须招标的具体范围：①煤炭、石油、天然气、电力、新能源等能源基础设施项目；②公路、管道、水运，以及公共航空和 A1 级通用机场等交通运输基础项目；③电信枢纽、通信信息网络等通信基础设施项目；④防洪、灌溉、排涝、引（供）水等水利基础设施项目；⑤城市轨道交通等城建项目。

选项 D、E 属于可以不招标的机电工程项目。

2. 【答案】ACD

【解析】可以不招标的机电工程项目：

涉及国家安全、国家秘密、抢险救灾或者属于利用扶贫资金实行以工代赈、需要使用农民工等特殊情况，不适宜进行招标的机电工程项目，按照国家有关规定可以不进行招标。除上述特殊情况外，有下列情形之一的机电工程项目，可以不进行招标：

(1) 需要采用不可替代的专利或者专有技术。

(2) 采购人依法能够自行建设、生产或者提供。

(3) 已通过招标方式选定的特许经营项目投资人依法能够自行建设、生产或者提供。

(4) 需要向原中标人采购工程、货物或者服务，否则将影响施工或者功能配套要求。

(5) 国家规定的其他特殊情形。

选项 B、E 属于必须招标的项目。

3. 【答案】BD

【解析】机电工程项目招标的方式分为公开招标和邀请招标。

4. 【答案】A

【解析】招标人采用邀请招标方式的，应当向 3 个以上具备承担招标项目的能力、资信良好的特定的法人或者其他组织发出投标邀请书。

5. 【答案】C

【解析】招标人可以对已发出的招标文件进行必要的澄清或者修改，投标截止时间至少 15 日前，以书面形式通知所有获取招标文件的潜在投标人。

6. 【答案】A

【解析】招标人可以在招标文件中要求投标人提交投标担保。投标担保可以采用投标保函或者投标保证金的方式。投标保证金可以使用支票、银行汇票等，一般不得超过投标总价的 2%。

7. 【答案】A

【解析】投标文件应当对招标文件提出的实质性要求和条件作出响应。故选项 A 正确。投标人少于 3 个的，招标人应当依法重新招标。故选项 B 错误。对技术复杂或者无法精确拟定技术规格的项目，招标人可以分两阶段进行招标：第一阶段，投标人按照招标公告或者投标邀请书的要求提交不带报价的技术建议；第二阶段，投标人按照招标文件的要求提交包括最终技术方案和投标报价的投标文件。招标人要求投标人提交投标保证金的，应当在第二阶段提出。故选项 C 错误。投标截止后投标人撤销投标文件的，招标人可以不退还投标保证金。故选项 D 错误。

8. 【答案】D

【解析】具有下列情形之一的，可以邀请

招标：

(1) 技术复杂、有特殊要求或者受自然环境限制，只有少量潜在投标人可供选择。

(2) 采用公开招标方式的费用占项目合同金额的比例过大。

(3) 国务院发展计划部门确定的国家重点项目和省、自治区、直辖市人民政府确定的地方重点项目不适宜公开招标的，经国务院发展计划部门或者省、自治区、直辖市人民政府批准，可以进行邀请招标。

考点 2 施工投标的条件与程序

1. 【答案】A

【解析】施工组织设计是报价的基础和前提，也是招标人评标时考虑的重要因素之一。

2. 【答案】ABD

【解析】电子招标投标系统根据功能的不同，分为交易平台、公共服务平台和行政监督平台。

2H320000—2H320020

考点 1 施工分包合同的实施

1. 【答案】DE

【解析】合同分析的重点内容如下：

(1) 合同的法律基础，承包人的主要责任，工程范围，发包人的责任。

(2) 合同价格，计价方法和价格补偿条件。

(3) 工期要求和顺延及其惩罚条款，工程受干扰的法律后果，合同双方的违约责任。

(4) 合同变更方式，工程验收方法，索赔程序和争执的解决等。

2. 【答案】ABCD

【解析】合同分析的重点内容如下：

(1) 合同的法律基础，承包人的主要责任，工程范围，发包人的责任。

(2) 合同价格，计价方法和价格补偿条件。

(3) 工期要求和顺延及其惩罚条款，工程受干扰的法律后果，合同双方的违约责任。

(4) 合同变更方式，工程验收方法，索赔程序和争执的解决等。

3. 【答案】C

【解析】合同管理人员在对合同的主要内容进行分析、解释和说明的基础上，组织分包单位与项目有关人员进行交底。

4. 【答案】D

【解析】根据合同实施偏差问题的分析结果，制定并采取调整措施。调整措施可以分为：组织措施、技术措施、经济措施和合同措施。

5. 【答案】A

【解析】总承包方对分包方及分包工程，进行施工全过程的管理。故选项 A 错误。总承包方应派代表对分包方进行管理，并对分包工程施工进行有效控制和记录。总承包方按施工合同约定，为分包方的合同履行提供现场平面布置、临时设施、轴线及标高测量等方面的必要服务。总承包方或其主管部门应及时检查、审核分包方提交的文件资料，提出审核意见并批复。

6. 【答案】C

【解析】分包方经自行检验合格后，均应事先通知总承包方组织预验收，认可后再由总承包单位报请建设单位组织检查验收。

7. 【答案】D

【解析】分包方的履行与管理：

(1) 分包单位不得再次把工程转包给其他单位。

(2) 分包方必须遵守总包方各项管理制度。

(3) 分包方按施工组织总设计编制分包工程施工方案，并报总包方审核。

(4) 分包方按总承包方的要求，编制分包工程的施工进度计划、预算、结算。

(5) 及时向总承包方提供分包工程的计划、统计、技术、质量、安全、环境保护和验收等有关资料。

选项 D 属于总承包方管理的内容。

考点 2 施工合同变更与索赔

1. 【答案】C

【解析】合同变更范围：

(1) 增加或减少合同中任何工作，或追加额外的工作。

(2) 取消合同中任何工作，但转由其他人实施的工作除外。

(3) 改变合同中任何工作的质量标准或其他

特性。

(4) 改变工程的基线、标高、位置或尺寸等设计特性。

(5) 改变工程的时间安排或实施顺序。

选项C是一个除外情况，故错误。

2. 【答案】ABCD

【解析】合同变更原因：

(1) 发包方的变更指令、对工程新的要求。

(2) 由于设计的错误，必须对设计图纸做修改。

(3) 工程环境的变化，预定的工程条件不准确，如遇到不可预见的地质条件或地下障碍，承包方要求变更实施方案或计划。

(4) 由于产生新的技术和工艺，合同双方认为有必要改变原设计、实施方案或实施计划，或由于发包方指令及发包方的原因造成承包商施工方案的变更。

(5) 政府部门对项目有新的要求，如国家计划变化、环境保护要求、城市规划变动等。

(6) 由于合同实施出现问题，必须调整合同目标或修改合同条款。

(7) 合同双方当事人由于倒闭或其他原因转让合同，造成合同当事人的变化。

3. 【答案】CDE

【解析】索赔发生的原因：

(1) 合同当事方违约，不履行或未能正确履行合同义务与责任。

(2) 合同条文错误，如合同条文不全、错误、矛盾，设计图纸、技术规范错误等。

(3) 合同变更。

(4) 不可抗力因素，如恶劣气候条件、地震、疫情、洪水、战争状态等。

选项A、B属于合同条文错误。

4. 【答案】AE

【解析】索赔的分类：

(1) 按索赔目的分：工期索赔和费用索赔。

(2) 按索赔的有关当事人分：总包方与业主之间的索赔；总包方与分包方之间的索赔；总包方与供货商之间的索赔；总包方向保险公司的索赔。

(3) 按索赔的业务范围分：施工索赔、商务索赔。

(4) 按索赔发生的原因分：延期索赔、工程范围变更索赔、施工加速索赔和不利现场条件索赔。

选项B、C、D属于按索赔的有关当事人分类。

5. 【答案】ADE

【解析】索赔的分类：

(1) 按索赔目的分：工期索赔和费用索赔。

(2) 按索赔的有关当事人分：总包方与业主之间的索赔；总包方与分包方之间的索赔；总包方与供货商之间的索赔；总包方向保险公司的索赔。

(3) 按索赔的业务范围分：施工索赔、商务索赔。

(4) 按索赔发生的原因分：延期索赔、工程范围变更索赔、施工加速索赔和不利现场条件索赔。

选项B、C属于按索赔的业务范围分类。

6. 【答案】C

【解析】机电工程项目索赔的处理过程：意向通知→资料准备→索赔报告的编写→索赔报告的提交→索赔报告的评审→索赔谈判→争端的解决。

7. 【答案】B

【解析】机电工程项目索赔的处理过程：意向通知→资料准备→索赔报告的编写→索赔报告的提交→索赔报告的评审→索赔谈判→争端的解决。

8. 【答案】D

【解析】索赔成立的前提条件，应该同时具备以下三个前提条件：

(1) 与合同对照，事件已造成了承包商工程项目成本的额外支出或直接工期损失。故选项D错误。

(2) 造成费用增加或工期损失的原因，按合同约定不属于承包商的行为责任或风险责任。

(3) 承包商按合同规定的程序和时间提交索赔意向通知和索赔报告。

2H320000—2H320030

考点 1 施工组织设计编制要求

1. 【答案】BCDE

【解析】施工组织设计按编制对象划分，可分为四类：施工组织总设计、单位工程施工组织设计、分部（分项）工程施工组织设计、临时用电施工组织设计。

2. 【答案】A

【解析】施工现场临时用电设备在5台及以上或设备总容量在50kW及以上者，应编制临时用电施工组织设计，应在临电工程开工前编制完成。

3. 【答案】A

【解析】施工组织总设计是编制单位工程和分部（分项）工程施工组织设计的依据。

4. 【答案】D

【解析】施工组织总设计，是以若干单位工程组成的群体工程或特大型项目为主要对象编制，对整个项目的施工过程起统筹规划、重点控制的作用。

5. 【答案】ABCD

【解析】施工组织设计编制依据：

(1) 与工程建设有关的法律法规和文件。

(2) 国家现行有关标准和技术经济指标。

(3) 工程所在地区行政主管部门的批准文件，建设单位对施工的要求。

(4) 工程施工合同或招标投标文件。

(5) 工程设计文件。

(6) 工程施工范围的现场条件，工程地质及水文地质、气象等自然条件。

(7) 与工程有关的资源供应情况。

(8) 施工企业的生产能力、机具装备、技术水平等。

6. 【答案】ABCD

【解析】施工组织设计的基本内容包括：工程概况、施工部署、施工进度计划、施工准备与资源配置计划、主要施工方案、施工现场平面布置及各项施工管理计划等。

7. 【答案】A

【解析】施工组织总设计应由总承包单位技术负责人审批；单位工程施工组织设计应由施工单位技术负责人或技术负责人授权的技术人员审批；专项工程施工组织设计（施工方案）应由项目技术负责人审批；重大施工方案应由施工单位技术部门组织相关专家评审，施工单位技术负责人批准。

8. 【答案】A

【解析】施工组织设计应由项目负责人主持编制，可根据需要分阶段编制和审批。

9. 【答案】ABCD

【解析】项目施工过程中，发生下列情况之一时，施工组织设计应及时进行修改或补充：

(1) 工程设计有重大修改。

(2) 有关法律、法规、规范和标准实施、修订和废止。

(3) 主要施工方法有重大调整。

(4) 主要施工资源配置有重大调整。

(5) 施工环境有重大改变。

10. 【答案】ABCD

【解析】临时用电施工图纸主要包括：用电工程总平面图、配电装置布置图、配电系统接线图、接地装置设计图。

考点2 施工方案的编制与实施

1. 【答案】AC

【解析】施工方案的类型按方案所指导的内容可分为专业工程施工方案和危大工程安全专项施工方案两大类。

2. 【答案】A

【解析】专业工程施工方案是指组织专业工程（含多专业配合工程）实施为目的，用于指导专业工程施工全过程各项施工活动需要而编制的工程技术方案。

3. 【答案】ABC

【解析】施工方案应遵循先进性、可行性和经济性兼顾的原则。

4. 【答案】D

【解析】安全专项施工方案应由施工单位技术部门组织本单位施工技术、安全、质量等部门的专业技术人员进行审核。

5. 【答案】ABC

【解析】施工方案编制内容包括：工程概况、编制依据、施工安排、施工进度计划、施工准备与资源配置计划、施工方法及工艺要求、主要施工管理计划等内容。

2H320000—2H320040

考点 1 人力资源管理的要求

1. 【答案】ABDE

【解析】人力资源管理的基本原则包括系统优化原则、能级对应原则、激励强化原则、弹性冗余原则、互补增值原则、公平竞争原则。

2. 【答案】A

【解析】工程项目部负责人：项目经理、项目副经理、项目总工。项目经理必须具有机电工程建造师资格。

3. 【答案】A

【解析】特种作业人员必须持证上岗。特种作业操作证每3年进行一次复审。对离开特种作业岗位6个月以上的特种作业人员，上岗前必须重新进行考核，合格后方可上岗作业。

4. 【答案】BD

【解析】特种设备作业人员是在机电安装企业中，主要指从事设备制造和安装的生产人员，如焊工、探伤工、司炉工等。选项A、C、E属于特种作业人员。

【知识点扩展】特种作业人员与特种设备作业人员对比内容见下表。

特种作业人员	特种设备作业人员
焊工、起重工、电工、场内运输工（叉车工）、架子工	焊工、探伤工、司炉工

5. 【答案】A

【解析】Ⅰ级人员可进行无损检测操作，记录检测数据，整理检测资料。Ⅱ级人员可编制一般的无损检测程序，并按检测工艺独立进行检测操作，评定检测结果，签发检测报告。Ⅲ级人员可根据标准编制无损检测工艺，审核或签发检测报告，解释检测结果，仲裁Ⅱ级人员对检测结论的技术争议。

6. 【答案】C

【解析】Ⅰ级人员可进行无损检测操作，记录检测数据，整理检测资料。Ⅱ级人员可编制一般的无损检测程序，并按检测工艺独立进行检测操作，评定检测结果，签发检测报告。Ⅲ级人员可根据标准编制无损检测工艺，审核或签发检测报告，解释检测结果，仲裁Ⅱ级人员对检测结论的技术争议。

7. 【答案】ABDE

【解析】人力资源动态管理应遵循的基本原则有：①动态管理以进度计划和合同为依据，满足工程需要；②动态管理应允许人力资源在企业内作充分的合理流动；③动态管理应以动态平衡和日常调度为手段（故选项C错误）；④动态管理应以达到人力资源优化组合，充分调动积极性为目的。

考点 2 工程材料管理的要求

1. 【答案】C

【解析】施工项目经理是现场材料管理全面领导责任者，施工项目部主管材料人员是施工现场材料管理直接责任人。

2. 【答案】A

【解析】施工项目经理是现场材料管理全面领导责任者，施工项目部主管材料人员是施工现场材料管理直接责任人。

3. 【答案】ABCE

【解析】进场验收要求：

(1) 在材料进场时必须根据进料计划、送料凭证、质量保证书或产品合格证，进行材料的数量和质量验收。

(2) 验收工作按质量验收规范和计量检测规定进行。

(3) 验收内容包括材料品种、规格、型号、质量、数量、证件等。

(4) 验收要做好记录、办理验收手续。

(5) 要求复检的材料应有取样送检证明报告。

(6) 对不符合计划要求或质量不合格的材料应拒绝接收。

4. 【答案】ACDE

【解析】在材料进场时必须根据进料计划、送料凭证、质量保证书或产品合格证，进行材料的数量和质量验收。

考点 3 施工机具管理的要求

1. 【答案】D

【解析】施工机具的选择主要按类型、主要性能参数、操作性能来进行，要切合需要、实际可行、经济合理。其选择原则是：

(1) 施工机具的类型，应满足施工部署中的机械设备供应计划和施工方案的需要。

(2) 施工机具的主要性能参数，要能满足工程需要和保证质量要求。

(3) 施工机具的操作性能，要适合工程的具体特点和使用场所的环境条件。

(4) 能兼顾施工企业近几年的技术进步和市场拓展的需要。

(5) 尽可能选择操作上安全、简单、可靠，品牌优良且同类设备同一型号的产品。

(6) 综合考虑机械设备的选择特性。

2. **【答案】**ABCE

【解析】施工机具的使用应贯彻"人机固定"原则，实行定机、定人、定岗位责任的"三定"制度，执行重要施工机械设备专机专人负责制、机长负责制和操作人员持证上岗制。

3. **【答案】**C

【解析】施工机械设备操作人员要求：

(1) 严格按照操作规程作业，搞好设备日常维护，保证机械设备安全运行。

(2) 特种作业严格执行持证上岗制度并审查证件的有效性和作业范围。

(3) 逐步达到本级别"四懂三会"("四懂"：懂性能、懂原理、懂结构、懂用途；"三会"：会操作、会保养、会排除故障）的要求。故选项C错误。

(4) 做好机械设备运行记录，填写项目真实、齐全、准确。

4. **【答案】**B

【解析】"三会"：会操作、会保养、会排除故障。故选项A正确。施工机具管理要求属于特种设备的应履行报检程序。故选项B错误。施工机具的使用应贯彻人机固定原则，实行定机、定人、定岗位责任的三定制度。故选项C正确。施工机具的使用实行定机、定人、定岗位责任的"三定"制度。故选项D正确。

2H320000—2H320050

考点1 施工技术交底

1. **【答案】**BCD

【解析】工程施工前，对施工过程中存在较大安全风险的项目提出技术性的安全措施。例如，大件物品的起重与运输、高空作业、地下作业、大型设备的试运行以及其他高风险的作业等。

2. **【答案】**C

【解析】施工技术交底的类型：设计交底与图纸会审、项目总体交底、单位工程技术交底、分部分项工程技术交底、变更交底、安全技术交底。

3. **【答案】**C

【解析】应在工程开工前界定哪些项目的技术交底是重要的，对于重要的技术交底，其交底内容编制完成后应由项目技术负责人审核或批准。

考点2 设计变更程序

1. **【答案】**ABC

【解析】重大设计变更是指变更对项目实施总工期和里程碑产生影响，或改变工程质量标准、整体设计功能，或增加的费用超出批准的基础设计概算，或增加原批准概算中没有列入的单项工程，或工艺方案变化、扩大设计规模、增加主要工艺设备等改变基础设计范围等原因提出的设计变更。重大设计变更应按照有关规定办理审批手续。

2. **【答案】**B

【解析】一般设计变更是指在不违背批准的基础设计文件的前提下，发生的局部改进、完善，使设计更趋于合理、优化，以及更好地满足用户的需求等方面的设计变更。一般设计变更不改变工艺流程，不会对总工期和里程碑产生影响，对工程投资影响较小。选项A、C、D属于重大设计变更。

3. **【答案】**A

【解析】设计单位发出设计变更程序：

(1) 设计单位发出设计变更。

(2) 建设单位工程师组织总监理工程师、造价工程师论证变更影响。

(3) 建设单位工程师将论证结果报项目经理或总经理同意后，变更图纸或变更说明由建设单位发至监理工程师，监理工程师发至施工单位。

考点 3 施工技术资料与竣工档案管理

1. 【答案】ABC

【解析】机电工程项目施工技术资料与竣工档案的特征有真实性、完整性、有效性、复杂性。

2. 【答案】D

【解析】机电工程项目施工技术资料包括施工组织设计、施工方案及危险性较大的分部分项工程专项施工方案、技术交底记录、图纸会审记录、设计交底记录、设计变更文件、工程洽商记录、技术联系（通知单）等。选项A、B、C均为建设工程项目资料。

3. 【答案】D

【解析】施工技术资料的保存应以分项工程为基本单位进行保管。小型工程也可以子分部工程为单位保存，但保存过程中应进行分项区分，便于资料的保管、检查、检索以及竣工时归档整理。

4. 【答案】A

【解析】一项建设工程由多个单位工程组成时，工程文件应按单位工程组卷。故选项A错误。所有竣工图应由施工单位逐张加盖竣工图章。故选项B正确。机电工程项目竣工档案一般不少于两套。故选项C正确。纸质版与电子版竣工图中每一份图纸的签署者、日期应一致。故选项D正确。

2H320000—2H320060

考点 1 单位工程施工进度计划实施

1. 【答案】ACD

【解析】横道图计划编制方法简单，便于实际进度与计划进度比较，便于计算劳动力、机具、材料和资金的需要量。

2. 【答案】B

【解析】网络图施工进度计划（双代号）能够明确表达各项工作之间的逻辑关系，通过网络计划时间参数的计算，可以找出关键线路和关键工作，也可以明确各项工作的机动时间；网络计划可以利用计算机进行计算、优化和调整。

3. 【答案】B

【解析】单位工程进度计划是编制工程施工作业进度计划的依据。

4. 【答案】C

【解析】在确定各项工程的开竣工时间和相互搭接协调关系时，应考虑以下因素：①保证重点、兼顾一般，优先安排工程量大的工艺生产主线；②满足连续均衡施工要求，使资源得到充分的利用，提高生产率和经济效益；③留出一些后备工程，以便在施工过程中作为平衡调剂使用；④考虑各种不利条件的限制和影响，为缓解或消除不利影响做准备；⑤考虑业主的配合及当地政府有关部门的影响等。

考点 2 作业进度计划要求

1. 【答案】D

【解析】作业进度计划可按分项工程或工序为单元进行编制。

2. 【答案】ABCD

【解析】作业进度计划应具体体现施工顺序安排的合理性，即满足先地下后地上、先深后浅、先干线后支线、先大件后小件等的基本要求。

3. 【答案】AC

【解析】施工作业进度计划是项目部在施工期内指导作业的依据，因此计划的编制者应向作业人员进行进度计划交底，交底的内容包括计划目标和执行计划的相关条件，以及计划执行中可能遇见的问题与解决办法，同时对技术措施、质量要求、安全作业等事项提出要求。单位工程进度计划交底内容：施工进度控制重点（关键线路、关键工作）、施工用人力资源和物资供应保障情况、各专业队组（含分包方的）分工和衔接关系及时间点、安全技术措施要领和单位工程质量目标。选项B、D、E属于单位工程进度计划交底内容。

考点 3 施工进度的监测与调整

1. 【答案】CDE

【解析】设计单位的原因：施工图纸提供不及时或图纸修改，造成工程停工或返工，影响计划进度。选项C、D属于建设单位原因；选项E属于施工单位原因。

2. 【答案】D

【解析】若工作的进度偏差小于或等于该工作的总时差，此偏差对总工期无影响，但它对后续工作的影响程度，则需要通过比较偏差与自由时差的大小来确定。

【知识点拓展】施工进度偏差对后续工作和总工期影响的分析：

1. 进度偏差的工作是否为关键工作

(1) 若出现进度偏差的工作位于关键线路上，即该工作为关键工作，则无论其偏差有多小，都将对后续工作和总工期产生影响，必须采取相应的调整措施。

(2) 若出现进度偏差的工作不是关键工作，则需要比较偏差值与总时差和自由时差的大小关系，确定对后续工作和总工期的影响程度。

2. 进度偏差是否大于总时差

(1) 若工作的进度偏差大于该工作的总时差，此偏差将影响后续工作和总工期，必须采取相应的调整措施。

(2) 若工作的进度偏差小于或等于该工作的总时差，此偏差对总工期无影响，但它对后续工作的影响程度，则需要通过比较偏差与自由时差的大小来确定。

3. 分析进度偏差是否大于自由时差

(1) 若工作的进度偏差大于该工作的自由时差，此偏差对后续工作产生影响，如何调整应根据后续工作允许影响的程度而定。

(2) 若工作的进度偏差小于或等于该工作的自由时差，此偏差对后续工作无影响，原进度计划可不作调整。

3. 【答案】D

【解析】进度控制中的技术措施：

(1) 为实现计划进度目标，优化施工方案，分析改变施工技术、施工方法和施工机械的可能性。

(2) 审查分包单位提交的进度计划，使分包单位能在满足总进度计划的状态下施工。

(3) 编制施工进度控制工作细则，指导项目部人员实施进度控制。

(4) 采用网络计划技术及其他适用的计划方法，并结合计算机的应用，对机电工程进度实施动态控制。

(5) 施工前应加强图纸审查，严格控制随意变更。

选项A、B、C属于技术措施，选项D属于组织措施。

2H320000—2H320070

考点 1 施工质量预控

1. 【答案】B

【解析】质量计划的编制原则：以项目策划为依据，将企业管理手册、程序文件的原则要求转化为项目的具体操作要求，是质量策划的一部分。

2. 【答案】B

【解析】施工质量的事后控制：

(1) 竣工质量检验控制。

(2) 工程质量评定。

(3) 工程质量文件审核与建档。

(4) 回访和保修。

选项B属于事中控制。

3. 【答案】B

【解析】根据各控制点对工程质量的影响程度，将质量控制点分为A、B、C三级：

(1) A级控制点：影响装置、设备的安全运行、使用功能或运行后出现质量问题时必须停车才可处理或合同协议有特殊要求的质量控制点，必须由施工、监理和业主三方质检人员共同检查确认并签证。

(2) B级控制点：影响下道工序质量的质量控制点，由施工、监理双方质检人员共同检查确认并签证。

(3) C级控制点：对工程质量影响较小或开车后出现问题可随时处理的次要质量控制点，由施工方质检人员自行检查确认。

4. 【答案】AB

【解析】工序质量控制的方法一般有质量预控、工序分析、质量控制点的设置三种，以质量预控为主。

5. 【答案】CD

【解析】工序分析的步骤：第一步是用因果分析图法书面分析；第二步进行试验核实，可根据不同的工序用不同的方法，如优选法等；第三步是制定标准进行管理，主要应用系统图法和矩阵图法。

考点 2 施工工序质量检验

1. 【答案】C

【解析】现场质量检查的方法主要有目测法、实测法、试验法等。

2. 【答案】A

【解析】现场质量检查的内容包括开工前的检查，工序交接检查，隐蔽工程的检查，停工后复工的检查，分项、分部工程完工后检查，成品保护的检查。

3. 【答案】B

【解析】“三检制”是指操作人员的“自检”“互检”和专职质量管理人员的“专检”相结合的检验制度。它是施工企业确保现场施工质量的一种有效的方法。

4. 【答案】ABE

【解析】检验试验计划的编制依据和主要内容：

(1) 编制依据：设计图纸、施工质量验收规范、合同规定内容。

(2) 主要内容：检验试验项目名称；质量要求；检验方法（专检、自检、目测、检验设备名称和精度等）；检测部位；检验记录名称或编号；何时进行检验；责任人；执行标准。

选项 C、D 属于主要内容。

5. 【答案】ACDE

【解析】现场质量检查的方法主要有目测法、实测法、试验法等。其中试验法是通过必要的试验手段对质量进行判断的检查方法，主要包括：理化试验、无损检测、试压、试车等。

考点 3 施工质量问题和质量事故的处理

1. 【答案】C

【解析】质量问题是指工程质量不符合规定要求，包括质量缺陷、质量不合格和质量事故等。凡是工程质量不合格，必须进行返修、加固或报废处理，造成直接经济损失不大的，为质量问题，由企业自行处理。

2. 【答案】D

【解析】工程项目质量事故具有复杂性、严重性、可变性、多发性等特点。

3. 【答案】C

【解析】事故报告后出现新情况，以及事故发生之日起 30 日内伤亡人数发生变化的，应当及时补报。

4. 【答案】A

【解析】工程发生施工质量事故部位处理方式有：返工处理、返修处理、限制使用、不作处理、报废处理五种情况。当工程质量缺陷经过修补处理后不能满足规定的质量标准要求，或不具备补救可能性则必须采取返工处理。

5. 【答案】ACD

【解析】事故调查报告应当包括下列内容：

(1) 事故项目及各参建单位概况。

(2) 事故发生经过和事故救援情况。

(3) 事故造成的人员伤亡和直接经济损失。

(4) 事故项目有关质量检测报告和技术分析报告。

(5) 事故发生的原因和事故性质。

(6) 事故责任的认定和事故责任者的处理建议。

(7) 事故防范和整改措施。

事故调查报告应当附具有关证据材料。事故调查组成员应当在事故调查报告上签名。

2H320000—2H320080

考点 1 施工现场职业健康安全管理要求

1. 【答案】A

【解析】项目经理应为工程项目安全生产第一责任人，应负责分解落实安全生产责任，实施考核奖惩，实现项目安全管理目标。

2. 【答案】ABC

【解析】分包人安全生产责任应包括：分包人对其所承担工作任务相关的安全工作负责，认真履行分包合同规定的安全生产责任；遵守承包人的相关安全生产制度，服从承包人的安全生产管理，及时向承包人报告伤亡事故并参与调查，处理善后事宜。选项 D、E 属于承包人对分包人的安全生产责任。

3. 【答案】A

【解析】本题考查安全技术交底制度。专项

施工方案实施前，编制人员或项目技术负责人应向施工现场管理人员进行交底，选项A错误。

考点2 施工现场危险源辨识

1.【答案】B

【解析】危险源管理不当才是隐患，才会导致事故。重大危险源分为四级，二级重大危险源可能造成特大事故。选项B错误。生产经营单位要对本单位的重大危险源进行登记建档，建立重大危险源管理档案。危险源应由三个要素构成：潜在危险性、存在条件和触发因素。

2.【答案】A

【解析】生产经营单位要对本单位的重大危险源进行登记建档，建立重大危险源管理档案，并按照国家和地方有关部门重大危险源申报登记的具体要求，在每年3月底前将有关材料报送当地县级以上人民政府安全生产监督管理部门备案。

3.【答案】C

【解析】国内外已经开发出的危险源辨识方法有几十种之多，如安全检查表、预危险性分析、危险和操作性研究、故障类型和影响性分析、事件树分析、故障树分析、LEC法、储存量比对法等。项目施工危险源辨识常采用“安全检查表”方法。

考点3 施工安全技术措施

1.【答案】ABCD

【解析】施工安全技术措施费：按照“企业提取、政府监管、确保需要、规范使用”的原则进行管理。

2.【答案】C

【解析】特种设备在投入使用前或者投入使用后30日内，特种设备使用单位应当向直辖市或者设区的市的特种设备安全监督管理部门登记。登记标志应当置于或者附着于该特种设备的显著位置。

考点4 施工安全应急预案

1.【答案】ADE

【解析】生产经营单位应急预案分为：综合应急预案、专项应急预案、现场处置方案。

2.【答案】D

【解析】触电事故的有害因素：未达到三级配电、两级保护；未提供用电防护用品；电线敷设不满足要求；临时用电管理较混乱；电工无证操作等。

3.【答案】ABC

【解析】高处坠落事故的有害因素：无安全技术防护措施；安全网、安全带使用不满足要求；安全技术交底与安全培训相对滞后。选项D、E属于物体打击事故的有害因素。

4.【答案】ABD

【解析】物体打击事故的预防措施：

(1) 安全帽、劳保鞋等劳保护品验收合格。

(2) 施工现场的入口处、作业场所悬挂相应的警示标志。

(3) 项目部安全部门负责日常检查，相关部门负责项目施工现场监督。

选项C、E为高处坠落事故的预防措施。

考点5 施工现场安全事故处理

1.【答案】ACD

【解析】根据生产安全事故造成的人员伤亡或者直接经济损失，生产安全事故一般分4个等级：特别重大事故、重大事故、较大事故、一般事故。其中人员伤亡包含死亡人数和重伤人数。

2.【答案】A

【解析】特别重大事故由国务院或由国务院授权有关部门组织事故调查组进行调查；重大事故、较大事故、一般事故分别由省级、市级、县级人民政府负责调查；未造成人员伤亡的一般事故，县级人民政府也可委托事故发生单位组织调查组进行调查。

3.【答案】ACE

【解析】报告事故的内容：①事故发生单位概况；②事故发生的时间、地点以及施工现场情况；③事故的简要经过；④事故已经造成或者可能造成的伤亡人数（包括下落不明的人数）和初步估计的直接经济损失；⑤已经采取的措施；⑥其他应报告的情况。

2H320000—2H320090

考点1 沟通协调

1. 【答案】ADE

【解析】施工生产资源配备的协调：

(1) 人力资源的合理配备，人员岗位分工及相互协作。

(2) 施工用设备和材料的有序供应，根据项目总体进度安排，协调相应加工订货周期和到场时间。

(3) 施工机具的优化配置，配备满足工程需要的施工机具，科学有效地提高生产效率。

(4) 资金的合理分配，资金配备的协调。

2. 【答案】AC

【解析】与土建单位的沟通与协调包括：综合施工进度的平衡及进度的衔接与配合；交叉施工的协商与配合；吊装及运输机具、周转材料等相互就近使用与协调；重要设备基础、预埋件、吊装预留孔洞的相互配合与协调；土建施工质量问题的反馈及处理意见的协商；土建工程交付安装时的验收与交接。

考点2 分包管理

1. 【答案】D

【解析】考查项目部对分包队伍管理的要求：

(1) 总承包单位按照总承包合同的约定对建设单位负责。按《建筑法》的规定，建筑工程总承包单位按照总承包合同的约定对建设单位负责，分包单位按照分包合同的约定对总承包单位负责，总承包单位和分包单位就分包工程对建设单位承担连带责任。

(2) 对分包单位严格考核与管理。总承包单位应从资质条件、技术装备、技术管理人员资格以及履约能力等方面对分包单位严格考核与管理，确定满足工程要求的分包单位。

(3) 强化分包队伍的全过程管理。总包单位的工程项目部应按要求强化分包队伍的全过程管理。分包合同不能解除总承包单位任何义务与责任。分包单位的任何违约或疏忽，均会被业主视为违约行为。因此，总承包单位必须重视并指派专人负责对分包方的管理，保证分包合同和总承包合同的履行。

(4) 不得再次把工程转包。严格规定分包单位不得再次把工程转包给其他单位。故选项D错误。

2. 【答案】ABCD

【解析】总包单位在项目实施过程中，应对分包单位实施监督与考核，采取听取分包单位工作汇报、工程联合监督检查、工作联系单、协调会、综合考核评定等方式。

考点3 现场绿色施工措施

1. 【答案】D

【解析】施工单位应建立以项目经理为第一责任人的绿色施工管理体系，制定绿色施工管理制度，负责绿色施工的组织实施，进行绿色施工教育培训，定期开展自查、联检和评价工作。

2. 【答案】ACDE

【解析】绿色施工总体上由绿色施工管理、环境保护、节材与材料资源利用、节水与水资源利用、节能与能源利用、节地与施工用地保护六个方面组成。

3. 【答案】ADE

【解析】绿色施工的土壤保护包括：①保护地表环境，防止土壤侵蚀、流失。因施工造成的裸土应及时覆盖。②污水处理设施等不发生堵塞、渗漏、溢出等现象。③防腐保温用油漆、绝缘脂和易产生粉尘的材料等应妥善保管，对现场地面造成污染时应及时进行清理。④对于有毒有害废弃物应回收后交有资质的单位处理，不能作为建筑垃圾外运。⑤施工后应恢复施工活动破坏的植被。选项B属于扬尘控制，选项C属于水污染控制。

4. 【答案】ACE

【解析】绿色施工管理包括组织管理、规划管理、实施管理、评价管理和人员安全与健康管理五个方面。

考点4 现场文明施工管理

1. 【答案】ABCD

【解析】施工现场临时用电管理措施：

(1) 临时用电有方案和管理制度，临时用电由持证电工专人管理，电工个人防护整齐。

(2) 配电箱和控制箱选型、配置合理，箱体整洁、安装牢固。

(3) 配电系统和施工机具采用可靠的接地保护，配电箱和控制箱均设两级漏电保护。

(4) 电动机具电源线压接牢固，绝缘完好，无乱拉、扯、压、砸现象；电焊机一、二次线防护齐全，焊把线双线到位，无破损。

(5) 配电线路架设和照明设备、灯具的安装、使用应符合规范要求。

配电箱和控制箱均设两级漏电保护。选项 E 错误。

2. **【答案】** BCDE

【解析】 消防通道必须建成环形或足以能满足消防车回车条件，且宽度不小于 3.5m。故选项 A 错误。

【知识点拓展】 施工现场通道及安全防护措施：

(1) 场区人行道应标识清楚，并与主路之间采取隔离措施。

(2) 消防通道必须建成环形或足以能满足消防车回车条件，且宽度不小于 3.5m。

(3) 所有施工场点标识出人行通道并用隔离布带隔离。

(4) 所有临时楼梯必须按规定要求制作安装，两边扶手用安全网防护。

(5) 高 2m 以上平台必须安装护栏。

(6) 所有吊装区必须设立警戒线，并用隔离布带隔离，标识明显。

(7) 所有高处作业必须挂安全网，做安全护栏，并设置踢脚板防止坠物，靠人行道和马路一侧要用安全网封闭。

(8) 施工通道处应有必要的照明设施。

2H320000—2H320100

考点 1 施工成本控制的依据

1. **【答案】** D

【解析】 企业管理费是指建筑安装企业组织施工生产和经营管理所需的费用。内容包括：管理人员工资、办公费、差旅交通费、固定资产使用费、工具用具使用费、劳动保险费、检验试验费、夜间施工增加费、工程定位复测费、工会经费、职工教育经费、财产保险费、财务费、税金和其他等。

2. **【答案】** BCD

【解析】 建筑安装工程费中的其他项目费包括暂列金额、暂估价、计日工、总承包服务费、专业工程结算价、索赔与现场签证费、优质工程增加费等。

考点 2 施工成本计划的实施

1. **【答案】** ABCD

【解析】 施工成本控制应遵循成本最低化原则、全面成本控制原则、动态控制原则、责权利相结合的原则。

2. **【答案】** AC

【解析】 成本控制的依据有：合同文件、成本计划、进度报告、工程变更与索赔资料、各种资源的市场信息等。

3. **【答案】** D

【解析】 机电安装工程如包括工程设备采购，因包括设备采购成本、设备交通运输成本和设备质量成本等，占成本份额大，必须进行重点控制，尽可能降低采购、运输成本，减少设备仓储保管费用。

考点 3 降低施工成本的措施

1. **【答案】** C

【解析】 项目实际成本是施工过程中实际发生的可以列入成本支出的费用总和，是项目施工活动中各种消耗的综合反映。

2. **【答案】** B

【解析】 项目计划成本在考核成本基础上，根据工程项目的技术特征、自然地理特征、劳动力素质、设备情况等，由企业法人代表和项目经理签订的内部承包合同规定的标准成本。它是控制项目成本支出的标准，也是成本管理的目标。

3. **【答案】** A

【解析】 企业下达给项目部的成本是项目考核成本，是根据企业的有关定额经过评估、测算而下达的用于考核的成本。它是考核工程项目成本支出的重要尺度。

4. **【答案】** A

【解析】 选项 B 属于技术措施；选项 C 属于经济措施；选项 D 属于合同措施。

5. **【答案】** ACD

【解析】 降低项目成本的技术措施：技术措

施是降低成本的保证，在工程施工过程采用先进的技术措施，通过技术措施与经济措施相结合的方式，以技术优势来取得经济效益，降低项目成本。

(1) 制定先进合理的施工方案和施工工艺。

(2) 积极推广应用新技术。

(3) 加强技术、质量检验。

选项A、C、D是技术措施，选项B是经济措施，选项E是组织措施。

2H320000—2H320110

考点1 试运行条件

1. 【答案】D

【解析】单机试运行由施工单位负责。工作内容包括：负责编制完成试运行方案，并报建设单位审批；组织实施试运行操作，做好测试、记录。

2. 【答案】A

【解析】联动试运行适于成套设备系统的大型工程，例如，炼油化工工程，连续机组的机电工程等。选项A错误。单机试运行属于工程施工安装阶段的工作内容。选项B正确。中小型单体设备工程一般可只进行单机试运行。选项C正确。因受介质（原料）限制不能进行单机试运行的，应留待负荷试运行阶段用设计规定介质（原料）进行试运行，而不是由联动试运行代替。选项D正确。

3. 【答案】ADE

【解析】工程中间交接完成包括的内容：

(1)"三查四定"（三查：查设计漏项、未完工程、工程质量隐患；四定：对查出的问题定任务、定人员、定时间、定措施）的问题整改消缺完毕，遗留尾项已处理完。

(2) 影响投料的设计变更项目已施工完。

(3) 现场清洁，施工用临时设施已全部拆除，无杂物，无障碍。

考点2 试运行要求

1. 【答案】ABE

【解析】机电工程单机试运行的范围包括：驱动装置、传动装置、单台机械设备（机组）及其辅助系统（如电气系统、润滑系统、液压系统、气动系统、冷却系统、加热系统、检测系统等）和控制系统（如设备启停、换向、速度等自动化仪表就地控制、计算机PLC程序远程控制、联锁、报警系统等）。

2. 【答案】ABCE

【解析】系统在试运转中应检查下列各项，并应做好记录：

(1) 润滑油的压力、温度和各部分供回油情况。

(2) 吸入和排出介质的温度、压力。

(3) 冷却水的供回水情况。

(4) 各轴承的温度、振动。

(5) 电动机的电流、电压、温度。

3. 【答案】ACD

【解析】试运转中，一般用途轴流通风机在轴承表面测得的温度不得高于环境温度40℃，选项B错误。轴流通风机启动后调节叶片时，电流不得大于电动机的额定电流值，选项E错误。

4. 【答案】AB

【解析】试运行方案由施工项目总工程师组织编制，经施工企业总工程师审定，报建设单位或监理单位批准后实施。

5. 【答案】ABCE

【解析】参加联动试运行的人员应完成安全生产考核，经过技术培训；应掌握开车、停车、事故处理和调整工艺条件的技术。

6. 【答案】ABE

【解析】压缩机空气负荷单机试运行后，应排除气路和气罐中的剩余压力，清洗过滤器和更换润滑油，排除进气管及冷凝收集器和气缸及管路中的冷凝液；需检查曲轴箱时，应在停机15min后再打开曲轴箱。

7. 【答案】BE

【解析】压缩机增速器轮齿静态接触迹线长度不应小于齿长的65%。故选项A错误。试运转的开始阶段，主机的排气应缓慢升压，每5min升压不得大于0.1MPa，并应逐步达到工况。故选项C错误。轴承润滑油温度和轴承振动稳定后，应连续运行4～8h。故选项D错误。

2H320000—2H320120

考点1 施工结算规定的应用

1. 【答案】D

【解析】工程计价的依据：①分部分项工程量。包括项目建议书、可行性研究报告、设计文件等；②人工、材料、机械等实物消耗量。包括投资估算指标、概算定额、预算定额等；③工程单价。包括人工单价、材料价格和机械台班费等；④设备单价。包括设备原价、设备运杂费、进口设备关税等；⑤施工组织措施费、间接费和工程建设其他费用。主要是相关的费用定额和指标；⑥政府规定的税费；⑦物价指数和工程造价指数。

2. 【答案】B

【解析】发包人应在签发进度款支付证书后的14天内，向承包人支付进度款。

3. 【答案】C

【解析】发包人应在工程开工的28天内预付不低于当年施工进度计划的安全文明施工费总额的50%，其余部分应按照提前安排的原则进行分解，并与进度款同期支付。

4. 【答案】ABC

【解析】工程竣工结算价款＝合同价款＋施工过程中调整预算或合同价款调整数额－预付及已结算工程价款－质量保证金。

考点2 竣工验收工作程序和要求

1. 【答案】ABC

【解析】工程交付竣工验收按建设项目达到竣工验收条件的验收方式划分为项目中间验收、单项工程竣工验收、全部工程竣工验收。

2. 【答案】ABDE

【解析】机电工程专项验收包括：①消防验收；②人防设施验收；③环境保护验收；④防雷设施验收；⑤卫生防疫检测。

3. 【答案】BC

【解析】指导建设管理行为的依据：

(1) 国家、各行业有关法律、法规、规定。

(2) 施工技术验收规范、规程、质量验收评定标准。

(3) 环境保护、消防、节能、抗震等有关规定。

4. 【答案】ABDE

【解析】工程建设中形成的依据：

(1) 上级主管部门批准的可行性研究报告、初步设计、调整概算及其他有关设计文件。

(2) 施工图纸、设备技术资料、设计说明书、设计变更单及有关技术文件。

(3) 工程建设项目的勘察、设计、施工、监理及重要设备、材料招标投标文件及其合同。

(4) 引进或进口和合资的相关文件资料。

5. 【答案】ABE

【解析】施工记录资料包括：图纸会审记录、设计变更单、隐蔽工程验收记录；定位放线记录；质量事故处理报告及记录；特种设备安装检验及验收检验报告；分项工程使用功能检测记录等。

6. 【答案】D

【解析】建设工程验收时，必须符合建设工程环境保护验收标准、建设工程消防设施验收标准。建设项目竣工环境保护验收申请报告、建设项目竣工环境保护验收申请表或建设项目竣工环境保护验收登记卡未经批准的建设项目，不得正式投入生产或者使用。

2H320000—2H320130

考点1 保修的实施

1. 【答案】C

【解析】建设工程在保修范围和保修期限内出现的质量问题是由双方的责任造成的，应协商解决，商定各自的经济责任，由施工单位负责修理。

2. 【答案】B

【解析】电气管线、给水排水管道、设备安装工程保修期为2年，供热和供冷系统为2个供暖期或供冷期。

3. 【答案】B

【解析】建设工程的保修期自竣工验收合格之日起计算。

4. 【答案】B

【解析】供热和供冷系统为2个供暖期或供冷期。

5. 【答案】B

【解析】电气管线、给水排水管道、设备安装工程保修期为 2 年。

6. 【答案】AB

【解析】电气管线、给水排水管道、设备安装工程保修期为 2 年。

7. 【答案】A

【解析】在发生问题的部位或项目修理完毕后，要在保修证书的“保修记录”栏内做好记录，并经建设单位验收签认，以表示修理工作完成。

考点 2 回访的实施

1. 【答案】B

【解析】在规定的期限内，由施工单位主动到建设单位或用户进行回访，对工程确由施工造成的无法使用或达不到生产能力的部分，应由施工单位负责修理，使其恢复正常。

2. 【答案】ACDE

【解析】信息传递方式回访可采用邮件、电话、传真或电子信箱等。

3. 【答案】B

【解析】座谈会方式回访由建设单位组织座谈会或意见听取会。

2H330000　机电工程项目施工相关法规与标准

2H331000—2H331010

考点 1　施工计量器具使用的管理规定

1. 【答案】D

【解析】强制检定的工作计量器具如电能表（单相、三相）、测量互感器（电压互感器、电流互感器）、绝缘电阻测量仪、接地电阻测量仪、声级计等。选项 A、B、C 属于非强制检定计量器具。

2. 【答案】ABDE

【解析】企业、事业单位计量标准器具（简称计量标准）的使用，必须具备下列条件：

（1）经计量检定合格。

（2）具有正常工作所需要的环境条件。

（3）具有称职的保存、维护、使用人员。

（4）具有完善的管理制度。

考点 2　施工现场计量器具的管理程序

1. 【答案】A

【解析】A 类计量器具范围：

（1）施工企业最高计量标准器具和用于量值传递的工作计量器具。例如，一级平晶、零级刀口尺、水平仪检具、直角尺检具、百分尺检具、百分表检具、千分表检具、自准直仪、立式光学计、标准活塞式压力计等。

（2）列入国家强制检定目录的工作计量器具。例如，电能表、接地电阻测量仪、声级计等。

2. 【答案】B

【解析】C 类计量器具范围：

（1）计量性能稳定，量值不易改变，低值易耗且使用要求精度不高的计量器具。例如，钢直尺、弯尺、5m 以下的钢卷尺等。

（2）与设备配套，平时不允许拆装的指示用计量器具。例如，电压表、电流表、压力表等。

（3）非标准计量器具。例如，垂直检测尺、游标塞尺、对角检测尺、内外角检测尺等。

3. 【答案】ABD

【解析】项目经理部必须设专（兼）职计量管理员对施工使用的计量器具进行现场跟踪管理。工作内容包括：

（1）建立现场使用计量器具台账。

（2）负责现场使用计量器具周期送检。

（3）负责现场巡视计量器具的完好状态。

2H331000—2H331020

考点 1　建设用电的规定

1. 【答案】C

【解析】如果仅为申请施工临时用电，施工临时用电结束或施工用电转入建设项目电力设施供电，则总承包单位应及时向供电部门办理终止用电手续。

2. 【答案】ACD

【解析】根据《电力法》的规定，申请新装用电、临时用电、增加用电容量、变更用电和终止用电，应当依照规定的程序办理手续。

3. 【答案】ABD

【解析】临时用电的用户，应安装用电计量装置。对不具备安装条件的，可按其用电容量、使用时间、规定的电价计收电费。

考点 2　电力设施保护区施工作业的规定

1. 【答案】C

【解析】一般地区各级电压导线的边线延伸距离见下表。

序号	电压/kV	延伸距离/m
1	1～10	5
2	35～110	10
3	154～330	15
4	500	20

由上表内容显然可知，选项 C 正确。

2. 【答案】C

【解析】在编制施工方案时，尽量邀请电力管理部门或电力设施管理部门派员参加，以便方案更加切实可行。在施工方案中应专门制定保护电力设施的安全技术措施，并写明要求。在作业时请电力设施的管理部门派员监管。施工方案编制完成后，报经电力管理部门批准后执行。故选项C错误。

2H331000—2H331030

考点 1 特种设备的相关规定

1. 【答案】D

【解析】特种设备种类：特种设备是指对人身和财产安全有较大危险性的锅炉、压力容器（含气瓶）、压力管道、电梯、起重机械、客运索道、大型游乐设施、场（厂）内专用机动车辆，以及法律、行政法规规定的其他特种设备。

2. 【答案】C

【解析】压力管道许可参数级别分GA、GB、GC。其中GB类又分为GB1（燃气管道）、GB2（热力管道）。

3. 【答案】AB

【解析】固定式压力容器安装不单独进行许可，各类气瓶充装无需许可。故选项A、B正确。压力容器改造和重大修理由取得相应级别制造许可的单位进行，不单独进行许可。故选项C、D错误。锅炉安装（含修理、改造）（A、B）、公用管道安装（GB1、GB2）、工业管道安装（GC1、GC2、GCD）的许可由省级市场监督管理部门实施。故选项E错误。

4. 【答案】C

【解析】电梯的制造、安装、改造和维修活动，必须严格遵守安全技术规范的要求。电梯的制造单位对电梯质量以及安全运行涉及的质量问题负责。

5. 【答案】ABCD

【解析】起重机械安装前应检查起重机械的生产许可证明，按设备装箱清单检查设备，材料及其附件的型号、规格和数量，出厂合格证书及必要的出厂试验记录。

2H332000—2H332010

考点 1 工业安装工程施工质量验收的项目划分和验收程序

1. 【答案】ADE

【解析】单位工程应按区域、装置或工业厂房、车间（工号）进行划分，较大的单位工程可划分为若干个子单位工程。

2. 【答案】B

【解析】当一个单位工程中仅有某一专业分部工程时，该分部工程应为单位工程。

3. 【答案】B

【解析】工业安装工程中的设备基础工程可划分为该单位工程中的分部工程，故选项A属于分部工程。检验批可根据施工质量控制和专业验收需要，按设备基础、楼层、施工段或变形缝进行划分，故选项C、D属于检验批。土建工程是工业安装工程中不可缺少的一个组成部分，工业装置中的建（构）筑物可划分为该单位工程的子单位工程。对于具有独立使用功能的工业建筑如办公楼、综合楼等可划分为单位工程。

4. 【答案】ABC

【解析】设备工程分项工程按设备的台（套）或机组划分。

5. 【答案】B

【解析】通常一个车间内不同材质、不同压力等级、不同级别的管道应同属一个分部工程，并以自己的检验结果参加所在单位工程的质量验收。

6. 【答案】B

【解析】选项A、C属于分部工程；选项D属于单位工程；金属设备及管道的基层表面处理可单独构成分项工程。

7. 【答案】ABC

【解析】自动化仪表工程分项工程应按仪表类别和安装试验工序划分；电气工程分项工程应按电气设备或电气线路划分；设备安装分项工程应按设备的台（套）或机组划分；工业管道工程分项工程应按管道介质、级别或材质进行划分。故选项D错误。防腐蚀工程分项工程应按设备台（套）、管道、钢结构及建（构）筑物所采用防腐蚀材料或衬里的种类划分。

考点 2 工业安装工程施工质量验收的组织与合格规定

1. 【答案】C

【解析】分部工程应在各分项工程验收合格的基础上，由施工单位（总承包单位）向建设单位（监理单位）提出报验申请，由建设单位项目技术负责人（总监理工程师）组织监理、设计、施工等有关单位质量技术负责人进行验收，并应填写验收记录。

2. 【答案】BE

【解析】经有资质的检测机构检测鉴定达不到设计要求，但经原设计单位核算认可能够满足安全和使用功能的检验项目（检验批），可予以验收。选项B错误。经返工或返修的检验项目（检验批），应重新进行验收。选项E错误。

3. 【答案】C

【解析】经返修或加固处理的分项、分部（子分部）工程，虽然改变了几何尺寸但仍能满足安全和使用要求，可按技术处理方案和协商文件的要求予以验收。

2H332000—2H332020

考点 1 建筑安装工程施工质量验收的项目划分和验收程序

1. 【答案】B

【解析】具备独立施工条件并能形成独立使用功能的建筑物及构筑物为一个单位工程。

2. 【答案】BC

【解析】分部工程的划分应按专业性质、工程部位确定。

3. 【答案】B

【解析】建筑安装工程质量验收是施工单位进行质量控制结果的反映，也是竣工验收确认工程质量的主要方法和手段。验收工作的基础工作在施工单位，即主要由施工单位来实施，并经第三方的工程质量监督部门或竣工验收组织来确认。

4. 【答案】B

【解析】建筑安装工程施工质量验收程序：检验批验收→分项工程验收→分部（子分部）工程验收→单位（子单位）工程验收。

考点 2 建筑安装工程施工质量验收的组织与合格规定

1. 【答案】C

【解析】检验批、分项工程质量验收由专业监理工程师或建设单位项目专业技术负责人组织施工单位专业质量检查员、专业工长或项目专业技术负责人等进行验收。

2. 【答案】BCE

【解析】在检验批验收时，应进行实物检验和资料检查。故选项A错误。主控项目是保证工程安全和使用功能的重要检验项目，是对安全、卫生、环境保护和公共利益起决定性作用的检验项目，是确定该检验批主要性能的项目，因此必须全部符合有关专业工程验收规范的规定。一般项目是除主控项目以外的检验项目，可以允许有偏差的项目。检验批是工程验收的最小单元，是分项工程乃至整个建筑安装工程质量验收的基础。故选项D错误。检验批质量验收合格规定：

(1) 主控项目和一般项目的质量经抽样检验合格。

(2) 具有完整的施工操作依据、质量检查记录。

3. 【答案】ABC

【解析】检验批的主控项目是保证工程安全和使用功能的重要检验项目，是对安全、卫生、环境保护和公共利益起决定性作用的检验项目，是确定该检验批主要性能的项目，因此必须全部符合有关专业工程验收规范的规定。例如，管道的压力试验、电气的绝缘与接地测试等均是主控项目。

4. 【答案】A

【解析】单位工程质量验收也称工程质量竣工验收，是建筑安装工程投入使用前的最后一次验收，也是最重要的一次验收。涉及安全、节能、环境保护和使用功能的分部工程应进行检验资料的复查。

5. 【答案】ACD

【解析】单位（子单位）工程质量验收合格规定：①单位（子单位）工程所含分部（子

分部）工程的质量均应验收合格；②质量控制资料应完整；③单位（子单位）工程所含分部工程的有关安全、节能、环境保护和主要使用功能的检测资料应完整；④主要功能项目的抽查结果应符合相关专业质量验收规范的规定；⑤观感质量验收应符合要求。

6.【答案】C

【解析】工程质量不符合要求，通过返修和加固仍不能满足安全使用要求的，严禁验收。

2H330000—2H333000

考点1 二级建造师（机电工程）注册执业工程规模标准

【答案】A

【解析】机电安装工程涉及的工程类别和工程项目非常多。《注册建造师执业工程规模标准》将机电安装工程分为12种不同的类别，包括：一般工业、民用、公用建设工程的机电安装工程，净化工程、动力站安装工程、起重设备安装工程、轻纺工业建设工程、工业炉窑安装工程、电子工程、环保工程、体育场馆工程、机械汽车制造工程、森林工业建设工程及其他相关专业机电安装工程等。

考点2 二级建造师（机电工程）注册执业工程范围

1.【答案】B

【解析】石油化工工程分为石油天然气建设（油田、气田地面建设工程）、海洋石油工程、石油天然气建设（原油、成品油储库工程，天然气储库、地下储气库工程）、石油天然气原油、成品油储库工程，天然气储库、地下储气库工程、石油炼制工程、石油深加工、有机化工、无机化工、化工医药工程、化纤工程10种类别的工程。

2.【答案】B

【解析】冶炼工程分为烧结球团工程、焦化工程、冶金工程、制氧工程、煤气工程、建材工程6种类别专业工程。

3.【答案】B

【解析】电力工程分为火电工程（含燃气发电机组）、送变电工程、核电工程、风电工程4种类别工程。选项B属于机电安装工程。

4.【答案】B

【解析】《注册建造师执业管理办法（试行）》规定，机电工程专业建造师执业工程范围包括：机电、石油化工、电力、冶炼，钢结构、电梯安装、消防设施、防腐保温、起重设备装、机电设备安装、建筑智能化、环保、电子、仪表安装、火电设备安装、送变电、核工业、炉窑、冶炼机电设备安装、化工石油设备、管道安装、管道、无损检测、海洋石油、体育场地设施、净化、旅游设施、特种专业。城市及道路照明工程属于市政工程专业。

考点3 二级建造师（机电工程）施工管理签章文件目录

【答案】CE

【解析】合同管理文件包括：分包单位资质报审表；工程分包合同；劳务分包合同；材料采购总计划表；工程设备采购总计划表；工程设备、关键材料招标书和中标书；合同变更和索赔申请报告。选项A、B、D属于合同文件；选项C、E属于现场环保文明施工管理文件。

案例专题模块

模块一　施工进度管理

案例一

1. 关键线路为：①—⑤—⑥—⑩—⑪—⑫。
   总工期为：75＋32＋64＋10＋10＝191（d）。
2. 按原计划塔机进场不能连续作业，要闲置4天。理由：钢结构吊装后尚不能吊装工艺设备。
3. 施工单位调整计划后能保证按原计划工期实现。因为钢结构设计制作耽误10天，但设备钢架吊装有自由时差4天，工艺设备调整压缩6天，总工期仍是191天。
4. 安装自动化仪表取源部件的开孔与焊接要求：
   (1) 安装取源部件的开孔与焊接必须在工艺管道或设备的防腐、衬里、吹扫和压力试验前进行。
   (2) 在高压、合金钢、有色金属的工艺管道和设备上开孔时，应采用机械加工的方法。
   (3) 安装取源部件时，不应在焊缝及其边缘上开孔及焊接。

案例二

1. 确定机电工程项目施工顺序，要突出主要工程，要满足先地下后地上、先干线后支线等施工基本顺序要求，满足质量和安全的需要，注意生产辅助装置和配套工程的安排，满足用户要求。
2. 网络图如下图所示：

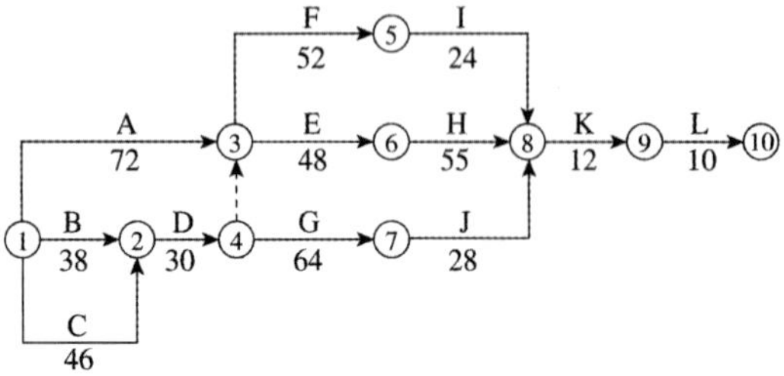

关键工作为：C→D→E→H→K→L。

总工期为：46＋30＋48＋55＋12＋10＝201（d）。

3. 对照计划进行跟踪，检查进度实际情况，检查内容有：关键工作进度、时差利用和工作衔接关系的变动情况、资源状况、成本状况、管理情况等。
4. 联动试运行应符合的规定：
   (1) 必须按照试运行方案及操作规程精心指挥和操作。
   (2) 试运行人员必须按建制上岗，服从统一指挥。
   (3) 不受工艺条件影响的仪表、保护性联锁、报警皆应参与试运行，并应逐步投用自动控制系统。
   (4) 划定试运行区域，无关人员不得进入。
   (5) 认真做好记录。

案例三

1. 应配置主要的施工作业人员有：
   信号指挥员、司索人员、起重工、钳工、焊工。
2. 吊机站立位置地基应清理，按规定进行耐压力测试。
   基本参数有：额定起重量、最大工作半径（幅度）、最大起升高度。
3. 在设备吊装进度表中，“先吊装锅炉，后吊装蓄冰槽”不合理。
   理由：蓄冰槽是利用锅炉房的泄爆口吊装的，锅炉吊装后，会影响蓄冰槽的吊装。
   纠正：锅炉吊装应安排在蓄冰槽吊装后。
4. 确定空调工程项目的施工顺序原则有：
   (1) 要突出主要工程和工作内容。
   (2) 要满足先地下后地上，先深后浅，先里后外，先干线后支线等施工的基本顺序要求。
   (3) 满足质量和安全的需要。
   (4) 满足用户要求。
   (5) 注意生产辅助装置和配套工程的安排。

案例四

1. 按照原计划，吊车应安排在第91天进场投入使用。

理由：G工作第121天（45＋75＋1）开始，E工作在第120天完工即可，而E工作的持续时间为30天，只要能保证E和G连续施工，就能使塔吊不闲置，所以第91天（121－30）安排吊车入场可使其不闲置。

2. 调整方案可行。

理由：E和G共用一台吊车，B工作延误20天后，先进行G工作，G工作第165（45＋75＋45）天完工；而E工作的总时差为95天，工期延误天数90（165－75）天小于总时差95天，所以不会影响总工期，方案可行。

3. 吊车专项施工方案在施工前应由机电工程公司单位技术负责人、总监理工程师签字。

还应考虑的基本参数有额定起重量、最大幅度、最大起升高度。

4. 轴系初找；凝汽器灌水至运行重量后的复找；气缸扣盖前的复找；基础二次灌浆前的复找，基础二次灌浆后的复找。

模块二　施工质量管理

案例一

1. 一般情况下，原材料、半成品、成品的检验以专职检验人员为主，生产过程的各项作业的检验则以施工现场操作人员的自检、互检为主，专职检验人员巡回抽检为辅。事件一问题出在自检和互检，在这两个环节失控。
2. 影响施工质量的因素有人、机（包括检验器具）、料、法、环五大因素；影响本工程的环境因素主要有工程技术环境、作业劳动环境、地理环境和气候环境等。造成本案例不锈钢管焊接变形过大的主要因素是人和施工方法。
3. 质量预控方案一般包括工序名称、可能出现的质量问题、提出质量预控措施等三部分内容。
4. 压力管道施工中项目部的做法不正确，明显违反了规范要求。首先项目部应进行该材料的焊接工艺评定，确定焊接方法及技术参数，试件经试验合格后方可用于工程。其次是应组织焊工到具有该项考试资格的考试机构进行焊工考试，取得该项合格证后，方可进行焊接作业。

案例二

1. A公司对材料的储存与保管应采取下列措施：

(1) 实现对库房的专人管理，明确责任；进库的材料要建立台账。

(2) 现场的材料必须防火、防盗、防雨、防变质、防损坏。

(3) 施工现场材料的放置要按平面布置图实施，做到标识清楚、摆放有序、合理堆放。

(4) 对于易燃、易爆、有毒、有害危险品要有专门库房存放，制定安全操作规程并详细说明该物质的性质、使用注意事项、可能发生的伤害及应采取的救护措施，严格出、入库管理。

(5) 要日清、月结、定期盘点、账物相符。

2. 联合试运转及调试还应符合的要求：

(1) 监测与控制系统的检验、调整与联动运行。

(2) 空调水系统的测定和调整。

(3) 室内空气参数的测定和调整。

3. 施工机具的选择主要按类型、主要性能参数、操作性能来进行，其选择原则是：

(1) 施工机具的类型，应满足施工部署中的机械设备供应计划和施工方案的需要。

(2) 施工机具的主要性能参数，要能满足工程需要和保证质量要求。

(3) 施工机具的操作性能，要适合工程的具体特点和使用场所的环境条件。

4. 智能化系统在选择产品时，还应考虑的因素：

(1) 应用实践以及供货渠道和供货周期。

(2) 产品支持的系统规模及监控距离。

(3) 产品的网络性能及标准化程度等信息。

案例三

1. 净化空调系统的检测和调整应在系统正常运行24h及以上，达到稳定后进行。
2. 项目部应对工程质量有严重影响的关键部位、关键工序设置质量控制点：洁净空调系统、高纯水管道、高纯氮气管道的清洗、密封的洁净度和连接的严密性；冷冻机、锅炉、冷却塔、水泵、空调箱、风机盘管和风机等关键设备的安装水平度和垂直度偏差；风管的连接，空调冷凝水管的坡度；空调风机盘管、风管、供回水管、冷凝水管的隐蔽工程安装；采用新型无机复合风管的制作和安装。

3. 一般情况下，原材料、半成品、成品的检验以专职检验人员为主，生产过程的各项作业的检验则以施工现场操作人员的自检、互检为主，专职检验人员巡回抽检为辅。成品的质量必须进行终检认证。

4. 无损检测人员的级别分为Ⅰ级（初级）、Ⅱ级（中级）、Ⅲ级（高级）。其中：

(1) Ⅰ级人员可进行无损检测操作，记录检测数据，整理检测资料。

(2) Ⅱ级人员可编制一般的无损检测程序，并按检测工艺独立进行检测操作，评定检测结果，签发检测报告。

(3) Ⅲ级人员可根据标准编制无损检测工艺，审核或签发检测报告，解释检测结果，仲裁Ⅱ级人员对检测结论的技术争议。

(4) 持证人员只能从事与其资格证级别、方法相对应的无损检测工作。

A 公司派出的Ⅰ级无损检测人员只能进行无损检测操作，记录数据，整理检测资料，在评定检测结果、签发检测报告方面超出了其资质范围。

案例四

1. 承包商提出设计变更申请的变更程序：

(1) 承包商提出变更申请报监理工程师或总监理工程师。

(2) 监理工程师或总监理工程师审核技术是否可行，审计工程师核算造价影响，报建设单位工程师。

(3) 建设单位工程师报建设单位项目经理或总经理同意后，通知设计单位工程师，设计单位工程师认可变更方案，进行设计变更，出变更图纸或变更说明。

(4) 建设单位将变更图纸或变更说明发至监理工程师，监理工程师发至承包商。

2. (1) 关键工序的关键质量特性，如焊缝的无损检测，设备安装的水平度和垂直度偏差等。

(2) 施工中的薄弱环节或质量不稳定的工序，如焊条烘干，坡口处理等。

(3) 关键质量特性的关键因素，如管道安装的坡度、平行度的关键因素是施工人员，冬季焊接施工的焊接质量关键因素是环境温度等。

(4) 对后续工程（后续工序）施工质量或安全有重大影响的工序、部位或对象。

(5) 隐蔽工程。

3. 1.6mm 金属风管板材的拼接方式错误，厚度大于 1.5mm 的风管应采用电焊、氩弧焊等方法。

4. 错误之处：商场中厅 500kg 装饰灯具的悬吊装置按 750kg 做了过载试验，并记录为合格。正确做法：质量大于 10kg 的灯具的固定及悬吊装置应按灯具重量的 5 倍做恒定均布载荷强度试验，持续时间不得少于 15min。

模块三　合同管理

案例一

1. 从专业承包工程的分类分析，A 公司在本工程中的专业承包工程可以有：防腐及保温专业承包工程、炉窑砌筑专业承包工程、工业给水排水专业承包工程、钢结构及非标准件制作安装专业承包工程，非关键和非主要的机电设备安装也可分包给具有相应资质的机械和电气专业承包公司，即有机械专业承包工程和电气自动化专业承包工程。

2. 未调研当地劳动力及其价格，材料供应情况及其价格，施工机具市场租赁情况及其价格。这将造成报价时因人工费、材料费、机械费的偏差过大而带来单价和总价偏差过大，给施工成本控制带来困难，造成该项目亏损，也可能在开标评标过程中因价格过高或过低被淘汰出局。

3. A 公司可以提出异议。

理由：招标人可以对已发出的资格预审文件或者招标文件进行必要的澄清或者修改。澄清或者修改的内容可能影响资格预审申请文件或者投标文件编制的，招标人应当在提交资格预审申请文件截止时间至少 3 日前，或者投标截止时间至少15日前，以书面形式通知。所有获取资格预审文件或者招标文件的潜在投标人，不足3日或者15日的，招标人应当顺延提交资格预审申请文件或者投标文件的截止时间。该澄清或者修改的内容为招标文件的组成部分。

4. 影响设备安装精度的因素：设备基础、垫铁埋设、设备灌浆、地脚螺栓、测量误差、设备制造与解体设备的装配、环境因素。

案例二

1. 事件一中，A公司可向业主索赔的工期和费用及索赔理由如下：
   (1) 可索赔工期为20天，可索赔费用为0。
   理由：局部战乱属于不可抗力因素，工期可以索赔，费用不可索赔。
   (2) 可索赔费用为0。
   理由：原材料涨价，按合同规定，工程价格不因材料价格变化而作调整，因此费用不可索赔。
   (3) 可索赔费用为0。
   理由：美元贬值，按合同规定，工程价格不因汇率变化而作调整，因此费用不可索赔。
   (4) 可索赔工期为3天，可索赔费用为40万美金。
   理由：业主拖延进度款支付，发生工期和费用的损失，属于业主的责任。因此工期和费用均可索赔。
   (5) 可索赔工期5天，可索赔费用为0。
   理由：百年一遇的大洪水为不可抗力因素，可索赔工期，费用不可索赔。
   综上所述，A公司可向业主索赔的工期：20＋3＋5＝28（天）；索赔的费用：40万美元。
2. 事件二中，为防止电气开关误动作，高压开关柜闭锁保护装置应“五防联锁”，即防止误合、误分断路器；防止带负荷分、合隔离开关；防止带电挂地线；防止带电合接地开关；防止误入带电间隔。
3. 绿色施工要点还应包括的方面有：节材与材料资源利用、节水与水资源利用、节能与能源利用、节地与施工用地保护。
4. 单机试运行结束后，还应及时完成的工作有：
   (1) 切断电源及其他动力来源。
   (2) 放气、排水、排污和防锈涂油。
   (3) 拆除试运行中的临时装置和恢复拆卸的设备部件及附属装置。对设备几何精度进行必要的复查，各紧固部件复紧。
   (4) 清理和清扫现场，将机械设备盖上防护罩。
   (5) 试运行合格后由参加单位在规定的表格上共同签字确认。

案例三

1. 可索赔的工期：10＋3＋5＝18（天）。
2. 可索赔的费用：10万元人民币。
3. 送达施工现场的不锈钢阀门应进行壳体的压力试验和密封试验。阀门的壳体试验压力应为阀门在20℃时最大允许工作压力的1.5倍，密封试验压力应为阀门在20℃时最大允许工作压力的1.1倍，试验持续时间不得少于5min。试验的水中氯离子含量不得超过25ppm。
4. 基础的位置、标高、几何尺寸测量检查主要包括基础的坐标位置，不同平面的标高，平面外形尺寸，凸台上平面外形尺寸和凹穴尺寸，平面的水平度，基础立面的铅垂度，预留孔洞的中心位置、深度和孔壁铅垂度，预埋板或其他预埋件的位置、标高等。

案例四

1. 上级主管部门否定建设单位指定A公司承包该工程的理由是：全部或者部分使用国有资金投资或者国家融资的项目按规定必须进行招标。
2. D公司的投标书属于无效标书。
   理由：未按规定加盖法定代表人印章。
   E公司的标书属于无效投标书。
   理由：未实质上响应招标文件。
   此次招标投标工作有效。
   理由：投标人未少于3家，也未发生违规违法行为。
3. 可以索赔的工期：10＋5＝15（天）。
   可以索赔的费用：15＋30＝45（万元）。
4. 表面缺陷有：焊缝尺寸不符合要求，咬边、表面气孔、表面夹渣、表面裂纹、焊瘤、弧坑等。

内部缺陷有：气孔、夹渣、裂纹、未熔合、偏析、显微组织不符合要求等。

模块四　安全与环境管理

案例一

1. 本工程存在的事故隐患：吊架安装作业，焊接作业，起重吊装作业。

   应急预案的分类有综合应急预案、专项应急预案、现场处置方案。

2. 因为该吊装运输方案属危险性较大的工程，应报总包单位组织专家论证，经总包单位技术负责人、项目总监理工程师、建设单位项目负责人签字后方可组织实施。

3. 流动式起重机吊装过程中，应重点监测以下部位的变化情况：

   (1) 吊点及吊索具受力。

   (2) 起升卷扬机及变幅卷扬机。

   (3) 超起系统工作区域。

   (4) 起重机吊装主要参数仪表显示变化情况（吊臂长度、工作半径、仰角、载荷及负载率等）。

   (5) 吊装安全距离。

   (6) 起重机水平度及地基变化情况等。

4. 分包人安全生产责任应包括：分包人对其所承担工作任务相关的安全工作负责，认真履行分包合同规定的安全生产责任；遵守承包人的相关安全生产制度，服从承包人的安全生产管理，及时向承包人报告伤亡事故并参与调查，处理善后事宜。

案例二

1. 本工程在安全管理方面存在的主要风险因素有：桥式起重机的轨道安装于18m高处，通风空调风管安装于24m高处，存在高空坠落风险；通风空调风管在现场制作，需要设备加工，存在机械伤害；桥式起重机需要吊装，存在吊装风险；动力电缆必须在变、配电房不停电的条件下与指定配电柜搭接，存在人员触电的危险；施工现场有多个临时用电点，存在工人触电的危险和引起火灾的危险；单机试车存在试运行风险。

2. 安全技术措施应根据上述风险逐项制定，即高空作业安全技术措施，机械操作安全技术措施，吊装作业安全技术措施，变、配电房施工安全技术措施，压力试验安全技术措施，临时用电安全技术措施，单机试车安全技术措施。

   结论：施工单位项目部仅针对桥式起重机的吊装制定了较完善的施工方案和安全技术措施，还有其他各项安全技术措施没有制定，所以项目部安全技术措施的制定是不完善的。

3. A公司选择B公司为分包队伍不当，是造成事故的主要原因。运输设备不能满足设备运输的需要；B公司的人员素质不符合要求；B公司的技术管理和安全管理极为薄弱，野蛮操作，不懂起码的规则，不具备承担设备运输的能力。A公司对B公司的管理不到位，具体表现为：没有及时检查分包队伍的设备运输施工方案和安全技术交底记录，而B公司根本没有，A公司也没及时令其整改；A公司现场管理人员对分包队伍的管理不到位。

4. (1) 安全技术交底必须按工种分部分项交底。施工条件发生变化时，应针对性地补充交底内容；冬雨期施工应有针对季节气候特点的安全技术交底。工程因故停工，复工时应重新进行安全技术交底。

   (2) 安全技术交底必须在工序施工前进行，并保证交底逐级下达到施工作业班组全体人员。

   (3) 项目部应保存安全技术交底记录并整理归档。

案例三

1. (1) 在安装前，B安装公司将锅炉的安装情况书面告知当地的直辖市或设区的市级人民政府负责的特种设备安全监督管理部门。

   (2) 书面告知应提交的材料有：①《特种设备安装改造维修告知书》；②施工单位及人员资格证件；③施工组织与技术方案（包括项目相关责任人员人名、责任人员到岗、质控点位图）；④工程合同；⑤安装改造维修监督检验约请书；⑥锅炉设备制造单位的资质证件。

2. (1) B公司与A公司没有合同关系，他们都是与建设单位独立签订的施工合同，所以B公司无权向A公司提出索赔。

   (2) 锅炉是建设单位采购的，因采购的设备延迟供货，而且跟B公司有合同关系，故B公司应向建设单位提出索赔。

3. 吊装作业安全技术措施主要有：

   (1) 作业应拉警戒线，悬挂警示牌，严禁非作业人员进入警戒线内。

   (2) 派专职安全人员监督。

   (3) 配备信号指挥人员、司索人员和起重工、起重机驾驶员。

   (4) 作业人员必须持证上岗并应熟练掌握作业安全要求。

4. 建设单位申请消防验收应当提供下列材料：

   (1) 消防验收申报表。

   (2) 工程竣工验收报告。

   (3) 涉及消防的建设工程竣工图纸。

模块五　施工组织设计

案例一

1. 项目部在验收水泵时，应认真核对水泵的流量、扬程、功率、效率、转速等技术参数。
2. 事件一中，项目部应填写设计变更申请单，交建设（监理）单位审核签字后，送原设计单位进行设计变更。
3. 事件二中，项目部可提供的施工记录资料有：图纸会审记录、设计变更单、隐蔽工程验收记录；定位放线记录；质量事故处理报告及记录；分项工程使用功能检测记录等。
4. 事件三中，电缆排管保护管孔径及坡度设置均有问题。

   正确的是：保护管孔径应大于电缆外径的1.5倍；排管通向电缆井应有不小0.1%的坡度。在电缆排管直线距离超过50m处、排管转弯处、分支处都要设置排管电缆井。

案例二

1. 不正确。因为已批准的施工图纸是施工组织设计的重要编制依据之一，施工单位在未收到施工图纸的情况下编制施工组织设计是不正确的。
2. 在施工中一旦对原施工组织设计进行了修改，需要履行原审批手续后才能实施，而不能在项目总工程师批准后即行实施。施工单位对修改后的原施工组织设计履行的报批程序是不正确的。

   正确的做法是：A施工单位完成内部编制、审核、审批程序后，由项目经理或其授权人签章后向监理报批。
3. 原工程设计出现了重大修改，造成项目工期有重大调整，施工资源配置也有重大调整，原施工组织设计无法实施，必须要进行修改和补充。可以重新编制施工组织设计，也可以在原施工组织设计的基础上修改、补充。业主的做法是正确的。
4. 对于工程施工，施工单位还应编制锅炉、汽轮发电机组大型设备起重吊装方案和焊接方案。

   工程施工前，施工方案的编制人员应向施工作业人员做施工方案的技术交底。除分部(分项)、专项工程的施工方案需进行技术交底外，新设备、新材料、新技术、新工艺即四新技术以及特殊环境、特种作业等也必须向施工作业人员交底。

案例三

1. 施工组织设计的内容包括：工程概况、施工部署、施工进度计划、施工准备与资源配置计划、主要施工方案、施工现场平面布置及各项施工管理计划等。
2. 总承包单位在策划实施项目时，应注意与内部、外部的联系。

   (1) 内部联系是指总承包单位内部各部门之间的联系，涉及总承包单位与分包单位之间，土建单位与安装单位之间，安装工程各专业之间。

   (2) 外部联系环节有：总承包单位与建设单位之间；总承包单位与设计单位之间，总承包单位与设备制造厂之间；总承包单位与监理单位之间；总承包单位与质量、技术监督部门，市政部门，供电部门，消防部门之间。
3. 流动式起重机吊装过程中，应重点监测以下部位的变化情况：

(1) 吊点及吊索具受力。
(2) 起升卷扬机及变幅卷扬机。
(3) 超起系统工作区域。
(4) 起重机吊装主要参数仪表显示变化情况(吊臂长度、工作半径、仰角、载荷及负载率等)。
(5) 吊装安全距离。
(6) 起重机水平度及地基变化情况等。

4. 流动式起重机的安装，在进行吊装方案交底时，应考虑：
(1) 工程施工前，施工方案的编制人员应向施工作业人员作施工方案的技术交底。
(2) 交底内容为该工程的施工程序和顺序、施工工艺、操作方法、要领、质量控制、安全措施、环境保护措施等。

案例四

1. 发电机穿转子的常用方法还有：滑道式方法、用后轴承座作平衡重量的方法、用两台跑车的方法等。
2. 施工方案交底内容包括：工程的施工程序和顺序、施工工艺、操作方法、要领、质量控制、安全措施、环境保护措施等。
3. 汽轮机主蒸汽管道应采用蒸汽吹扫。
吹扫的技术要求和要点：
(1) 以大流量蒸汽进行吹扫，流速不小于30m/s，吹扫前先行暖管、及时疏水，检查管道热位移。
(2) 蒸汽吹扫应按加热→冷却→再加热的顺序循环进行，并采取每次吹扫一根，轮流吹扫的方法。
4. 竣工工程技术资料还应包括：
(1) 工程前期及竣工文件材料。
(2) 工程项目合格证，施工试验报告。
(3) 分项工程质量验收记录。

案例五

1. (1) 根据背景资料，“安装公司施工方案齐全，临时设施通过验收，施工人员按计划进场，技术交底满足施工要求”，说明该公司在施工准备时，技术准备和现场准备做的比较充分，制定配置计划时，劳动力配置计划合理。
(2) 该项目在材料采购时因资金问题影响施工进度，说明资金准备和物资配置计划不合理，需要改进。
2. (1) 监理工程师提出的整改要求正确。
理由：风管板材拼接缝应错开，不得有十字形拼缝。
(2) 风管加固后，虽然改变了外形尺寸，但仍能满足安全和使用功能要求，所以可按技术处理方案和协商文件要求予以验收。
3. (1) 所有环向、纵向对接焊缝和螺旋缝焊缝应进行100%射线检测和100%超声检测。
除环向、纵向对接焊缝和螺旋缝焊缝以外的所有焊缝（包括管道支撑件与管道组成件连接的焊缝）应进行100%渗透检测或100%超声检测。
(2) 设计单位应进行管道系统的柔性分析。
4. (1) 图中只安装了一块压力表，不符合规定。
正确做法：安装的压力表不得少于两块。
(2) 加压系统的碳钢管与系统的不锈钢管道直接连接，不符合规定。
正确做法：碳钢管与不锈钢管道连接应采用不锈钢法兰或过渡接头连接。

《机电工程管理与实务》全真模拟试卷（一）

一、单项选择题

1. 【答案】C

【解析】机械设备安装的一般程序为：施工准备→设备开箱检查→基础测量放线→基础检查验收→垫铁设置→设备吊装就位→设备安装调整→设备固定与灌浆→零部件清洗与装配→润滑与设备加油→设备试运转→工程验收。

2. 【答案】A

【解析】风机的主要性能参数有：流量（又称为风量）、全风压、动压、静压、功率、效率、转速、比转速等。选项B、C中吸气压力属于压缩机的性能参数；选项D中的扬程属于泵的性能参数。

3. 【答案】B

【解析】按冷却介质分类，变压器可分为油浸式变压器、干式变压器和充气式变压器等。选项A、C、D属于按用途不同分类。

4. 【答案】B

【解析】反应设备（代号R），指主要用来完成介质化学反应的压力容器。如反应器、反应釜、分解锅、聚合釜等。选项A属于分离设备；选项C属于换热设备；选项D属于储存设备。

5. 【答案】A

【解析】中心标板应在浇灌基础时，配合土建埋设，也可待基础养护期满后再埋设，选项A错误。

设备安装平面线不少于纵、横两条，选项B正确。

简单的标高基准点一般作为独立设备安装的基准点，选项C正确。

连续生产设备只能共用一条纵向基准线和一个预埋标高基准点，选项D正确。

6. 【答案】C

【解析】各种焊接方法的专用评定规则：

(1) 按接头、填充金属、焊接位置、预热（后热）、气体、电特性、技术措施分别对各种焊接方法的影响程度可分为重要因素、补加因素和次要因素。

(2) 当改变任何一个重要因素时，都需重新进行焊接工艺评定。选项A正确。

(3) 当增加或变更任何一个补加因素时，则可按照增加或变更的补加因素，增焊冲击韧性试件进行试验。选项B正确。

(4) 当增加或变更次要因素时，不需要重新评定，但需重新编制预焊接工艺规程。选项C错误，选项D正确。

7. 【答案】D

【解析】选项A错误，不锈钢阀门试验时，水中的氯离子含量不得超过25ppm。

选项B错误，阀门的壳体试验无特殊规定时，试验介质温度为5～40℃，当低于5℃时，应采取升温措施。

选项C错误，安全阀密封试验在整定压力调整合格后，降低并且调整安全阀进口压力下进行。

选项D正确，阀门的壳体试验压力为阀门在20℃时最大允许工作压力的1.5倍。

8. 【答案】B

【解析】光伏发电设备安装前应制定光伏发电设备的专项施工方案，选项A正确。

汇流箱安装位置符合设计要求，垂直度偏差应小于1.5mm，选项B错误。

光伏组件之间的接线在组串后应进行光伏组件串的开路电压和短路电流的测试，施工时严禁接触组串的金属带电部位，选项C正确。

逆变器基础型钢其顶部应高出抹平地面10mm并有可靠的接地，选项D正确。

9. 【答案】A

【解析】节流装置在水平和倾斜的管道上时，取压口的方位应符合下列要求：

(1) 当测量气体流量时，取压口应在管道的上半部。

(2) 测量液体流量时，取压口在管道的下半部与管道水平中心线成0～45°角的范围内。

(3) 测量蒸汽时，取压口在管道的上半部与管道水平中心线成0～45°角的范围内。

10. 【答案】C

【解析】母线槽的安装技术要求：

(1) 母线槽安装前，应测量每节母线槽的绝缘电阻值，且不应小于20MΩ。选项C错误。

(2) 多根母线槽并列水平或垂直敷设时，各相邻母线槽间应预留维护、检修距离。插接箱外壳应与母线槽外壳连通，接地良好。

(3) 母线槽水平安装时，圆钢吊架直径不得小于8mm，吊架间距不应大于2m。每节母线槽的支架不应少于1个，转弯处应增设支架加强。垂直安装时应设置弹簧支架。选项A、B正确。

(4) 每段母线槽的金属外壳间应可靠连接，母线槽全长与保护导体可靠连接不应少于2处。选项D正确。

(5) 母线槽安装完毕后，应对穿越防火墙和楼板的孔洞进行防火封堵。

11. 【答案】A

【解析】风管安装就位的程序通常为先上层后下层、先主干管后支管、先立管后水平管，选项A正确。

输送含有易燃、易爆气体的风管系统通过生活区或其他辅助生产房间时，不得设置接口，选项B错误。

切断支、吊、托架的型钢及其开螺孔应采用机械加工，不得用电气焊切割，选项C错误。

风管穿过需要封闭的防火防爆楼板或墙体时，应设钢板厚度不小于1.6mm的预埋管或防护套管，风管与防护套管之间应采用不燃柔性材料封堵，选项D错误。

12. 【答案】C

【解析】建筑总面积大于1000m^2的托儿所、幼儿园的儿童用房，儿童游乐厅等室内儿童活动场所，养老院、福利院，医院、疗养院的病房楼，中小学校的教学楼、图书馆、食堂，学校的集体宿舍，劳动密集型企业的员工集体宿舍应申请消防验收。

13. 【答案】D

【解析】电力驱动的曳引式或强制式电梯、液压电梯的主要参数包括额定载重量和额定速度。

14. 【答案】B

【解析】投标文件应当对招标文件提出的实质性要求和条件作出响应，选项A说法正确。

投标人少于3个的，招标人应当依法重新招标，选项B说法错误。

对技术复杂或者无法精确拟定技术规格的项目，招标人可以分两阶段进行招标。第一阶段，投标人按照招标公告或者投标邀请书的要求提交不带报价的技术建议。第二阶段，投标人按照招标文件的要求提交包括最终技术方案和投标报价的投标文件。招标人要求投标人提交投标保证金的，应当在第二阶段提出，选项C说法正确。

投标截止后投标人撤销投标文件的，招标人可以不退还投标保证金，选项D说法正确。

15. 【答案】A

【解析】施工组织总设计应由总承包单位技术负责人审批；单位工程施工组织设计应由施工单位技术负责人或技术负责人授权的技术人员审批；专项工程施工组织设计（施工方案）应由项目技术负责人审批；重大施工方案应由施工单位技术部门组织相关专家评审，施工单位技术负责人批准。

16. 【答案】C

【解析】选项A错误，“三会”指会操作、会保养、会排除故障。

选项B错误，属于特种设备的应履行报检程序。

选项C正确、选项D错误，施工机具的使用应贯彻人机固定原则，实行定机、定人、定岗位责任的三定制度。

17. 【答案】D

【解析】选项A错误，一项建设工程由多个单位工程组成时，工程文件应按单位工程组卷。

选项B错误，所有竣工图应由施工单位逐张加盖竣工图章。

选项C错误，机电工程项目竣工档案一般不少于两套。

选项D正确，纸质版与电子版竣工图中，每一份图纸的签署者、日期应一致。

18. **【答案】**C

【解析】选项A正确，联动试运行适用于成套设备系统的大型工程，例如，炼油化工工程，连续机组的机电工程等。

选项B正确，单机试运行属于工程施工安装阶段的工作内容。

选项C错误，中小型单体设备工程一般可只进行单机试运行。

选项D正确，因受介质（原料）限制不能进行单机试运行的，应留待负荷试运行阶段用设计规定介质（原料）进行试运行，而不是由联动试运行代替。

19. **【答案】**B

【解析】经有资质的检测机构检测鉴定达不到设计要求，但经原设计单位核算认可能够满足安全和使用功能的检验项目（检验批），可予以验收。

20. **【答案】**C

【解析】合同管理文件包括：分包单位资质报审表；工程分包合同；劳务分包合同；材料采购总计划表；工程设备采购总计划表；工程设备、关键材料招标书和中标书；合同变更和索赔申请报告。选项C属于现场环保文明施工管理文件。

二、多项选择题

21. **【答案】**ADE

【解析】绝缘材料按其物理状态分类，可分为气体绝缘材料、液体绝缘材料和固体绝缘材料。

22. **【答案】**BCE

【解析】异步电动机是现代生产和生活中使用最广泛的一种电动机。其转子绕组不需要与其他电源相连接，而定子绕组的电流则直接取自交流电网，具有结构简单、制造容易、价格低廉、运行可靠、维护方便、坚固耐用等一系列优点。

23. **【答案】**ABC

【解析】桥架型起重机主要有：梁式起重机、桥式起重机、门式起重机、半门式起重机等。选项D、E属于臂架型起重机。

24. **【答案】**ABC

【解析】卷扬机的主参数为额定载荷。主要技术性能参数有额定载荷、额定速度、钢丝绳直径及容绳量等，选项A正确。

卷扬机的固定应牢靠，严防倾覆和移动，选项B正确。

卷扬机上的钢丝绳应从卷筒底部放出，余留在卷筒上的钢丝绳不应少于4圈，以减少钢丝绳在固定处的受力，选项C正确，选项E错误。

由卷筒到第一个导向滑车的水平直线距离应大于卷筒长度的25倍，且该导向滑车应设在卷筒的中垂线上，以保证卷筒的入绳角小于2°，选项D错误。

25. **【答案】**ADE

【解析】焊接施工检查记录至少应包括焊工资格认可记录、焊接检查记录和焊缝返修检查记录。

26. **【答案】**ABD

【解析】电缆敷设后，上面要铺100mm厚的软土或细沙，再盖上混凝土保护板、红砖或警示带，覆盖宽度应超过电缆两侧以外各50mm，覆土分层夯实，选项A正确。

直埋电缆应使用铠装电缆，铠装电缆的两端金属外皮要可靠接地，接地电阻不得大于10Ω，选项B正确。

如果有石块或硬质杂物，沟底要铺设100mm厚的软土或细沙，选项C错误。

直埋电缆同沟时，相互距离应符合设计要求，平行距离不小于100mm，交叉距离不小于500mm，选项D正确。

直埋电缆在直线段每隔50～100m处、电缆接头处、转弯处、进入建筑物等处应设置明显的方位标志或标桩，选项E错误。

27. **【答案】**BE

【解析】多层多道焊时，每层焊道引弧点宜依次错开25～50mm，选项A正确。

分带法可用于公称容积不大于1500m^3的球罐组装，选项B错误。

散装法，适用于各种规格形式的球罐组装，是目前国内应用广泛、技术成熟的方法，选项C正确。

焊接程序原则：先焊纵缝，后焊环缝；先焊短缝，后焊长缝；先焊坡口深度大的一侧，后焊坡口深度小的一侧，选项 D 正确。

球形罐焊后整体热处理应在压力试验前进行，选项 E 错误。

28. **【答案】** ABD

【解析】 绝热层施工时，同层应错缝，上下层应压缝，其搭接的长度不宜小于 100mm，选项 A 正确。

捆扎间距：对硬质绝热制品不应大于 400mm；对半硬质绝热制品不应大于 300mm；对软质绝热制品宜为 200mm，选项 B 正确，选项 E 错误。

水平管道的纵向接缝位置，不得布置在管道垂直中心线 45°范围内，选项 C 错误。

每块绝热制品上的捆扎件不得少于两道；对有振动的部位应加强捆扎，选项 D 正确。

29. **【答案】** BDE

【解析】 直径较大的管道采用法兰连接。法兰连接一般用在主干道连接阀门，水表、水泵等处，以及需要经常拆卸、检修的管段上。镀锌管如用焊接或法兰连接，焊接处应进行二次镀锌或防腐。

30. **【答案】** DE

【解析】 工程竣工结算价款＝合同价款＋施工过程中调整预算或合同价款调整数额－预付及已结算工程价款－质量保证金。

三、实务操作和案例分析题

(一)

1. 分部工程应按土建、钢结构、设备、管道、电气、自动化仪表、防腐蚀、绝热和炉窑砌筑专业划分。故钢结构、工艺设备安装、压力管道安装、自动化仪表工程、电气安装工程属于分部工程。

2. 对安全和环境保护的具体危害包括：

(1) 油库、危险品库与现场办公、生产场地的安全距离不符合规定。

(2) 厕所、浴室排出的污水污染河道。

(3) 非标准件制作场地离居民区太近，易造成噪声和光污染。

(4) 喷砂场地与居民区距离太近，易造成空气（大气）或粉尘污染和噪声污染。

3. 水污染控制措施：

(1) 在施工现场应针对不同的污水，设置相应的处理设施。

(2) 污水排放应委托有资质的单位进行废水水质检测，提供相应的污水检测报告。

(3) 保护地下水环境。采用隔水性能好的边坡支护技术。

(4) 对于化学品等有毒材料、油料的储存地，应有严格的隔水层设计，做好渗漏液收集和处理。

4. (1) 实际偏差＝计划成本－实际成本＝9285－9230＝55（万元）。

(2) 常用的成本控制方法还有：以施工图控制成本、安装工程费动态控制、工期成本动态控制。

(二)

1. (1) 实行三检制，要合理确定好自检、互检和专检的范围。一般情况下，原材料、半成品、成品的检验以专职检验人员为主，生产过程的各项作业的检验则以施工现场操作人员的自检、互检为主，专职检验人员巡回抽检为辅。成品的质量必须进行终检认证。

(2) 本案例问题出在自检和互检，在这两个环节上失控。

2. 管道与机械设备的连接要求：

(1) 管道与机械设备连接前，应在自由状态下检验法兰的平行度和同心度，偏差应符合规定要求。

(2) 管道系统与动设备最终连接时，应在联轴器上架设百分表监视动设备的位移。

(3) 管道试压、吹扫与清洗合格后，应对该管道与动设备的接口进行复位检查。

(4) 管道安装合格后，不得承受设计以外的附加载荷。

3. (1) 工程发生施工质量事故部位的处理方式有：返工处理、返修处理、限制使用、不作处理、报废处理。

(2) 本案例属于返工处理。

4. 管道焊接过程检验包括：

(1) 焊接工艺。

焊工操作焊条电弧焊时，检查其执行的焊接工艺参数包括：焊接方法、焊接材料、焊接电流、焊接电压、焊接速度、电流种类、极性、焊接层（道）数、焊接顺序。

(2) 焊接过程目视检测。

1）每条焊道或焊层在下一道焊层覆盖前应清理干净，特别要注意焊缝金属和熔合面的结合处。

2）焊道之间、焊缝与母材之间的过渡成型良好，便于完成下一道焊接。

(三)

1. 劳动力计划调整后，3月份的施工人员人数是20人，7月份的施工人员人数是120人。
2. (1) 第一批进场的阀门按规范要求最少应抽查44个进行强度试验。

   (2) 阀门的强度试验压力为公称压力的1.5倍，故 $DN300$ 闸阀的强度试验压力应为 $1.6\times1.5=2.4$（MPa）。
3. 水泵的性能参数主要有流量、扬程、功率、效率、转速等。
4. 本工程在联动试运行中，需要与建筑电气系统、通风空调风系统、火灾自动报警（联动）系统、建筑（装饰）专业配合协调。

(四)

1. (1) 业主的做法不妥当。

   (2) 理由：

   1）焊工属于特种作业人员，应具备相应工种的安全技术知识；参加国家规定的安全技术理论和实际操作考核并成绩合格，取得特种作业操作证；在独立上岗作业前，必须进行与本工种相适应的、专门的安全技术理论学习和实际操作训练。

   2）计量标准器具使用，必须具备的条件有：经计量检定合格；具有正常工作所需要的环境条件；具有称职的保存、维护、使用人员；具有完善的管理制度。
2. (1) 项目部应当制定高处作业安全技术措施。

   (2) 项目部制定的高处作业安全技术措施应主要从防护着手，包括：职工的身体状况（不允许带病作业、疲劳作业、酒后高空作业）和根据具体情况制定的防护措施（佩戴安全带、设置安全网、防护栏等）。
3. 在吊装喷粉塔20t塔节时，项目部选择吊车的程序为：

   (1) 收集吊车信息。

   (2) 确定吊车的使用工况及吊装通道。

   (3) 确定吊车类型和使用工况。

   (4) 验算在选定的工况下，吊车的支腿、配重、吊臂和吊具、被吊物等与周围建筑物的安全距离。

   (5) 最终确定吊车工况参数。
4. 安全技术交底制度的内容包括：

   (1) 工程开工前，工程技术人员要将工程概况、施工方法、安全技术措施等向全体职工详细交底。

   (2) 分项、分部工程施工前，工长（施工员）向所管辖的班组进行安全技术措施交底。

   (3) 两个以上施工队或工种配合施工时，工长（施工员）要按交叉施工安全技术措施的要求向班组长进行交叉作业的安全技术交底。

   (4) 专项施工方案实施前，编制人员或项目技术负责人应向施工现场管理人员进行交底。施工现场管理人员应向作业人员进行安全交底，并由双方和项目专职安全生产管理人员签字确认。

   (5) 班组长要认真落实安全技术交底，每天要对工人进行施工要求、作业环境的安全交底。

   (6) 安全技术交底可以分为施工工种安全技术交底；分项、分部工程施工安全技术交底；采用新技术、新设备、新材料、新工艺施工的安全技术交底。

《机电工程管理与实务》全真模拟试卷（二）

一、单项选择题

1. 【答案】D

【解析】变压器的主要技术参数有额定容量、额定电压、额定电流、空载电流、短路损耗、空载损耗、短路阻抗、连接组别等。

2. 【答案】B

【解析】工程测量应遵循“由整体到局部，先控制后细部”的原则，即先依据建设单位提供的永久基准点、线为基准，然后测设出各个部位设备的准确位置，选项A正确，选项B错误。

检核是测量工作的灵魂，检核分为：仪器检核、资料检核、计算检核、放样检核和验收检核，选项C、D正确。

3. 【答案】C

【解析】千斤顶必须安放于稳固平整结实的基础上，通常应在座下垫以木板或钢板，以加大承压面积，防止千斤顶下陷或歪斜，选项A正确。

起重工程中，一般采用电动慢速卷扬机，选项B正确。

滑车组动、定（静）滑车的最小距离不得小于1.5m，跑绳进入滑轮的偏角不宜大于5°，选项C错误。

滑车组穿绕跑绳的方法有顺穿、花穿、双抽头穿法，选项D正确。

4. 【答案】D

【解析】设备制造与解体设备的装配：

（1）解体设备的装配精度包括各运动部件之间的相对运动精度、配合面之间的配合精度和接触质量。

（2）各运动部件之间的相对运动精度包括直线运动精度、圆周运动精度、传动精度等。选项D属于装配精度。

5. 【答案】C

【解析】油浸式电力变压器的施工程序：开箱检查→二次搬运→设备就位→吊芯检查→附件安装→滤油、注油→交接试验→验收。

6. 【答案】B

【解析】电缆保护管内径大于电缆外径的1.5倍，选项A正确。

埋入地下的排管顶部至地面的距离应不小于以下数值：人行道为500mm，一般地区为700mm，选项B错误。

排管通向电缆井应有不小于0.1%的坡度，以便管内的水流入电缆井内，选项C正确。

敷设在排管内的电缆应采用铠装电缆，选项D正确。

7. 【答案】C

【解析】当0MPa≤P≤1.6MPa属于低压管道，选项A、D错误。

P>100MPa属于超高压管道，选项B错误。

10MPa<P≤100MP属于高压管道，选项C正确。

8. 【答案】B

【解析】管道穿越道路、墙体、楼板或构筑物时，应加设套管或砌筑涵洞进行保护，并符合下列规定：

（1）管道焊缝不应设置在套管内。

（2）穿过墙体的套管长度不得小于墙体厚度。

（3）穿过楼板的套管应高出楼面50mm。

（4）穿过屋面的管道应设置防水肩和防雨帽。

（5）管道与套管之间应填塞对管道无害的不燃材料。

9. 【答案】D

【解析】转子安装可以分为转子吊装、转子测量和转子、汽缸找中心，选项A正确。

转子吊装应使用由制造厂提供并具备出厂试验证书的专用横梁和吊索，选项B正确。

转子测量应包括轴颈椭圆度和不柱度的测量、转子跳动测量（径向、端面和推力盘瓢偏）、转子弯曲度测量，选项C正确。

转子吊装使用的是非专用横梁和吊索，要进行200%工作负荷试验，时间为1小时，选项D错误。

10. 【答案】D

【解析】发电机设备安装的程序：定子就位→定子及转子水压试验→发电机穿转子→氢冷器安装→端盖、轴承、密封瓦调整安装→励磁机安装→对轮复找中心并连接→整体气密试验等。

11. 【答案】D

【解析】安装前应制定风力发电风机的专项施工方案，明确根据现场条件和风力发电风机设备的特点选择恰当的吊装机械，制定吊装方案，吊车机械要制定防倾倒措施，要有在吊装过程中防止风机设备损伤的针对性措施，选项A正确。

在基础上安装基础环，固定螺栓使用力矩板子紧固达到厂家资料的要求，选项B正确。

塔筒结合面法兰清理打磨干净，塔筒就位紧固后塔筒法兰内侧的间隙应小于0.5mm，选项C正确。

风力发电设备的安装程序：施工准备→基础环平台及变频器、电器柜→塔筒安装→机舱安装→发电机安装→叶片与轮毂组合→叶轮安装→其他部件安装→电气设备安装→调试试运行→验收，选项D错误。

12. 【答案】B

【解析】钢结构制作和安装单位，要进行高强度螺栓连接摩擦面的抗滑移系数试验，选项A正确。

采用手工砂轮打磨时，打磨方向应与受力方向垂直，且打磨范围不应小于螺栓孔径的4倍，选项B错误。

经处理后的摩擦面应采取保护措施，不得在摩擦面上做标记，选项C正确。

高强度大六角头螺栓连接副应由一个螺栓、一个螺母和两个垫圈组成；扭剪型高强度螺栓连接副应由一个螺栓、一个螺母和一个垫圈组成，选项D正确。

13. 【答案】C

【解析】自动化仪表工程连续48h开通投入运行正常后，即具备交接验收条件。

14. 【答案】B

【解析】设置防潮层的绝热层外表面应清理干净、保持干燥，并应平整、均匀，不得有突角、凹坑或起砂现象，选项A正确。

室外施工不宜在雨雪天或阳光暴晒中进行。施工时的环境温度应符合设计文件和产品说明书的规定，选项B错误。

防潮层外不得设置钢丝、钢带等硬质捆扎件，选项C正确。

设备筒体、管道上的防潮层应连续施工，不得有断开或断层等现象，选项D正确。

15. 【答案】D

【解析】建设单位申请消防验收应当提供下列材料：

（1）消防验收申报表。

（2）工程竣工验收报告。

（3）涉及消防的建设工程竣工图纸。

16. 【答案】D

【解析】选项A属于技术措施；选项B属于合同措施；选项C属于经济措施。

17. 【答案】A

【解析】专项施工方案实施前，编制人员或项目技术负责人向施工现场管理人员交底，选项A错误。

班组长要认真落实安全技术交底，每天要对工人进行施工要求、作业环境的安全交底，选项B正确。

安全技术交底可分为：①施工工种安全技术交底；②分项、分部工程施工安全技术交底；③采用新技术、新设备、新材料、新工艺施工的安全技术交底，选项C正确。

安全技术交底记录一式三份，分别由工长、施工班组、安全员留存，选项D正确。

18. 【答案】D

【解析】绿色施工项目自评次数每月不应少于1次，且每阶段不应少于1次。

19. 【答案】C

【解析】非强制检定的计量器具可由使用单位依法自行定期检定，本单位不能检定的，由有权开展量值传递工作的计量检定机构进行检定，选项A、D正确，选项C错误。

计量检定工作应当按照经济合理、就地就近的原则进行，选项B正确。

20. 【答案】C

【解析】临时用电工程必须由持证电工施工，选项A正确。

临时用电安全技术档案应由主管现场的电

气技术人员建立与管理，选项 B 正确。

临时用电工程应定期检查。施工现场每月一次，基层公司每季一次，选项 C 错误。

检查情况应做好记录，并要由相关人员签字确认，选项 D 正确。

二、多项选择题

21. **【答案】** BDE

【解析】 特种橡胶包括硅橡胶、氟橡胶、聚氨酯橡胶和丁腈橡胶等。选项 A、C 属于通用橡胶。

22. **【答案】** ACDE

【解析】 按照所压缩的气体不同，压缩机可分为空气压缩机、氧气压缩机、氨压缩机和天然气压缩机。

23. **【答案】** BDE

【解析】 起重吊装工程中，属于超过一定规模的危险性较大的分部分项工程有：

(1) 采用非常规起重设备、方法，且单件起吊重量在 100kN 及以上的起重吊装工程。

(2) 起重量 300kN 及以上，或搭设总高度 200m 及以上，或搭设基础标高在 200m 及以上的起重机械安装和拆卸工程。

24. **【答案】** ABCE

【解析】 焊工操作焊条电弧焊时，检查其执行的焊接工艺参数包括：焊接方法、焊接材料、焊接电流、焊接电压、焊接速度、电流种类、极性、焊接层（道）数、焊接顺序。

25. **【答案】** ABE

【解析】 设定基准线（平面）和基准点（高程）的原则：

(1) 安装检测使用方便。

(2) 利于保持不被毁损。

(3) 刻划清晰容易辨识。

26. **【答案】** AC

【解析】 绝缘油应经严格过滤处理，其电气强度及介质损失角正切值和色谱分析等试验合格后才能注入设备，选项 A 正确。

接线端子的接触表面应平整、清洁、无氧化膜，并涂以电力复合脂，选项 B 错误。

交接试验的内容包括：测量绝缘电阻、测量直流电阻、泄漏电流测量、交流耐压试验、直流耐压试验、绝缘油试验、线路相位检查等，选项 C 正确。

电压等级 6～10kV，不设防护栏时，最小安全距离为 0.7m，选项 D 错误。

高压试验结束后，应对直流试验设备及大电容的被测试设备多次放电，放电时间至少 1min 以上，选项 E 错误。

27. **【答案】** ABCE

【解析】 按照主蒸汽压力的大小，发电站汽轮机可划分为：低压汽轮机、中压汽轮机、高压汽轮机、超高压汽轮机、亚临界压力汽轮机、超临界压力汽轮机和超超临界压力汽轮机。

28. **【答案】** BC

【解析】 热态调试与试运行的内容：

烘炉、煮炉、蒸汽管路的吹洗与冲洗、锅炉试运行，选项 A 正确。

锅炉吹管范围应包括减温水管系统和锅炉过热器、再热器及过热蒸汽管道吹洗，选项 B 错误。

锅炉试运行必须是在烘炉煮炉合格的前提下进行，选项 C 错误。

在试运行时使锅炉升压：在锅炉启动时升压应缓慢，升压速度应控制，尽量减小壁温差以保证锅筒的安全工作，选项 D 正确。

试运行时，仔细观察各联箱、锅筒、钢架、支架等的热膨胀及其位移是否正常，选项 E 正确。

29. **【答案】** BCDE

【解析】 绝缘导线的接头应设置在专用接线盒（箱）或器具内，不得设置在导管内，选项 A 错误。

导线敷设后，应用 500V 兆欧表测试绝缘电阻，线路绝缘电阻不应小于 0.5MΩ，选项 B 正确。

槽盒内的绝缘导线总截面积（包括外护套）不应超过槽盒内截面积的 40%，选项 C 正确。

管内导线应采用绝缘导线，A、B、C 相线绝缘层颜色分别为黄、绿、红，选项 D 正确。

不同回路、不同电压等级、交流与直流的

导线不得穿在同一管内，选项E正确。

30.【答案】CDE

【解析】通风与空调工程系统非设计满负荷条件下的联合试运转及调试内容：

(1) 监测与控制系统的检验、调整与联动运行。

(2) 系统风量的测定和调整（通风机、风口、系统平衡）。

(3) 空调水系统的测定和调整。

(4) 室内空气参数的测定和调整。

(5) 防排烟系统测定和调整。防排烟系统测定风量、风压及疏散楼梯间等处的静压差，并调整至符合设计与消防的规定。

三、实务操作和案例分析题

(一)

1. 设备运输方案被监理和建设单位否定的原因和改正措施为：设备的牵引绳不能直接绑扎在混凝土结构柱上，应在混凝土柱四角使用木方（或钢板）保护。
2. 检定合格的电能表不能使用的原因：电能表属于强制检定范畴，必须经省级计量行政主管部门授权的检定机构进行检定，合格后才准使用。
3. 本工程可以索赔的工期及费用计算如下：

(1) 施工期间，当地发生地震，造成工期延误20d，工期可以索赔。

项目部应建设单位要求，为防止损失扩大，直接投入抢险费用50万元，费用可以索赔。

外用工因待遇低而怠工，造成工期延误3d，工期不可以索赔。

在调试时，因运营单位技术人员误操作，造成冷水机组的冷凝器损坏，回厂修复，直接经济损失20万元，工期延误40d，费用、工期均可索赔。

(2) 本工程可以索赔的工期 = 20 + 40 = 60 (d)。

本工程可以索赔的费用 = 50 + 20 = 70（万元）。

4. (1) 项目部采用的试压及冲洗用水不合格。

(2) 理由：不锈钢管道的试压及冲洗用水的氯离子含量要小于25ppm。

(3) 建设单位否定施工单位拒绝阀门维修的理由：阀门虽为建设单位指定产品，但阀门合同的签订及采购是施工单位（质量责任主体）。工程还处于质保期内（保修期应为2年，2015年9月竣工验收，2017年4月给水系统的部分阀门漏水），施工单位应该无条件维修。

(二)

1. (1) 机电安装公司应对锅炉和电梯安装项目的分包商进行许可证资格审查。

(2) 理由：锅炉和电梯项目是特种设备制造安装项目，依据《特种设备安全监察条例》，应办理特种设备安装许可证。

2. (1) 在锅炉和电梯安装中，属于特种作业人员的是：焊工、电工、探伤工、起重工、架子工。

(2) 特种作业人员需要经过专业培训并取得合格证后持证上岗，其证书应在规定的有效期内。

3. 锅炉到货后，锅炉安装分包商应检查锅炉生产的许可证明、随机文件、质量文件，且必须符合国家规定；设备零部件齐全无损坏，必须附有与安全有关的技术资料。
4. (1) 机电安装承包公司应承担责任。

(2) 理由：机电安装承包公司应对分包项目在全过程实施管理，并就分包商出现的质量、安全问题承担连带责任。

(三)

1. 空调工程施工技术交底的注意事项有：

(1) 施工技术交底前，应准备相关资料。

(2) 交底内容要详尽，涵盖整个施工过程。

(3) 交底必须针对工程特点、设计意图，充分体现针对性、独特性、实用性。

(4) 交底要有可操作性。

(5) 交底表达方式要通俗易懂。

2. 错误一：穿越防火墙套管的设置，未明确钢制套管。

整改：穿越防火墙应设置钢制套管。

错误二：管道焊缝布置在套管内。

整改：管道焊缝不得布置在套管内，应避开穿墙套管位置。

错误三：封堵材料为聚氨酯发泡材料。

整改：管道穿越防火分区时，应采用不燃材料进行封堵。

3. (1) 空调供水管试验压力：1.3＋0.5＝1.8

(MPa)。

开式冷却水的试验压力：0.9×1.5＝1.35 (MPa)。

(2) 试验压力最低不应小于0.6MPa。

4. 试验过程中发现个别法兰和焊缝处有泄漏现象，严禁带压处理、严禁带压进行管道补焊或修理，应该立即停止试压，泄压后进行处理，处理后重新做压力试验，合格后方可使用。

(四)

1. 系统非设计满负荷条件下的联合试运转及调试内容：

(1) 监测与控制系统的检验、调整与联动运行。

(2) 系统风量的测定和调整（通风机、风口、系统平衡）。

(3) 空调水系统的测定和调整。

(4) 室内空气参数的测定和调整。

(5) 防排烟系统测定和调整。防排烟系统测定风量、风压及疏散楼梯间等处的静压差，并调整至符合设计与消防的规定。

2. 按照工程回访的主要方式，该工程可安排如下回访：

(1) 季节性回访。夏季对通风空调制冷系统运行情况进行回访，发现问题，应采取有效措施，及时加以解决。

(2) 技术性回访。对制冷燃气溴化锂机组新产品设备进行回访，主要了解该设备在工程施工过程中的技术性能和使用后的效果，发现问题及时补救和解决，同时也便于总结经验，不断改进完善，以利于推广应用。

(3) 保修期满前的回访。一般是在保修即将届满前进行回访。

3. 空调的制冷管道多处漏水，其责任方是A单位，因而产生的费用也应由A单位承担。

4. A单位接到业主的投诉后，应做以下处理：

(1) 对于用户的投诉，应迅速及时处理，切勿拖延。

(2) 认真调查分析，尊重事实，作出适当处理。

(3) 对各项投诉都应给予热情、友好的解释和答复，即使投诉内容有误，也应耐心作出说明，切忌态度简单生硬。

亲爱的读者：

如果您对本书有任何**感受、建议、纠错**，都可以告诉我们。

我们会精益求精，为您提供更好的产品和服务。

祝您顺利通过考试！

扫码参与调查

环球网校建造师考试研究院